建築構造力学演習

改訂版　　藤谷義信・西村光正・森村毅・高松隆夫 共著

培風館

本書の無断複写は,著作権法上での例外を除き,禁じられています。
本書を複写される場合は,その都度当社の許諾を得てください。

序文

　本書は建築構造力学の演習書で，説明もコンパクトにまとめ，大学，高専における参考書として最適で，また，教科書としても使えるように書かれています。本書の特徴は次のとうりです。
　　1．図を多く取り入れている。
　　2．基本問題を取り上げている。
　　3．静定から不静定までを1冊にまとめている。
学生諸君が構造力学を理解するための近道というのはありません。構造力学の講義を受けて理解できたように思っても，問題を解くのは難しいものです。構造力学を十分に理解するためには，自分自身で多くの問題を解いていかねばなりません。本書には，数多くの問題が取り入れてあります。
　本書は10章からなり，また，各章は数節からなり，各節の構成は次のようになっています。
　　1．**本文**：説明や解き方の要点が記されています。
　　2．**例題**：2～3題の基本問題について，その解き方をわかりやすく説明しています。
　　3．**演習問題**：節の終わりに5～6題の演習問題をのせています。本書の終わりにはすべての演習問題の解答をのせています。
演習問題は，おもに初級レベルの問題を取り上げていますが，一部に中級または上級レベルの問題もあります。まず，自分自身で問題を考えて解いてみて，その後に解答編を見るようにしてください。
　各章の内容は次のとうりです。
　1章は，力の分解と合成の章で，力というものが十分に理解できるように図を使って解く方法を中心に学習します。
　2章では，静定のはりとラーメンの反力を，数式で求める方法について学習しますが，図式解法についても簡単に説明しています。
　3章は，静定のはり，ラーメン，トラスおよび合成構造物の曲げモーメント，せん断力および軸方向力を計算します。計算例題では説明図を多くのせています。

4章は，他の章と異なり，柱，はりなどを対象として，部材内の応力度を学習します。断面の性質，曲げ応力度，せん断応力度などが中心となります。

5章は，はりの変形を，たわみ曲線の微分方程式を解く方法，モールの定理，エネルギー保存則およびカスチリアノの定理を使って求めます。

6章では，ラーメン構造物の応力や変形の計算するための重要なテクニックである直角変位図と仮想仕事法について，その基本的な考え方を学習します。

7章は，仮想仕事法を使って，静定のはり，ラーメンおよびトラスの変形を求める方法について学習します。

8章は，同じく仮想仕事法を使って，今度は不静定のはり，ラーメン，トラスおよび合成構造物の応力を求めます。

9章は，たわみ角法による不静定ラーメンの解法について学習します。異形ラーメンの計算も行います。

10章は，固定法による不静定ラーメンの解法について学習します。同じく異形ラーメンの計算も行います。

本書を建築構造力学を学ぶ学生諸君の良い参考書として，また，建築構造力学の教科書として使っていただければ，著者一同この上もない喜びです。

本書の出版にあたりお世話になりました培風館編集部の松本和宣氏に厚く御礼申し上げます。

平成3年9月20日

著者しるす

改訂版の発刊にあたって

本書の旧版は，重量単位系（工学単位系）で表記されていましたので，今回の改訂版ではこれを国際単位系 SI に書き換えています。改訂版では，旧版の単位 t を単位 kN に書き換えていますが，$1t = 9.8\,kN ≒ 10\,kN$ ですので，1t を $10\,kN$ に書き換えているところもあります。また，mm や m の単位を使用すべきですが，cm の単位も一部使用しています。今回の単位の書き換えが徹底していないところもありますが，この点については次回の改定を待つことにしたいと思います。

平成17年3月1日

広島国際大学　藤谷義信

目　　次

1　力　　1
　1.1　力の合成と分解　……………………………………　1
　1.2　示力図と連力図　……………………………………　3

2　静定構造物の反力　　7
　2.1　静ばり　………………………………………………　7
　　　2.1.1　支点の種類と反力数　………………………　7
　　　2.1.2　単純ばり　……………………………………　8
　　　2.1.3　片持ばり　……………………………………　11
　2.2　静定ラーメン　………………………………………　13
　　　2.2.1　単純ばり型ラーメン　………………………　14
　　　2.2.2　片持ばり型ラーメン　………………………　15
　　　2.2.3　三ヒンジラーメン　…………………………　16

3　静定構造物の応力　　21
　3.1　符号規約　……………………………………………　21
　3.2　静定ばり　……………………………………………　23
　　　3.2.1　単純ばり　……………………………………　24
　　　3.2.2　片持ばり　……………………………………　25
　3.3　静定ラーメン　………………………………………　28
　　　3.3.1　単純ばり型ラーメン　………………………　28
　　　3.3.2　片持ばり型ラーメン　………………………　30
　　　3.3.3　三ヒンジラーメン　…………………………　32
　　　3.3.4　図式解法　……………………………………　38
　3.4　静定トラス　…………………………………………　41
　　　3.4.1　クレモナの図式解法　………………………　41

            3.4.2　節点法 43
            3.4.3　切断法 44
      3.5　合成骨組 49

4　**断面の性質と応力度**　　　　　　　　　　　　　　　**53**
      4.1　断面の性質 53
            4.1.1　断面一次モーメント 53
            4.1.2　断面二次モーメント 54
            4.1.3　断面二次半径および断面係数 56
            4.1.4　断面相乗モーメント 58
            4.1.5　断面の主軸 59
            4.1.6　断面極二次モーメント 61
      4.2　応力度とひずみ度 62
            4.2.1　垂直応力度とせん断応力度 63
            4.2.2　垂直ひずみ度，せん断ひずみ度，ポアソン比 .. 63
            4.2.3　応力度とひずみ度 64
      4.3　曲げ応力度とせん断応力度 67
            4.3.1　曲げ応力度 67
            4.3.2　せん断応力度 71
            4.3.3　はりの主応力度 74
      4.4　偏心荷重による応力と断面の核 82
            4.4.1　偏心荷重を受ける断面の応力度 82
            4.4.2　断面の核 85

5　**直線部材の変形**　　　　　　　　　　　　　　　　　**89**
      5.1　たわみ曲線の微分方程式 89
      5.2　モールの定理 93
      5.3　仕事に関する原理 96
            5.3.1　エネルギー保存則 96
            5.3.2　カスティリアノの定理 88

6　**直角変位図と仮想仕事の原理**　　　　　　　　　　　**102**
      6.1　直角変位図 102
      6.2　仮想仕事の原理 106
            6.2.1　剛体の仮想仕事の原理 106
            6.2.2　変形する物体の仮想仕事の原理 106

7 静定構造物の変形（仮想仕事法） 112
- 7.1 静定ばりの変形 113
- 7.2 静定ラーメンの変形 116
- 7.3 静定トラスの変形 120

8 不静定構造物の応力（仮想仕事法） 125
- 8.1 不静定ばり，ラーメンの応力 125
  - 8.1.1 一次の不静定ばり，ラーメンの解法 125
  - 8.1.2 高次の不静定ばり，ラーメンの解法 128
  - 8.1.3 対称，逆対称のはり，ラーメンの解法 132
- 8.2 不静定トラスの応力 135
- 8.3 合成骨組，交叉ばり 143

9 たわみ角法 147
- 9.1 基本式 147
- 9.2 節点が移動しない場合 154
- 9.3 節点が移動する場合 161
- 9.4 異形ラーメンの解法 167

10 固定法 171
- 10.1 計算法 171
- 10.2 節点が移動しない場合 180
- 10.3 節点が移動する場合 184
- 10.4 異形ラーメンの解法 191

索　引　243

1 力

　任意の大きさと任意の方向をもついくつかの力が同一平面上に作用しているとき，これらの力の合力を求める方法について説明する．また，1つの力を，その力を含む平面内の適当な2方向に分解する方法についても説明する．

1.1　力の合成と分解

1. 1点に作用する2つの力の合力は，この2力を2辺とする平行四辺形の対角線で表される (図 1.1)．

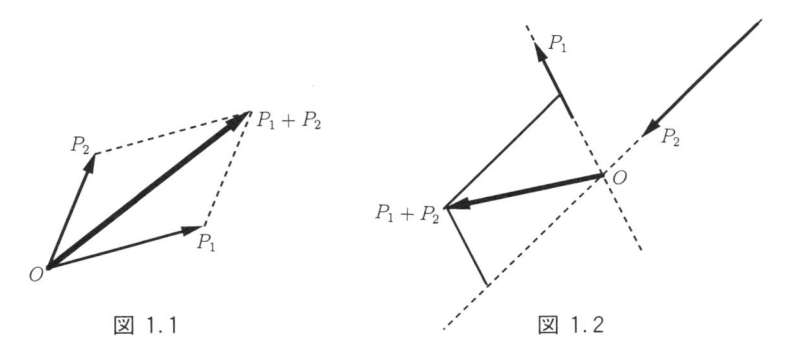

図 1.1

図 1.2

2. 作用点の異なる2力は，その作用線の延長線の交点で平行四辺形を描いて合力を求める (図 1.2)．

3. 平行な2つの力の合力は，2力間の距離を2力の大きさの比に内分 (または外分) する点を通る (図 1.3)．　　$P_1 : P_2 = b : a$

4. 任意の方向を向いた1つの力は，これを対角線とする平行四辺形の2辺に分解される．通常，水平方向成分と鉛直方向成分に分解される．

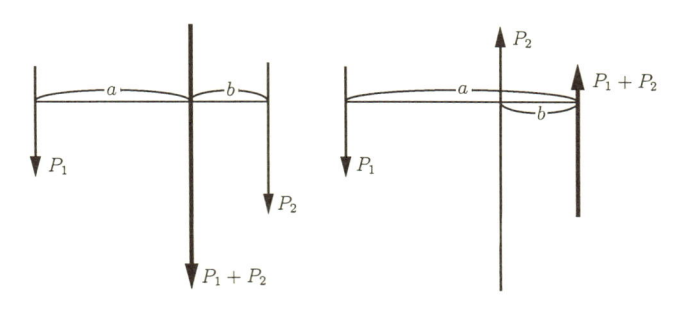

図 1.3

[例題 1.1] 図 1.4(a) に示す 2 力 P_1, P_2 の合力を求めよ。

(解答) P_1, P_2 の交点で平行四辺形を描く。合力は OB となる (図 1.4(b))。

合力の x 方向成分は, $P_1 \cos 60° + P_2 = 1 + 3 = 4\,\text{kN}$
y 方向成分は, $P_1 \sin 60° = \sqrt{3}\,\text{kN}$
合力の大きさは, $\sqrt{4^2 + 3} = \sqrt{19}\,\text{kN}$
合力の方向は, $\tan\theta = \dfrac{\sqrt{3}}{4}, \quad \theta = 23.4°$

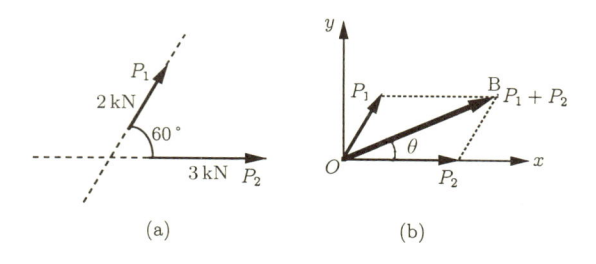

図 1.4

[例題 1.2] 図 1.5(a) に示す平行な 2 力 P_1, P_2 の合力を求めよ。

(解答) 合力は 2 力間の距離 AB を 2 : 1 に内分する点 O を通る (図 1.5(b))。合力

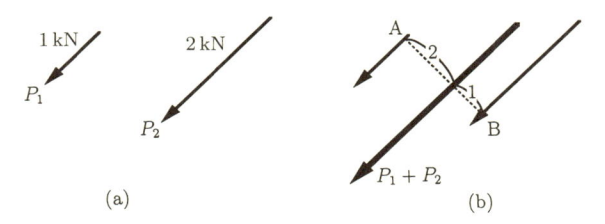

図 1.5

1.2 示力図と連力図

の大きさは $1+2=3$ kN である。

[**演習問題 1.1**]　図 1.6 〜 1.8 に示す力の合力を求めよ。

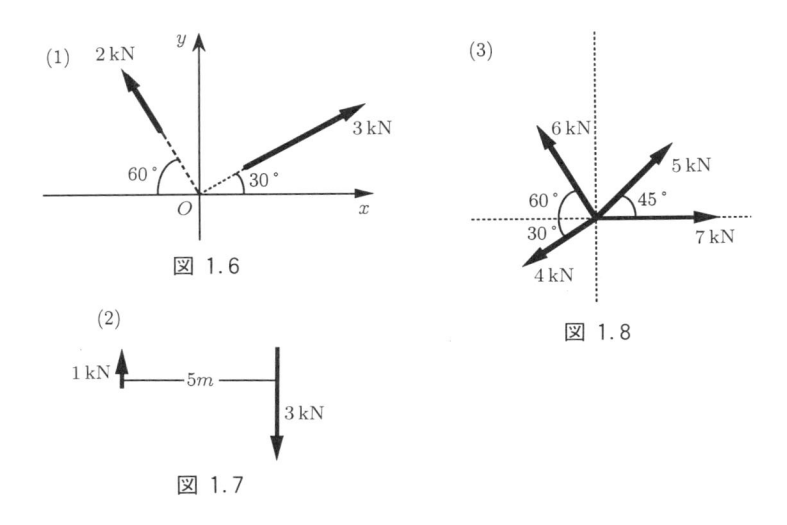

(1)

図 1.6

(2)

図 1.7

(3)

図 1.8

[**演習問題 1.2**]　図 1.9 の力を点線の方向に分解せよ。

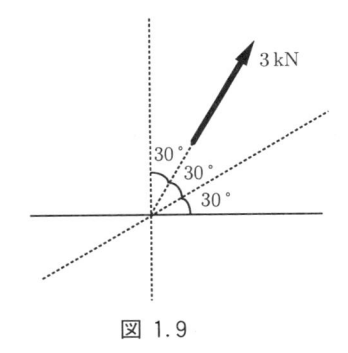

図 1.9

1.2　示力図と連力図

1. いくつかの力 (図 1.10(a)) を，平行移動させて次々につないだ図を描く (図 1.10(b))。この図において，最初の力の始点と最後の力の終点を結ぶ線 AD は，合力の大きさと方向を表す。このような図を示力図，または力の多角形と呼ぶ。ただし，示力図だけでは合力の作用線は定まらない。

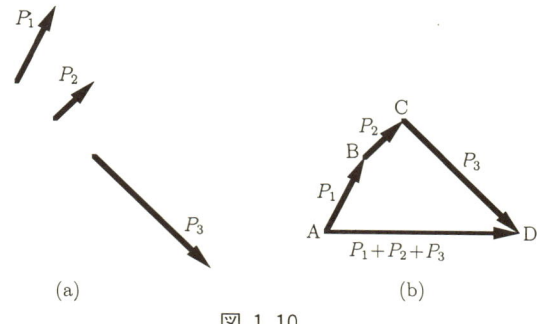

図 1.10

2. 作用点の異なる多くの力 (図 1.11(a)) は，1.1 節の方法で合成することができるが，ここでは，示力図と連力図を描いて求めてみよう．作図の手順は，

   (a) 示力図を描き，合力を求める (図 1.11(b))．
   (b) 任意の 1 点 O から極射線を描く (図 1.11(b))．
   (c) 実際の力が作用している面内に極射線と平行な線（連力図）を引き交点 E を求める (図 1.11(a))．合力 AD はこの交点 E を通る．

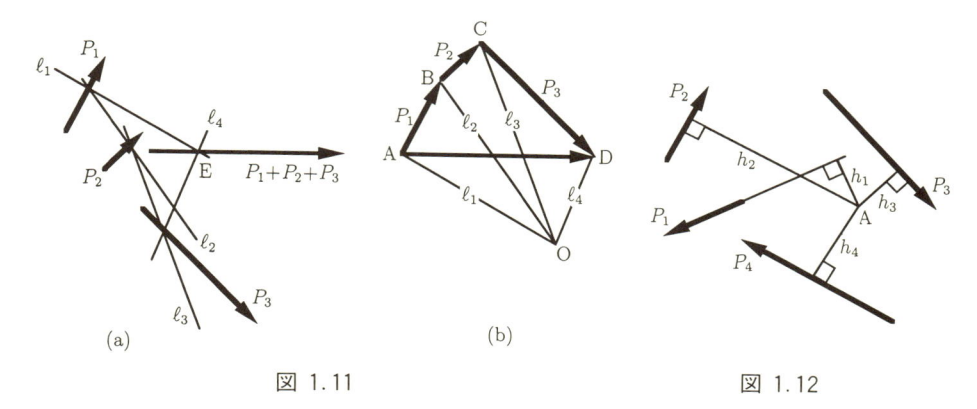

図 1.11 図 1.12

3. 示力図および連力図が閉じる場合は，それらの力はつり合っている．

4. 次の 3 つの条件を満たしているとき，力の組 $P_1, P_2, \cdots$ はつり合いの状態にある (図 1.12)．

$$X 方向の力のつり合い \quad \Sigma X = 0 \qquad (1.1)$$

$$Y 方向の力のつり合い \quad \Sigma Y = 0 \qquad (1.2)$$

$$任意点 A のまわりのモーメントのつり合い \quad \Sigma M_A = 0 \qquad (1.3)$$

1.2 示力図と連力図

[**例題 1.3**] 図 1.13(a) に示す 2 力 P_1, P_2 の合力を求めよ。

(**解答**) 示力図を描く (図 1.13(c))。示力図面上に任意の点 O を定め，O 点と A,B,C 点を結んだ線を ℓ_1, ℓ_2, ℓ_3 とする。力 P_1 上に任意の点 D を選び，D 点を通り ℓ_2 と平行な線と P_2 との交点を E とする (図 1.13(b))。D 点，E 点を通り ℓ_1, ℓ_3 と平行な線との交点を F とする。合力は F 点を通り，その方向と大きさは AC である。

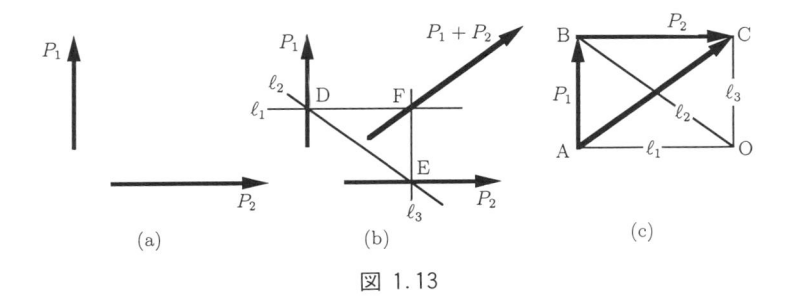

図 1.13

[**例題 1.4**] 図 1.14(a) に示す 3 つの力の合力を求めよ。また，この 3 つの力を u, v の 2 つの方向に分解せよ。

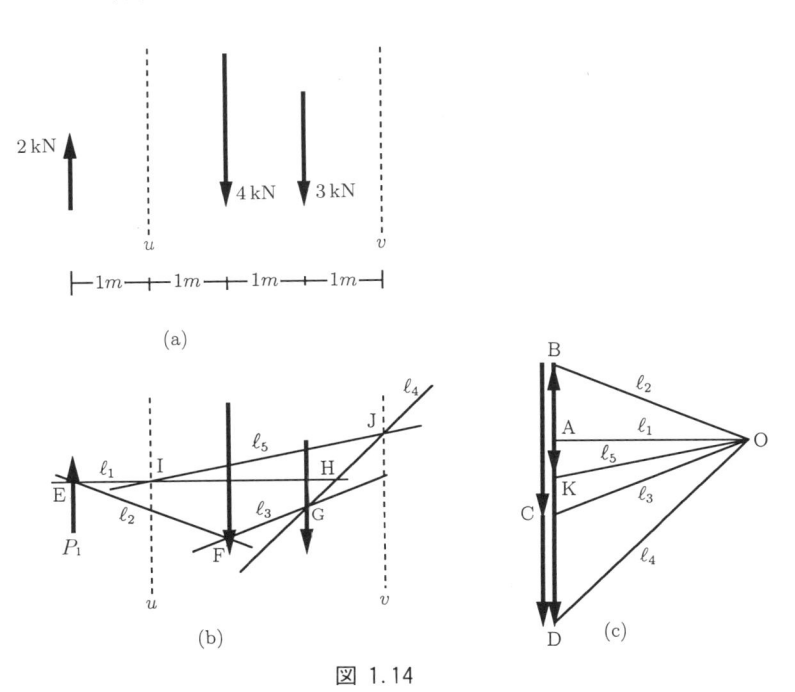

図 1.14

(解答) 図式解法について説明する。示力図を描くと図 1.14(c) のようになる。示力図面上に任意の点 O を選び，また，力 P_1 上に任意点 E を選ぶ。順次，F,G,H 点を求める (図 1.14(b))。求める合力は H 点を通り，その方向と大きさは AD である。また，u と ℓ_1，v と ℓ_4 の交点をそれぞれ I,J とし，示力図面上で点 O から IJ と平行な線を引き AD との交点を K とすれば，AK,KD がそれぞれ u,v 方向に分解された力となる。

次に，数式解法について説明する。合力の大きさは，$2 - 4 - 3 = -5\,\mathrm{kN}$ である。P_1 上の点に関するモーメントのつり合いより，$4 \times 2 + 3 \times 3 + (-5)x = 0$，$x = 3.4m$ となるから，合力の作用線は P_1 から右に $3.4m$ のところにある。また，u 上の点に関するモーメントのつり合いより，$2 \times 1 + 4 \times 1 + 3 \times 2 + P_v \times 3 = 0$ であるから，$P_v = -4\,\mathrm{kN}$（下向き）となる。そして，合力が等しいことより，$P_u + P_v = -5$ であるから，$P_u = -1\,\mathrm{kN}$（下向き）となる。

[演習問題 1.3] 図 1.15 〜 1.17 の合力の大きさと作用線を求めよ。また，(3) については点線の方向に力を分解せよ。

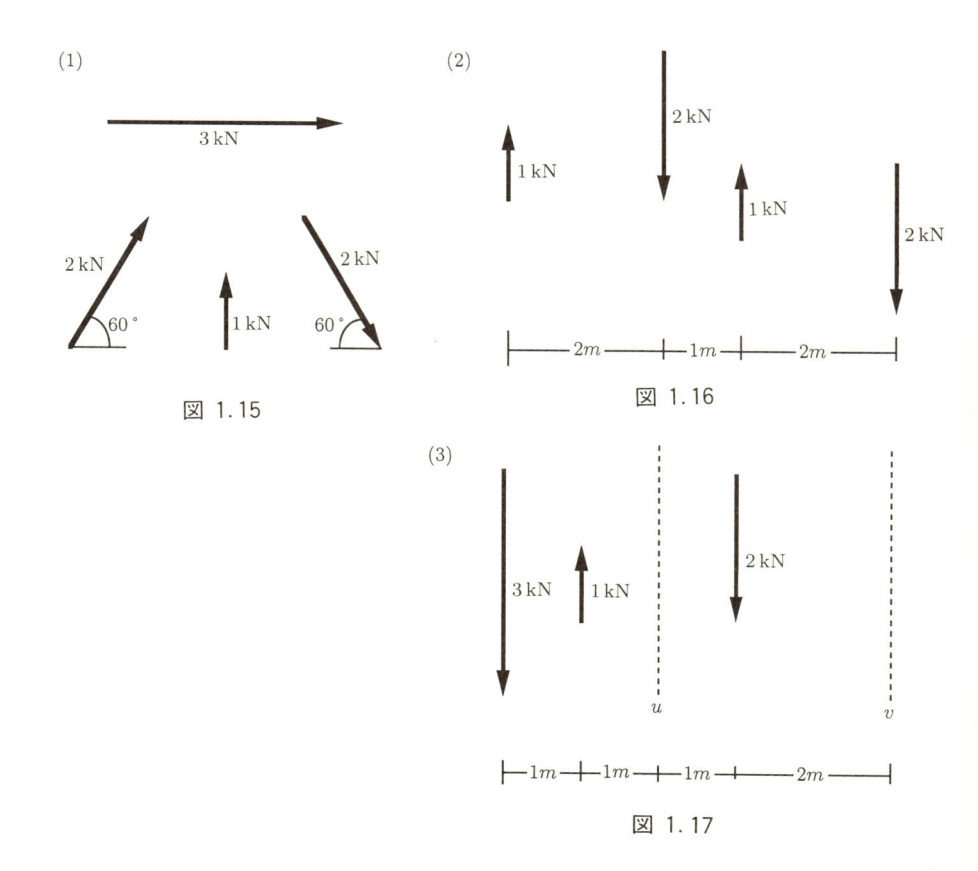

(1)

図 1.15

(2)

図 1.16

(3)

図 1.17

2 静定構造物の反力

本章では静定構造物を取り扱う。構造物の反力は，外力とのつり合いだけで求めることができる。

2.1 静定ばり

静定ばりの反力は，図式解法または数式解法によって容易に求められる。図式解法においては示力図と連力図がともに閉じるという条件を用いて求められ，数式解法においては水平方向の力のつり合い，鉛直方向の力のつり合い，および任意点まわりのモーメントのつり合いから求められる。

$$\Sigma X = 0, \quad \Sigma Y = 0, \quad \Sigma M = 0 \tag{2.1}$$

2.1.1 支点の種類と反力数

はりの支点は，その支持方法により次の3つに分類される。

1. **ローラー支点**
   図 2.1(a) に示すように回転と，支持面と平行な方向の移動が自由な支点である。したがって，ローラー支点の反力数は1個であり，支持面に垂直な方向の反力だけが存在する。

2. **ピン支点**
   図 2.1(b) に示すように回転が自由な支点である。したがって，ピン支点の反力数は2個であり，支持面に対して平行な方向と垂直な方向の反力が存在する。

3. **固定支点**(固定端)
   図 2.1(c) に示すように移動も回転もしない支点である。したがって，固

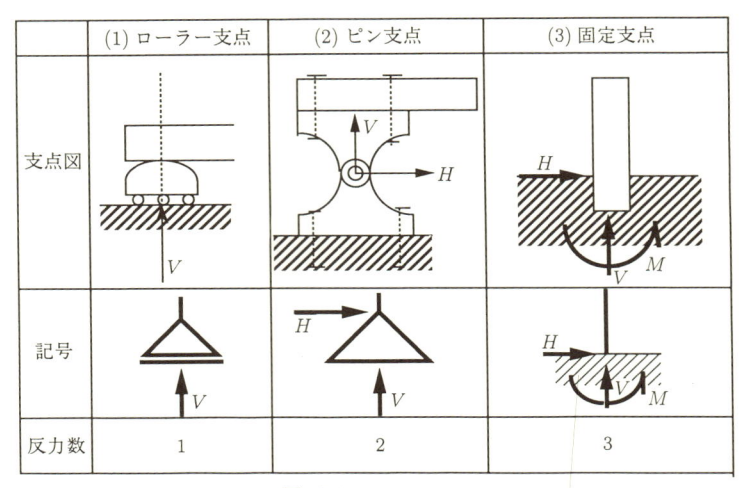

	(1) ローラー支点	(2) ピン支点	(3) 固定支点
支点図			
記号			
反力数	1	2	3

図 2.1　支点の種類

定支点の反力数は3個であり，支持面に対して水平な方向，垂直な方向の反力，およびモーメント反力が存在する。

2.1.2　単純ばり

単純ばりは図 2.2 に示すように，一端がピン支点，他端がローラー支点のはりである。単純ばりの反力は，次のようにして求められる。

1) 図式解法の場合

次のような力のつり合い条件を用いて，図式により反力を求める。

(a) 平行でない3力がつり合っているとき，その3力の作用線は必ず一点に

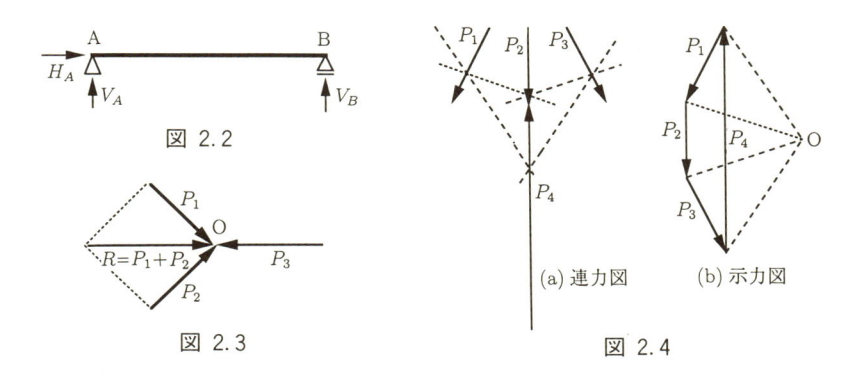

図 2.2

図 2.3

図 2.4　(a) 連力図　(b) 示力図

2.1 静定ばり

集まる (図 2.3)。

(b) いくつかの力がつり合っているとき，その示力図と連力図はともに閉じる (図 2.4)。

[例題 2.1] 図 2.5 に示すはりの反力を図式解法で求めよ。

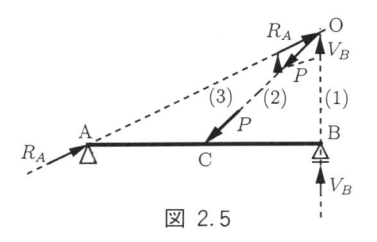

図 2.5

(解答)
1. B 点はローラー支点であるため，反力は支持面に垂直な方向にあるから，この方向に線 (1) をひく。
2. 作用線 (1) と外力 P の作用線 (2) との交点を O とする。
3. A 点の反力の方向は，必ず O 点をとおらなければならない。したがって，A 点の反力は A 点と O 点を結ぶ線 (3) の方向を向く。
4. 外力 P を線 (2) 上で O 点の近くに移動させる。
5. 移動させた P を用いて示力図を描くと，線 (1),(3) 上の反力 R_A, V_B は図 2.5 に示すように求められる。
6. 求められた反力 R_A, V_B を A 点，B 点に移動すると，それが求める反力である。なお，A 点の反力 R_A は，水平反力 H_A と鉛直反力 V_A に分解される。

[例題 2.2] 図 2.6(a) に示すはりの反力を図式解法で求めよ。

(解答)
1. 図 2.6(b) のように外力 P の方向に平行に線 ab をひく。
2. 任意点 O をとり，O と a，O と b を直線で結ぶ。
3. 図 2.6(a) の支点 A から Oa に平行線 (1) をひき，外力 P の作用線との交点を C' と

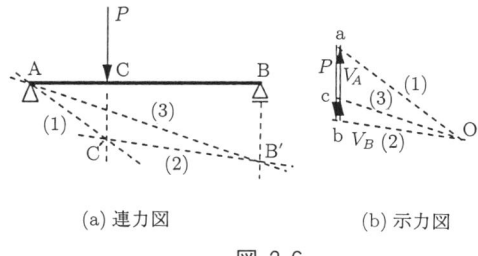

(a) 連力図   (b) 示力図

図 2.6

する。C′ から Ob に平行線 (2) をひき，支点 B の反力 V_B の作用線との交点を B′ とする。
4. AB′ と平行に O 点から平行線 (3) をひく。
5. 平行線 (3) と反力 V_B の作用線との交点を c とする。ca，bc が求める反力 V_A, V_B である。

2) 数式解法の場合

(a) はりに作用する外力と未知反力について，水平方向の力のつり合い，鉛直方向の力のつり合い，および任意点まわりのモーメントのつり合いから 3 つの式を導き，これらを解くことにより反力を求める。

(b) 分布荷重が作用する場合には，まず分布荷重の合力を求め，その後に反力を計算する。

(c) 計算の結果，反力の値が負になった場合には，仮定した反力の方向と逆の方向に反力が作用していることを意味している。

[例題 2.3] 図 2.7 に示す反力を数式解法で求めよ。

(解答) 反力 H_A は右向きを，反力 V_A, V_B は上向きを正方向と仮定する。
 水平方向の力のつり合いより，　$\Sigma X = 0$　$H_A + P\cos\theta = 0$　$\therefore H_A = -P\cos\theta$
 鉛直方向の力のつり合いより，　$\Sigma Y = 0$　$V_A + V_B - P\sin\theta = 0$
 A 点のまわりのモーメントのつり合いより，　$\Sigma M_A = 0$　$-V_B\ell + Pa\sin\theta = 0$
$\therefore V_B = Pa\sin\theta/\ell$
これより，　$V_A = P(\ell - a)\sin\theta/\ell$

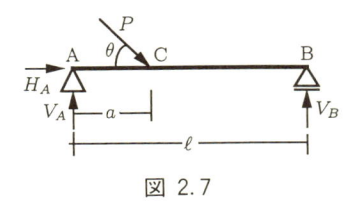

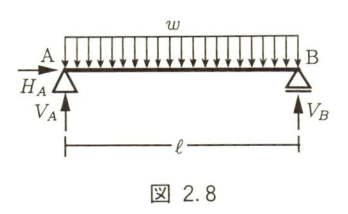

図 2.7　　　　　図 2.8

[例題 2.4] 図 2.8 に示すはりの反力を数式解法で求めよ。

(解答) 分布荷重は合力 $w\ell$ の大きさの集中荷重におきかえる。
$\Sigma X = 0$, $\Sigma Y = 0$, $\Sigma M_A = 0$ より，
$$H_A = 0, \qquad V_A + V_B - w\ell = 0, \qquad -V_B\ell + w\ell \cdot \frac{\ell}{2} = 0$$
この 3 つの式を解いて，
$$H_A = 0, \qquad V_A = V_B = \frac{w\ell}{2}$$

2.1 静定ばり

[**例題 2.5**] 図 2.9 に示すはりの反力を数式解法で求めよ。

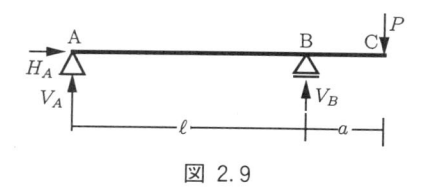

図 2.9

(**解答**) [例題 2.4] と同様にして，

$$H_A = 0, \quad V_A + V_B - P = 0, \quad -V_B \ell + P(\ell + a) = 0$$

$$\therefore H_A = 0, \quad V_A = -\frac{Pa}{\ell}, \quad V_B = \frac{P(\ell + a)}{\ell}$$

2.1.3 片持ばり

片持ばりは図 2.10 に示すように一端が自由端で，他端が固定端のはりである。

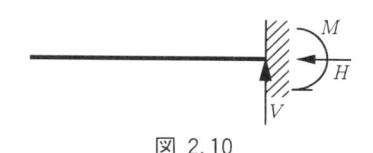

図 2.10

この反力も，以下に示すように力のつり合いから求められる。

[**例題 2.6**] 図 2.11 に示すはりの反力を数式解法で求めよ。

(**解答**) 反力 H_A は右向き，反力 V_A は上向き，モーメント反力は反時計まわりと仮定する。$\Sigma X = 0, \Sigma Y = 0, \Sigma M_A = 0$ より，

$$H_A - P\cos\theta = 0, \quad V_A - P\sin\theta = 0, \quad -M_A + P\ell\sin\theta = 0$$

これを解いて，

$$H_A = P\cos\theta, \quad V_A = P\sin\theta, \quad M_A = P\ell\sin\theta$$

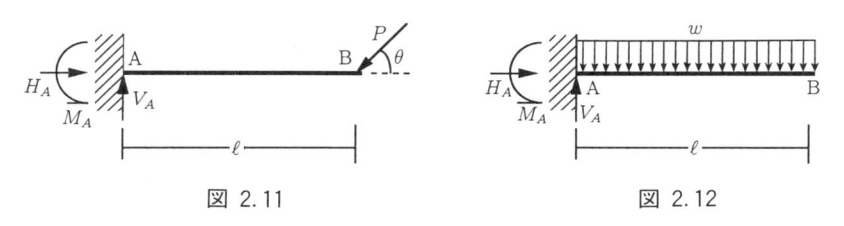

図 2.11   図 2.12

[**例題 2.7**] 図 2.12 に示すはりの反力を数式解法で求めよ。

(**解答**) 分布荷重を集中荷重におきかえ，同様にして，

$$H_A = 0, \qquad V_A - w\ell = 0, \qquad -M_A + w\ell \cdot \frac{\ell}{2} = 0$$

ゆえに，求める反力は，

$$H_A = 0, \quad V_A = w\ell, \quad M_A = \frac{w\ell^2}{2}$$

[演習問題 2.1] 図 2.13 〜 2.17 に示すはりの反力を数式解法で求めよ。

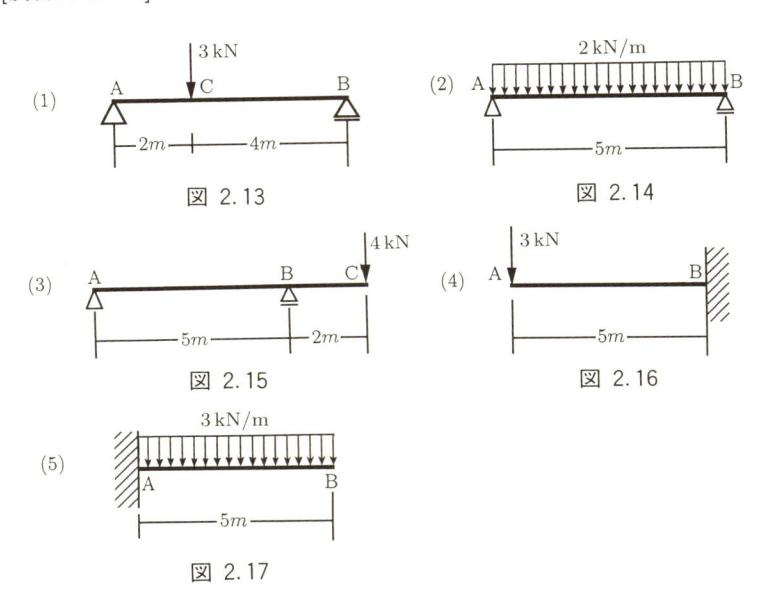

(1) 図 2.13

(2) 図 2.14

(3) 図 2.15

(4) 図 2.16

(5) 図 2.17

[演習問題 2.2] 図 2.18 〜 2.22 に示すはりの反力を数式解法で求めよ。

(1) 図 2.18

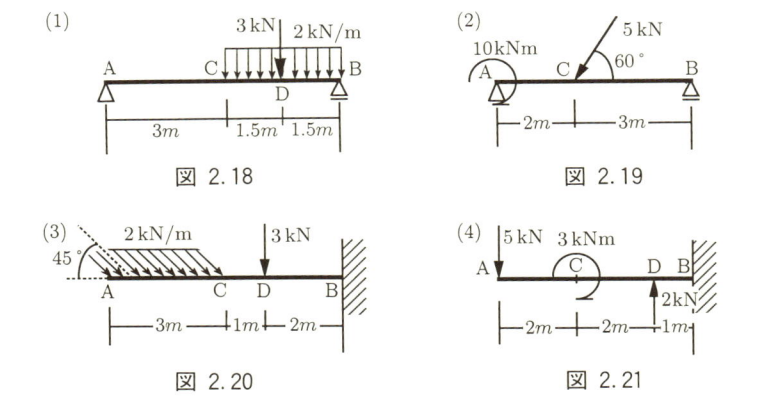

(2) 図 2.19

(3) 図 2.20

(4) 図 2.21

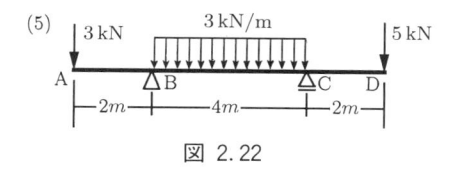

図 2.22

[**演習問題 2.3**]　図 2.23 ～ 2.27 に示すはりの反力を数式解法で求めよ。

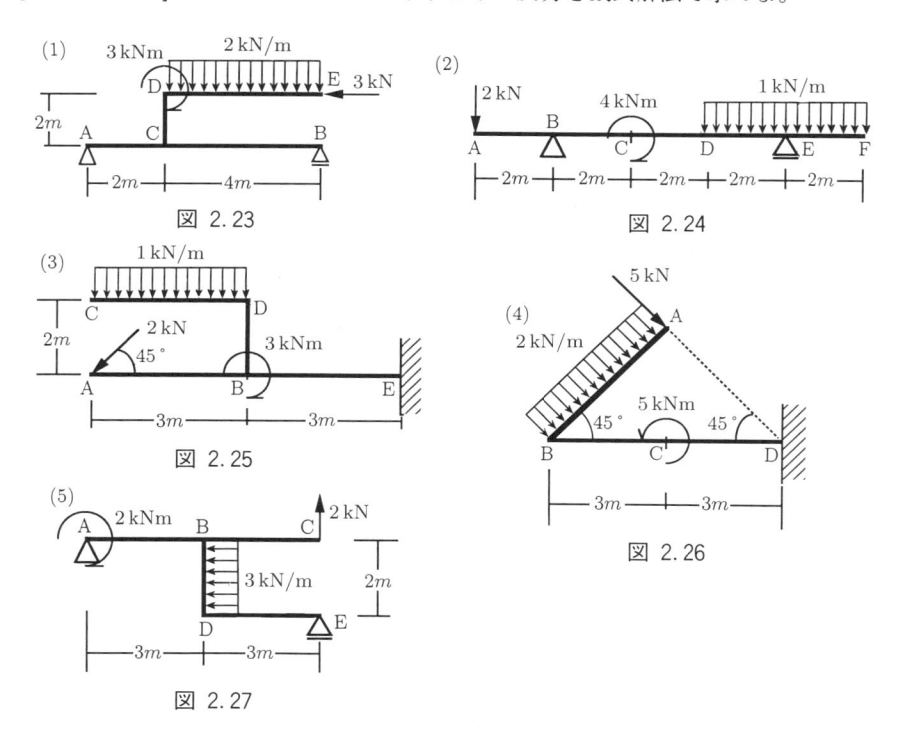

図 2.23

図 2.24

図 2.25

図 2.26

図 2.27

2.2　静定ラーメン

　ラーメンは，柱とはりを剛に接合して構成された骨組構造である。その中で力のつり合い条件のみで反力を求めることができる静定ラーメンには，図 2.28 で示すように単純ばり型，片持ばり型および三ヒンジラーメンなどがある。静定ラーメンの反力は，静定ばりと同様に図式解法または数式解法により求められる。

　図式解法では，2.1 節で説明したように示力図と連力図がともに閉じるようにして求める。数式解法では，単純ばり型や片持ばり型の反力を，水平，鉛直方向の力とモーメントのつり合い式を用いて求めるが，三ヒンジラーメンでは反力数が 4 つあり，$\Sigma M_{(HINGE)} = 0$ の条件式を付け加えて求める。

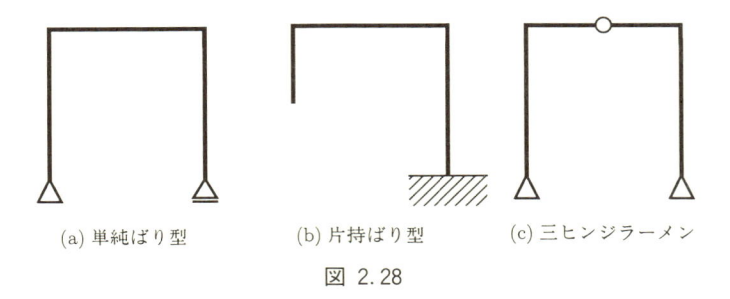

図 2.28 の説明:
(a) 単純ばり型　　(b) 片持ばり型　　(c) 三ヒンジラーメン

2.2.1 単純ばり型ラーメン

単純ばり型ラーメンの支点は，1つがピン，他の1つがローラーであり，反力数は3つである。その反力を単純ばりの場合と全く同様にして求めることができる。

[例題 2.8] 図 2.29 に示すラーメンの反力を図式解法で求めよ。

(解答) ［例題 2.1］の単純ばりと同様にして求めることができる。すなわち，図 2.29 に示すように線 (1),(2),(3) をひき，示力図と連力図をともに閉じさせると，最終的に R_A, V_E が求められる。

[例題 2.9] 図 2.30 に示すラーメンの反力を数式解法で求めよ。

(解答) $\Sigma X = 0$, $\Sigma Y = 0$, $\Sigma M_A = 0$ より

$$H_A = 0, \quad V_A + V_E - P = 0, \quad -V_E \ell + Pa = 0$$

ゆえに，求める反力は，

$$H_A = 0, \quad V_A = \frac{P(\ell - a)}{\ell}, \quad V_E = \frac{Pa}{\ell}$$

[例題 2.10] 図 2.31 に示すラーメンの反力を数式解法で求めよ。

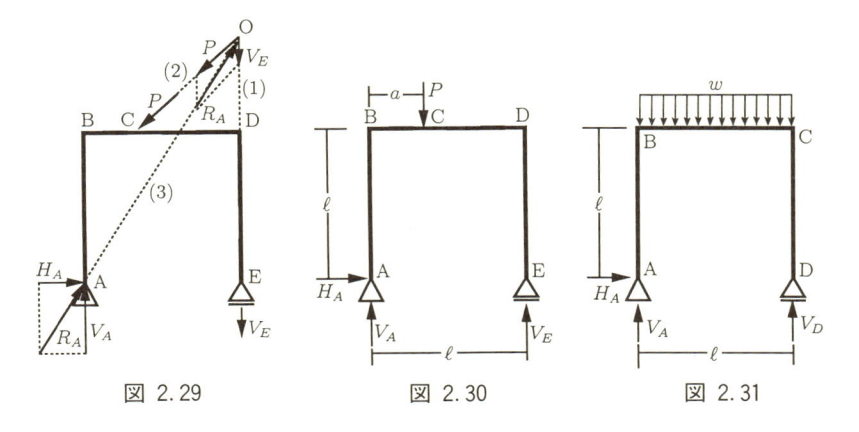

図 2.29　　図 2.30　　図 2.31

2.2 静定ラーメン   15

 (解答) $\Sigma X = 0, \ \Sigma Y = 0, \ \Sigma M_A = 0$ より

$$H_A = 0, \qquad V_A + V_D - w\ell = 0, \qquad \frac{w\ell^2}{2} - V_D\ell = 0$$

ゆえに，求める反力は，

$$H_A = 0, \qquad V_A = \frac{w\ell}{2}, \qquad V_D = \frac{w\ell}{2}$$

2.2.2 片持ばり型ラーメン

片持ばり型ラーメンの反力は片持ばりの場合と同様にして求めることができる。

[例題 2.11] 図 2.32 に示すラーメンの反力を数式解法で求めよ。

 (解答) $\Sigma X = 0, \ \Sigma Y = 0, \ \Sigma M_A = 0$ より

$$H_A + P = 0, \qquad V_A = 0, \qquad -M_A + Pa = 0$$

ゆえに，求める反力は，

$$H_A = -P, \qquad V_A = 0, \qquad M_A = Pa$$

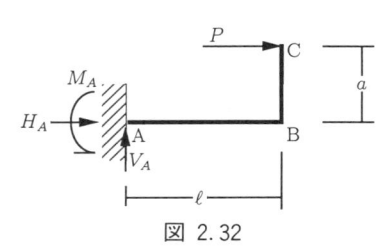

図 2.32

[例題 2.12] 図 2.33 に示すラーメンの反力を数式解法で求めよ。

 (解答) $\Sigma X = 0, \ \Sigma Y = 0, \ \Sigma M_A = 0$ より

$$H_A = 0, \qquad V_A - w\ell = 0, \qquad -M_A - \frac{w\ell^2}{2} = 0$$

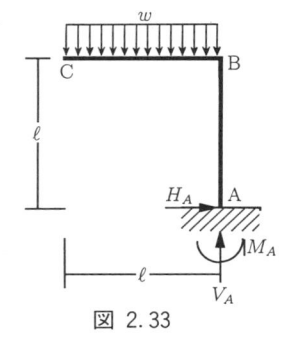

図 2.33

ゆえに，求める反力は，

$$H_A = 0, \qquad V_A = w\ell, \qquad M_A = -\frac{w\ell^2}{2}$$

2.2.3 三ヒンジラーメン

三ヒンジラーメンの反力数は 4 つである。そのために三ヒンジラーメンでは，力のつり合い式 ($\Sigma X = 0$，$\Sigma Y = 0$，$\Sigma M_A = 0$) に，ヒンジ点の右または左側に作用する反力と外力のヒンジ点に関するモーメントの総和が 0 になるという式 ($\Sigma M_C = 0$) を加えれば反力を求めることができる (図 2.34)。

図 2.34

図 2.35

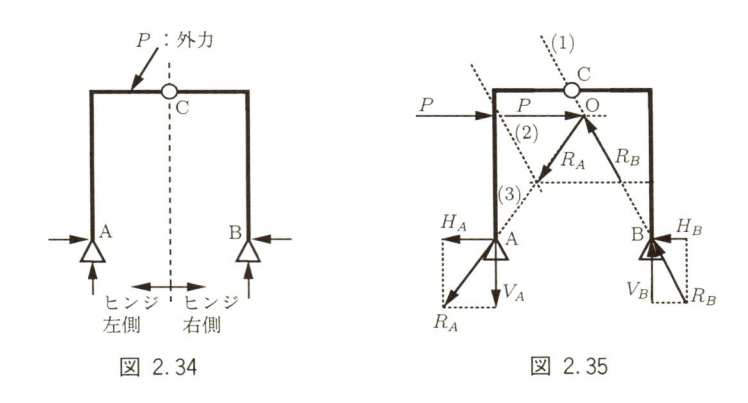

[例題 2.13] 図 2.35 に示すラーメンの反力を図式解法で求めよ。

(解答)

1. ヒンジ C 点の右側にはピン支点 B の反力 R_B しか働いていない。ヒンジ C 点の右側のモーメントの和が 0 になるためには R_B は点 B，C を結ぶ線 (1) 上になければならない。
2. 線 (1) と外力 P の作用線 (2) との交点を O 点とする。
3. 反力 R_A の作用線は，必ず O 点を通らなければならない。したがって，A 点の反力方向は A 点と O 点を結ぶ線 (3) 上にある。
4. 外力 P を作用線 (2) 上の O 点の近くに移動させる。
5. O 点の近くで求めた示力図を描くと，反力 R_A，R_B は図 2.35 のように求まる。
6. O 点の近くで求めた反力 R_A，R_B を A 点，B 点に移動すると，それが求める反力である。

なお R_A，R_B は，水平反力 H_A，H_B，鉛直反力 V_A，V_B に分解することができる。

[例題 2.14] 図 2.36 に示すラーメンの反力を数式解法で求めよ。

2.2 静定ラーメン

(**解答**) $\Sigma X = 0$, $\Sigma Y = 0$, $\Sigma M_A = 0$ より
$$H_A + H_B = 0, \qquad V_A + V_B - P = 0, \qquad -V_B \ell + Pa = 0$$

$M_C = 0$ より
$$-V_B \cdot \frac{\ell}{2} - H_B \cdot h = 0$$

この4つの式を解いて，
$$H_A = \frac{Pa}{2h}, \qquad V_A = \frac{P(\ell - a)}{\ell}, \qquad H_B = -\frac{Pa}{2h}, \qquad V_B = \frac{Pa}{\ell}$$

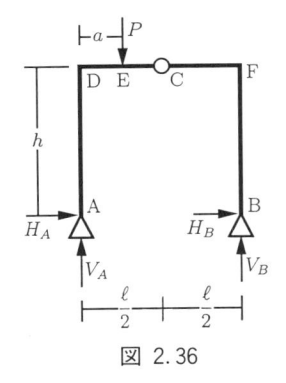

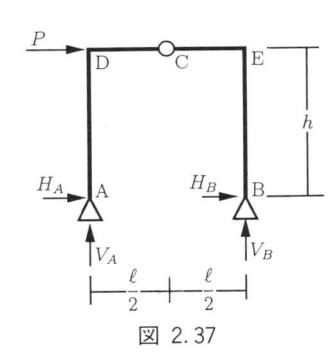

図 2.36　　図 2.37

[**例題 2.15**]　図 2.37 に示すラーメンの反力を数式解法で求めよ．

(**解答**) $\Sigma X = 0$, $\Sigma Y = 0$, $\Sigma M_A = 0$, $M_C = 0$ より
$$H_A + H_B + P = 0, \qquad V_A + V_B = 0, \qquad -V_B \ell + Ph = 0, \qquad -\frac{V_B \ell}{2} - H_B \cdot h = 0$$

ゆえに，求める反力は，
$$H_A = -\frac{P}{2}, \qquad V_A = \frac{Ph}{\ell}, \qquad H_B = -\frac{P}{2}, \qquad V_B = \frac{Ph}{\ell}$$

[**例題 2.16**]　図 2.38 に示すラーメンの反力を数式解法で求めよ．

(**解答**)　分布荷重を集中荷重におきかえ，同様にして，

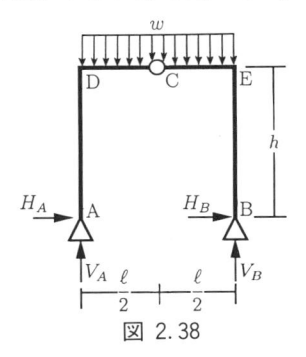

図 2.38

$$H_A + H_B = 0, \quad V_A + V_B - w\ell = 0, \quad -V_B\ell + w\ell \cdot \frac{\ell}{2} = 0, \quad -\frac{V_B\ell}{2} - H_B \cdot h + \frac{w\ell}{2} \cdot \frac{\ell}{4} = 0$$

ゆえに, 求める反力は,

$$H_A = \frac{w\ell^2}{8h}, \quad V_A = \frac{w\ell}{2}, \quad H_B = -\frac{w\ell^2}{8h}, \quad V_B = \frac{w\ell}{2}$$

[演習問題 2.4]　図 2.39～2.44 に示すラーメンの反力を数式解法で求めよ。(3),(5) については, 図式解法でも求めよ。

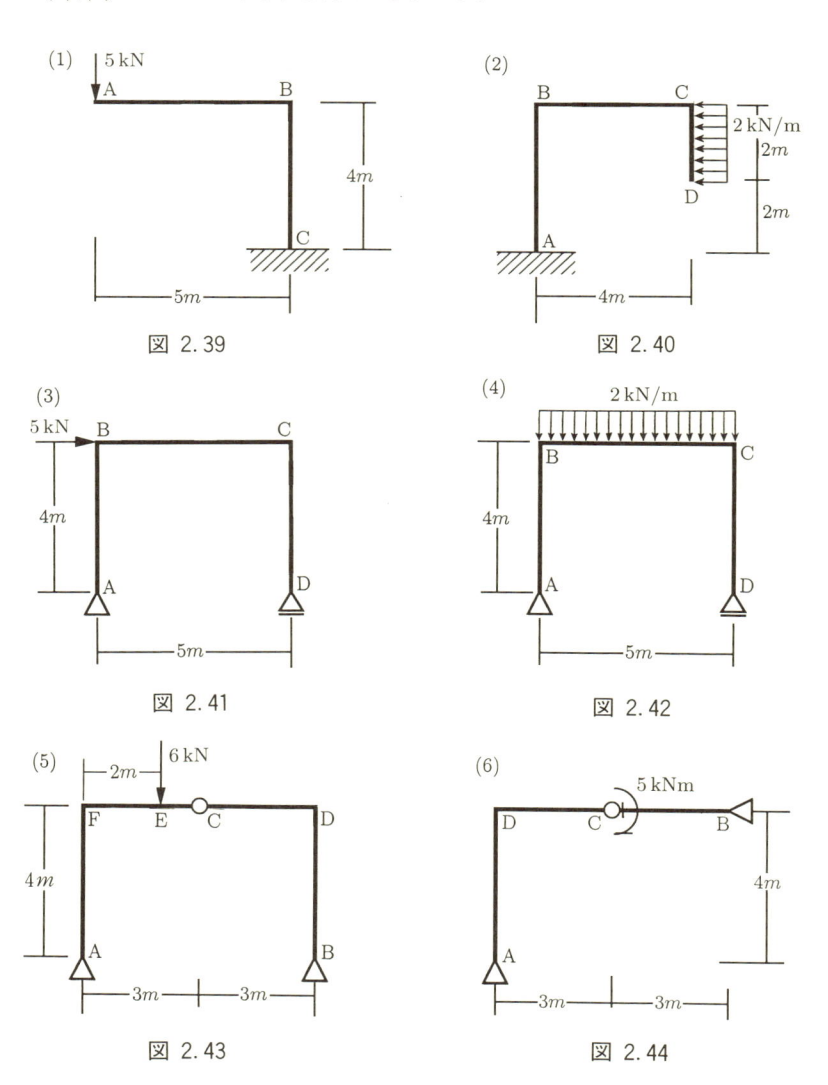

図 2.39

図 2.40

図 2.41

図 2.42

図 2.43

図 2.44

2.2 静定ラーメン

[**演習問題 2.5**] 図 2.45 〜 2.50 に示すラーメンの反力を数式解法で求めよ。(3) については，図式解法でも求めよ。

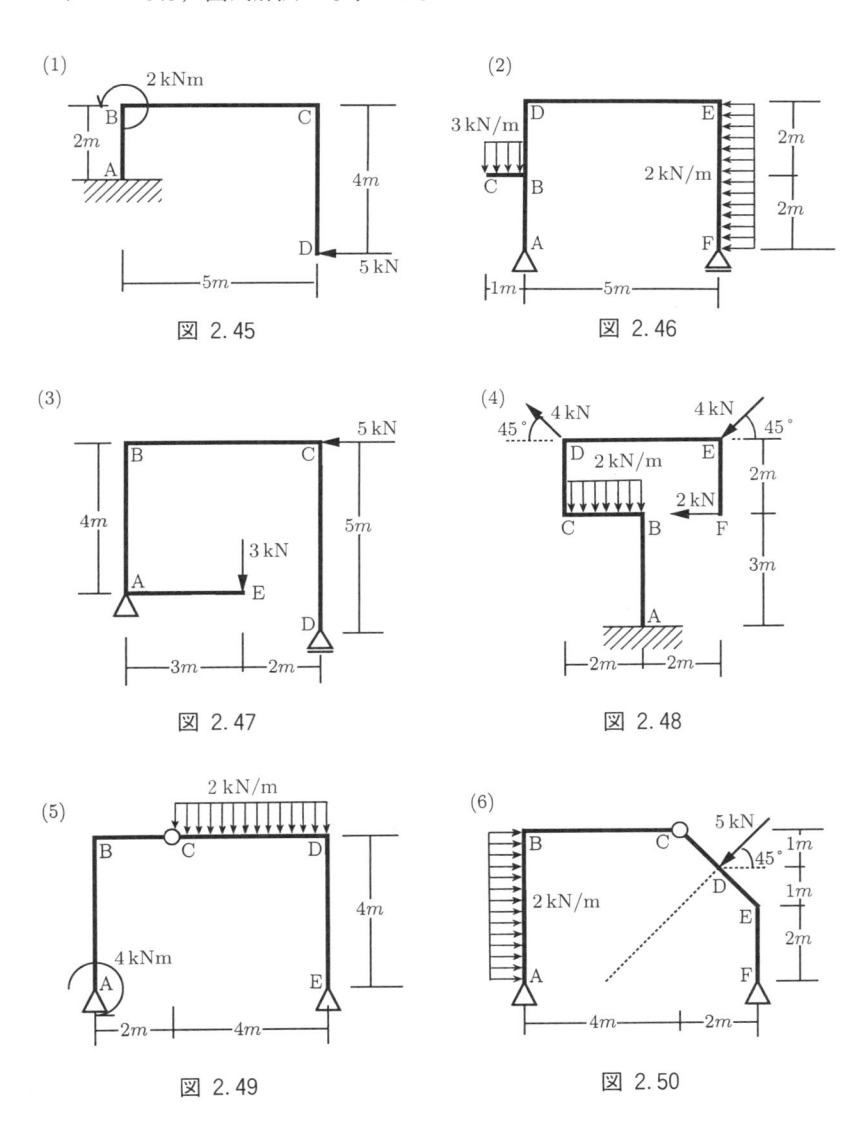

(1)

図 2.45

(2)

図 2.46

(3)

図 2.47

(4)

図 2.48

(5)

図 2.49

(6)

図 2.50

[演習問題 2.6]　図 2.51 〜 2.55 に示すラーメンの反力を数式解法で求めよ。

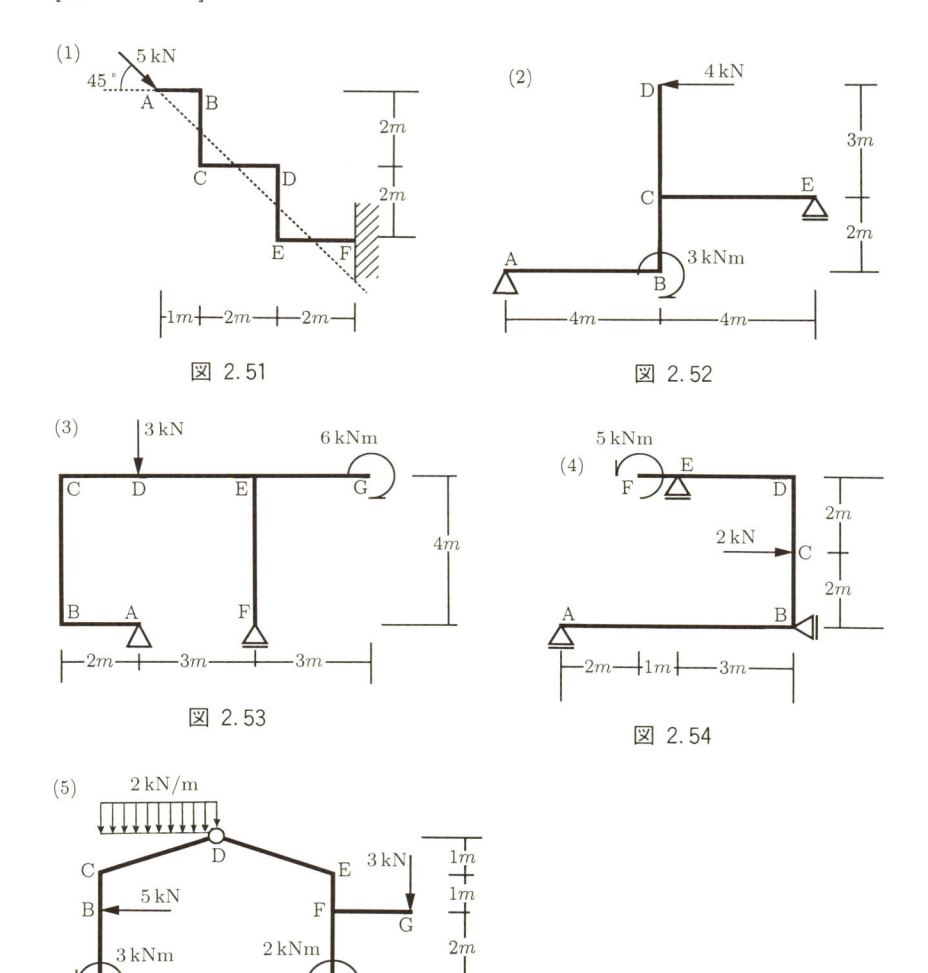

(1) 図 2.51

(2) 図 2.52

(3) 図 2.53

(4) 図 2.54

(5) 図 2.55

3

静定構造物の応力

　骨組構造物に外力が作用すると，その骨組を構成する部材内には応力が生じる。静定構造物の応力は，外力とのつり合いから求めることができる。部材内に生じる応力には軸方向力，せん断力，曲げモーメントがあり，それぞれ軸方向力図 (N 図)，せん断力図 (Q 図) および曲げモーメント図 (M 図) で表す。

　静定構造物の応力として軸方向力，せん断力および曲げモーメントを考える。それぞれの応力の符号を次のように設定する。

3.1　符号規約

(a) **軸方向力** (N)

　　軸方向力は材軸方向の力で材軸に垂直な面（切断面）に対して垂直な一対の力である。切断面を引っ張る力を引張軸方向力と呼び，正の符号を持つ軸方向力とし，切断面を押す力を圧縮軸方向力と呼び，負の符号を持つ軸方向力とする (図 3.1)。

　　軸方向力図 (N 図) を描く時には，はりの場合には下側を正とし上側を負とする。ラーメンの場合には，ラーメンの内側を正とし外側を負とする。また，トラスの場合には，部材が節点に及ぼす力の方向で表すのが一般的である (図 3.2)。

(b) **せん断力** (Q)

　　せん断力は材軸方向に対して垂直な力すなわち切断面に平行な一対の力である。せん断力がつくる偶力の回転の方向が，時計まわりであれば正のせん断力とし，反時計まわりであれば負のせん断力とする (図 3.3)。

　　せん断力図 (Q 図) を描く時には，軸方向力図と同じ方法による。ただし，ラーメンの柱のように，部材内でせん断力が一定の場合にはせん断力の回転方向を矢印で示す方法もある (図 3.4)。

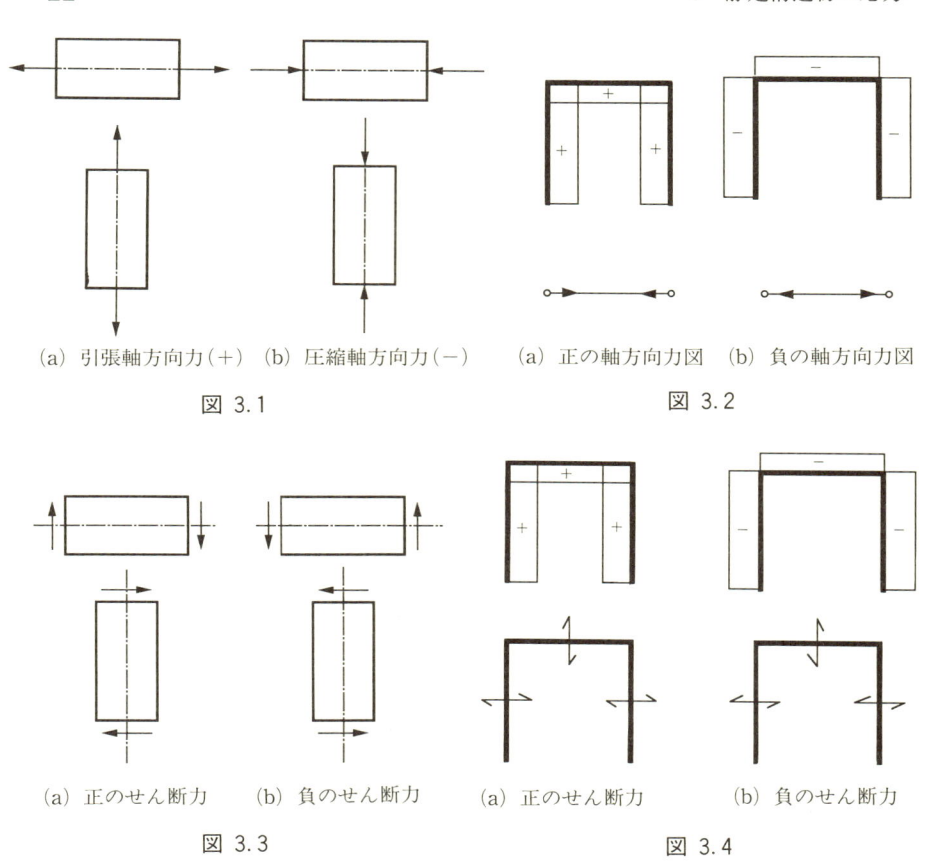

(a) 引張軸方向力(+)　(b) 圧縮軸方向力(-)　　(a) 正の軸方向力図　(b) 負の軸方向力図

図 3.1　　　　　　　　　　　　　　図 3.2

(a) 正のせん断力　(b) 負のせん断力　　(a) 正のせん断力　(b) 負のせん断力

図 3.3　　　　　　　　　　　　　　図 3.4

(c) **曲げモーメント** (M)

　　曲げモーメントは材軸を曲げようとする一対のモーメントであり，はりの場合には，はりの下側が伸びるように作用するモーメントを正の曲げモーメントとし，反対にはりの下側が縮む場合には負の曲げモーメントとする。柱の場合には一般的な規約はないが，柱の右側が伸びる場合を正とし，縮む場合を負と考えることもできる (図 3.5)。

　　曲げモーメント図 (M図) は，部材が曲がることにより伸びる側に描けばよい (図 3.6)。

　一般に，軸方向力図，せん断力図には応力の符号および応力の大きさを記入するが，曲げモーメント図の場合には，応力の大きさのみで応力の符号は記入しない。

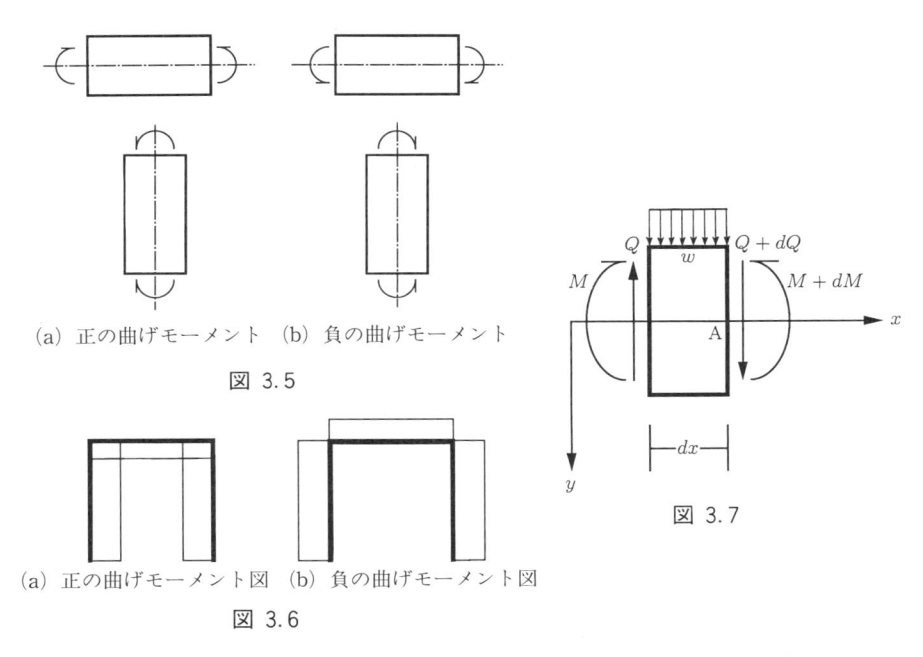

(a) 正の曲げモーメント　(b) 負の曲げモーメント

図 3.5

(a) 正の曲げモーメント図　(b) 負の曲げモーメント図

図 3.6

図 3.7

次に，荷重，せん断力および曲げモーメントの間の関係を求めておく．図 3.7 のように，荷重をうけてつり合い状態にある微小部材について考える．

$\Sigma Y = 0$:
$$w \cdot dx - Q + (Q + dQ) = 0$$

$$\frac{dQ}{dx} = -w \tag{3.1}$$

$\Sigma M_A = 0$:
$$M + Q \cdot dx - w \cdot dx \cdot \frac{dx}{2} - (M + dM) = 0$$

高次の微小項を省略すれば，$\dfrac{dM}{dx} = Q$

したがって，
$$\frac{d^2 M}{dx^2} = \frac{dQ}{dx} = -w \tag{3.2}$$

3.2 静定ばり

単純ばりの場合は，まず支点の反力を求めたのち部材の応力を求める．片持ばりの場合は，固定端の反力を求めなくても自由端から固定端に向かって部材の応力を求めることができる．

3.2.1 単純ばり

まず支点の反力を求める。次に部材に生じる応力を計算する。

[**例題 3.1**]　図 3.8(a) に示す単純ばりの応力図を求めよ。

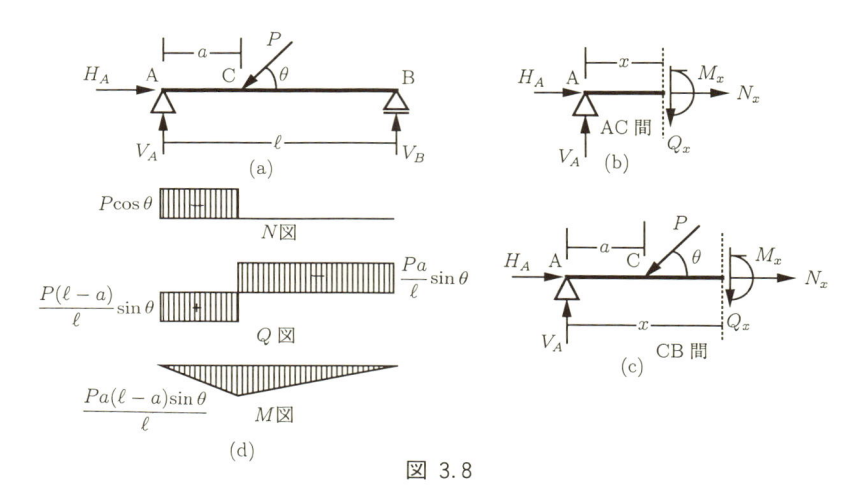

図 3.8

(**解答**)　まず支点反力を求めると次のようになる。

$$H_A = P\cos\theta, \qquad V_A = \frac{P(\ell-a)}{\ell}\sin\theta, \qquad V_B = \frac{Pa}{\ell}\sin\theta$$

次に応力を求める。次の 2 つの部分に分けて計算する。

1. $0 \leq x \leq a$ の部分 (図 3.8(b))
   水平方向の力のつり合い ($\Sigma X = 0$)，鉛直方向の力のつり合い ($\Sigma Y = 0$)，x 点まわりのモーメントのつり合い ($\Sigma M_x = 0$) より，

   $$H_A + N_x = 0, \qquad V_A - Q_x = 0, \qquad V_A x - M_x = 0$$

   これを解き，先に求めた反力を代入すると，x 点の応力は次のようになる。

   $$N_x = -P\cos\theta, \qquad Q_x = \frac{P(\ell-a)}{\ell}\sin\theta, \qquad M_x = \frac{P(\ell-a)\sin\theta}{\ell}x$$

2. $\ell > x \geq a$ の部分 (図 3.8(c))
   同様にして，$\Sigma X = 0, \ \Sigma Y = 0, \ \Sigma M_x = 0$ より，

   $$H_A - P\cos\theta + N_x = 0, \quad V_A - P\sin\theta - Q_x = 0, \quad V_A x - P(x-a)\sin\theta - M_x = 0$$

   $$N_x = 0, \qquad Q_x = -\frac{Pa}{\ell}\sin\theta, \qquad M_x = \frac{Pa(\ell-x)}{\ell}\sin\theta$$

求める応力図は図 3.8(d) のようになる。

[**例題 3.2**]　図 3.9(a) に示す単純ばりの応力図を求めよ。

(**解答**)　反力は次のようになる。

$$H_A = 0, \qquad V_A = V_B = \frac{w\ell}{2}$$

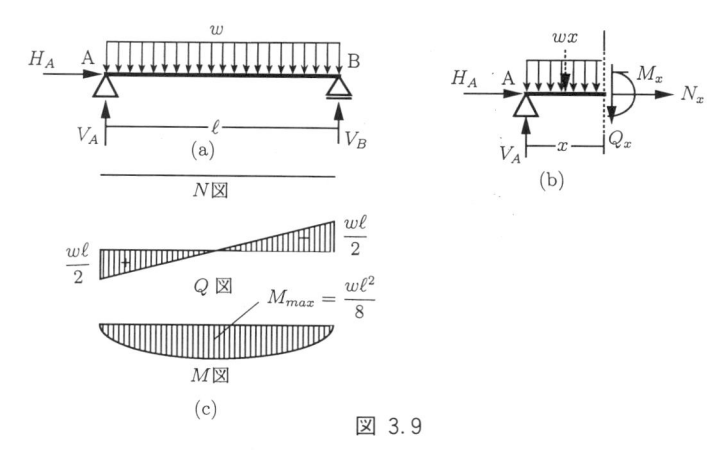

3.2 静定ばり

図 3.9

$\Sigma X = 0, \ \Sigma Y = 0, \ \Sigma M_A = 0$ より (図 3.9(b)),

$$H_A + N_x = 0, \qquad V_A - wx - Q_x = 0, \qquad V_A x - wx \cdot \frac{x}{2} - M_x = 0$$

これを解いて,

$$N_x = 0, \qquad Q_x = \frac{w\ell}{2} - wx, \qquad M_x = \frac{w\ell}{2}x - \frac{w}{2}x^2$$

曲げモーメントの最大となる点では,せん断力は 0 になるので,

$$\frac{dM_x}{dx} = Q_x = \frac{w\ell}{2} - wx = 0$$

$x = \ell/2$ となり,このとき,$M_{max} = w\ell^2/8$ となる。これらの応力を図示すると図 3.9(c) のようになる。

3.2.2 片持ばり

図 3.10 のように片持ばりを自由端から x 離れた位置で切断する。この切断面では,軸方向力 (N),せん断力 (Q) および曲げモーメント (M) が生じており,図

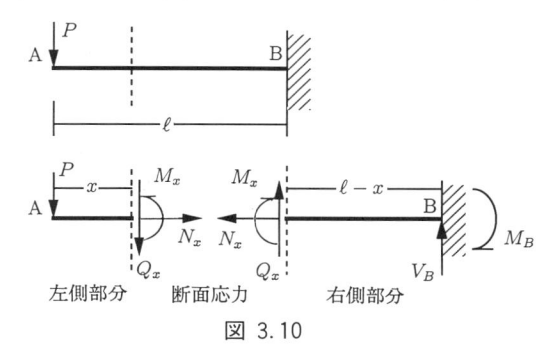

図 3.10

に示す方向を正方向と考える。左側部分と右側部分ではともに外力（支点反力も含む）と切断面の応力とはつり合っていなければならない。そこで応力計算を行う場合には，そのどちらかの部分について水平方向の力のつり合い，鉛直方向の力のつり合いおよび任意点のまわりのモーメントのつり合い式を作り，M, Q, N を求める。ここで，固定端を含む側を用いて応力を求める場合は，まず固定端の反力を求めておかなければならないのに対して，自由端を含む側を用いる場合にはただちに応力を求めることができる。

[例題 3.3]　図 3.11(a) に示す片持ばりの応力図を求めよ。

(解答)　自由端より x 離れた点の応力を N_x, Q_x, M_x とすると，図 3.11(b) に示す部分について水平方向の力のつり合い ($\Sigma X = 0$)，鉛直方向の力のつり合い ($\Sigma Y = 0$) および x 点まわりのモーメントのつり合い ($\Sigma M_x = 0$) より，

$$P\cos\theta + N_x = 0 \quad \therefore N_x = -P\cos\theta$$
$$-P\sin\theta - Q_x = 0 \quad \therefore Q_x = -P\sin\theta$$
$$-Px\sin\theta - M_x = 0 \quad \therefore M_x = -Px\sin\theta$$

この応力を図示すると図 3.11(c) のようになる。

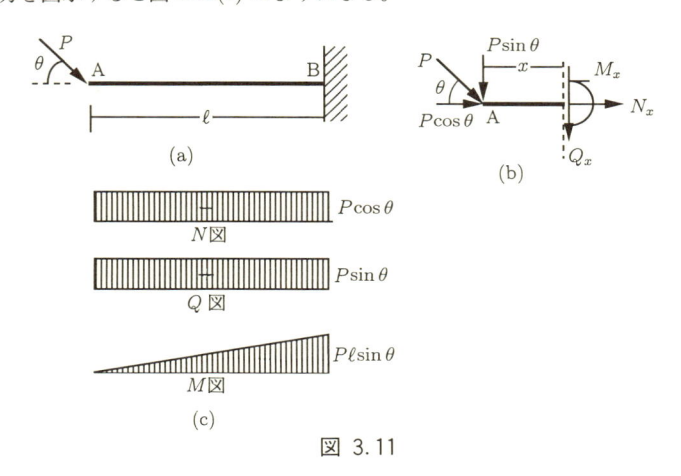

図 3.11

[例題 3.4]　図 3.12(a) に示す片持ばりの応力図を求めよ。

(解答)　$\Sigma X = 0, \ \Sigma Y = 0, \ \Sigma M_A = 0$ より（図 3.12(b)），

$$N_x = 0$$
$$wx + Q_x = 0 \quad \therefore Q_x = -wx$$
$$-wx \cdot x/2 - M_x = 0 \quad \therefore M_x = -\frac{wx^2}{2}$$

求める応力図は図 3.12(c) のようになる。

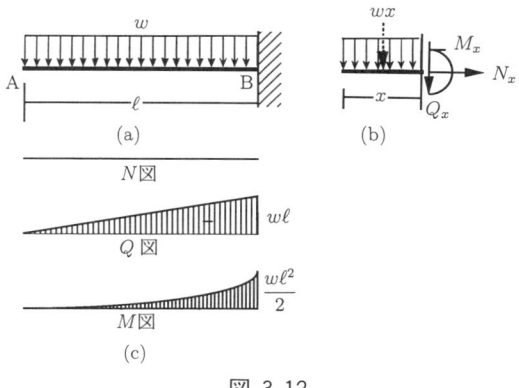

3.3 静定ラーメン

N図

Q図 $w\ell$

M図 $\dfrac{w\ell^2}{2}$

(c)

図 3.12

[演習問題 3.1] 図 3.13 〜 3.18 に示すはりの応力図を求めよ。

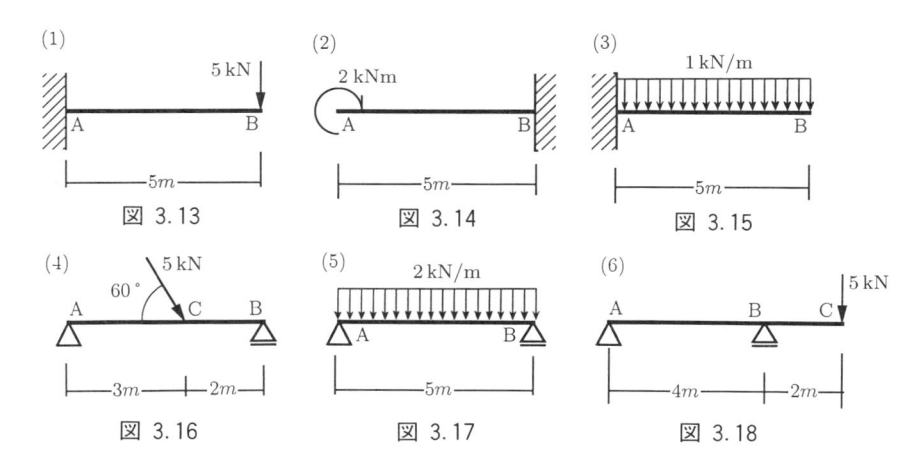

(1) 5 kN A—B —5m— 図 3.13

(2) 2 kNm A—B —5m— 図 3.14

(3) 1 kN/m A—B —5m— 図 3.15

(4) 5 kN, 60° A—C—B —3m—2m— 図 3.16

(5) 2 kN/m A—B —5m— 図 3.17

(6) 5 kN A—B—C —4m—2m— 図 3.18

[演習問題 3.2] 図 3.19 〜 3.23 に示すはりの応力図を求めよ。

(1) 1 kN, 2 kN A—B—C —2m—3m— 図 3.19

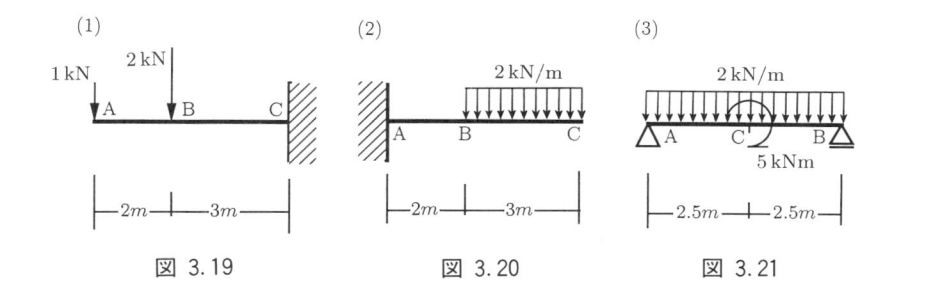

(2) 2 kN/m A—B—C —2m—3m— 図 3.20

(3) 2 kN/m, 5 kNm A—C—B —2.5m—2.5m— 図 3.21

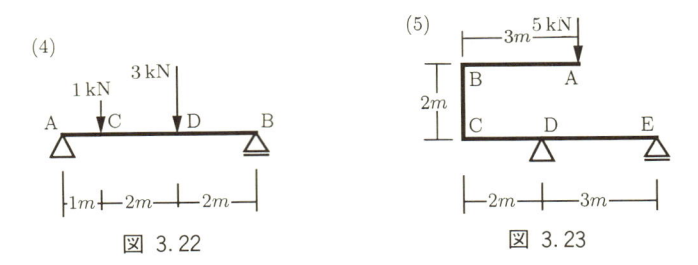

図 3.22

図 3.23

[演習問題 3.3]　図 3.24 ～ 3.28 に示すはりの応力図を求めよ。

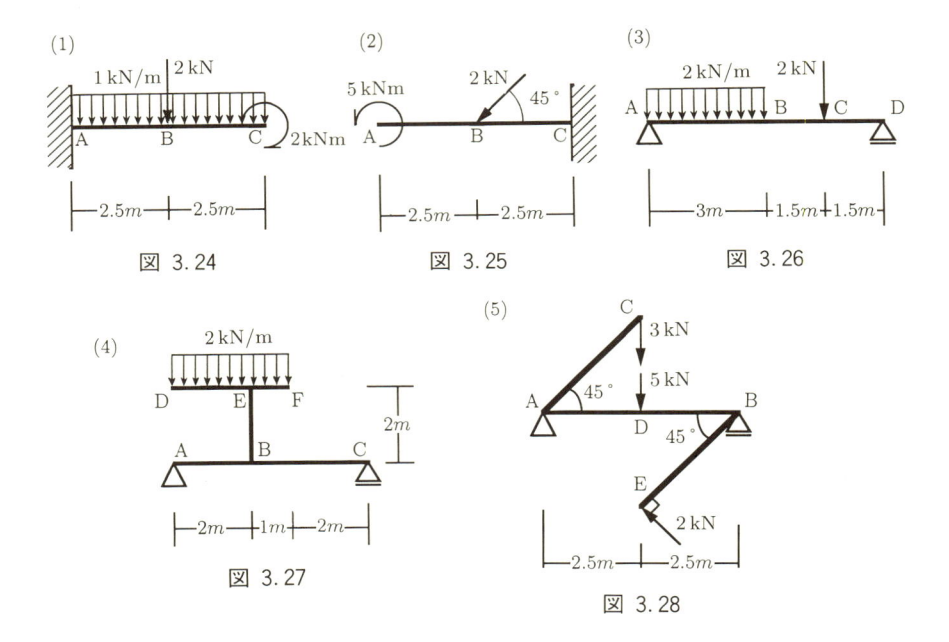

図 3.24

図 3.25

図 3.26

図 3.27

図 3.28

3.3　静定ラーメン

　静定ラーメンには，単純ばり型ラーメン，片持ばり型ラーメンおよび三ヒンジラーメンなどがある。

3.3.1　単純ばり型ラーメン

　単純ばり型ラーメンの場合も単純ばりと同様にして，まず反力を求め，そのあと応力を求める。

[例題 3.7]　図 3.29(a) に示す単純ばり型ラーメンの応力図を求めよ。

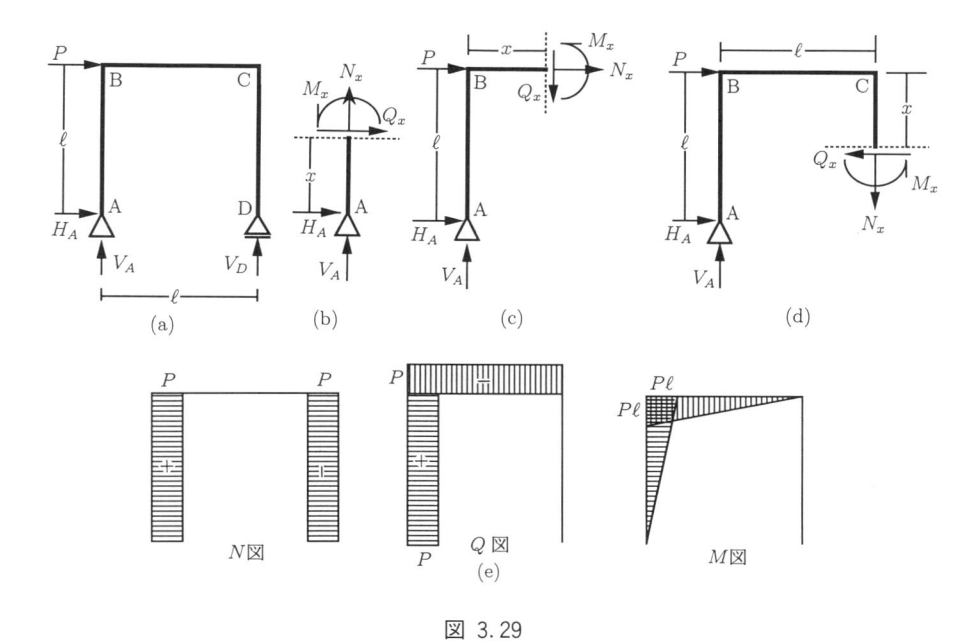

3.3 静定ラーメン

図 3.29

(解答) まず反力を求める。
$$H_A = -P, \qquad V_A = -P, \qquad V_D = P$$

1. AB 間の応力 (図 3.29(b))：$\Sigma X = 0,\ \Sigma Y = 0,\ \Sigma M_x = 0$ より，
$$Q_x + H_A = 0, \qquad N_x + V_A = 0, \qquad -M_x - H_A x = 0$$
これより，
$$N_x = P, \qquad Q_x = P, \qquad M_x = Px$$

2. BC 間の応力 (図 3.29(c))：$\Sigma X = 0,\ \Sigma Y = 0,\ \Sigma M_x = 0$ より，
$$H_A + P + N_x = 0, \qquad V_A - Q_x = 0, \qquad -H_A \ell + V_A x - M_x = 0$$
これより，
$$N_x = 0, \qquad Q_x = -P, \qquad M_x = P(\ell - x)$$

3. CD 間の応力 (図 3.29(d))：$\Sigma X = 0,\ \Sigma Y = 0,\ \Sigma M_x = 0$ より，
$$N_x = -P, \qquad Q_x = 0, \qquad M_x = 0$$

この応力を図示すると図 3.29(e) のようになる。

[例題 3.8] 図 3.30(a) に示す単純ばり型ラーメンの応力図を求めよ。

(解答) 反力は，
$$H_A = 0, \qquad V_A = V_B = \frac{w\ell}{2}$$

図 3.30

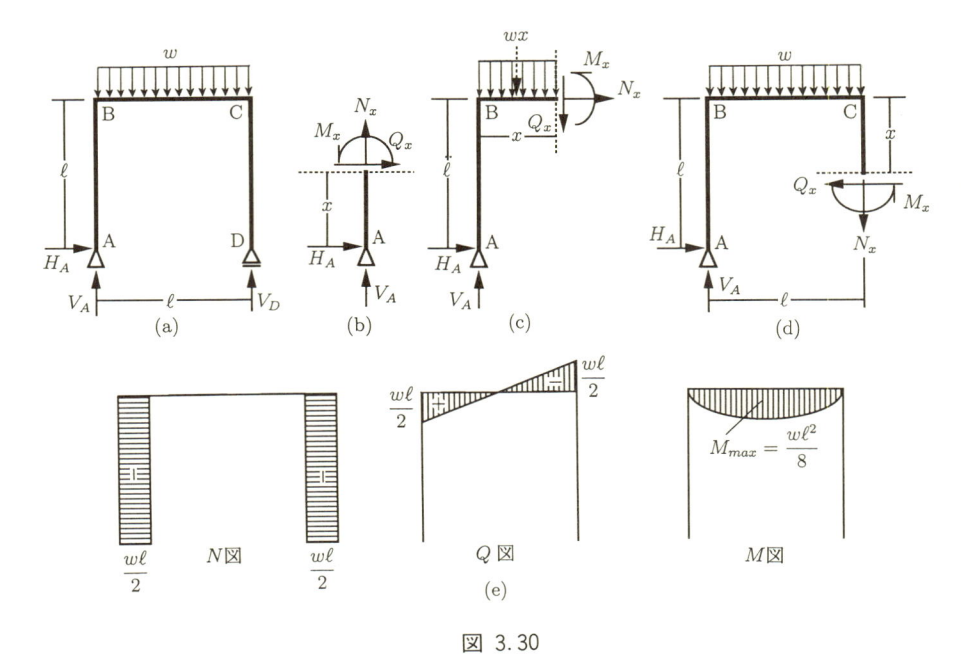

1. AB 間の応力 (図 3.30(b))：$\Sigma X = 0$, $\Sigma Y = 0$, $\Sigma M_x = 0$ より,
$$H_A + Q_x = 0, \qquad V_A + N_x = 0, \qquad -H_A x - M_x = 0$$
これを解いて，先に求めた反力を代入すると,
$$N_x = -\frac{w\ell}{2}, \qquad Q_x = 0, \qquad M_x = 0$$

2. BC 間の応力 (図 3.30(c))：$\Sigma X = 0$, $\Sigma Y = 0$, $\Sigma M_x = 0$ より,
$$N_x = 0, \qquad Q_x = \frac{w\ell}{2} - wx, \qquad M_x = \frac{w\ell}{2}x - \frac{w}{2}x^2$$

3. CD 間の応力 (図 3.30(d))：$\Sigma X = 0$, $\Sigma Y = 0$, $\Sigma M_x = 0$ より,
$$N_x = -\frac{w\ell}{2}, \qquad Q_x = 0, \qquad M_x = 0$$

したがって，応力図は図 3.30(e) のようになる．

3.3.2 片持ばり型ラーメン

　片持ばり型ラーメンの応力計算は自由端からはじめると簡単であるが，固定端からはじめる場合には反力を求める必要がある．以下の例題ではすべて自由端から計算を始めている．

3.3 静定ラーメン   31

[例題 3.5]　図 3.31(a) に示す片持ばり型ラーメンの応力図を求めよ。

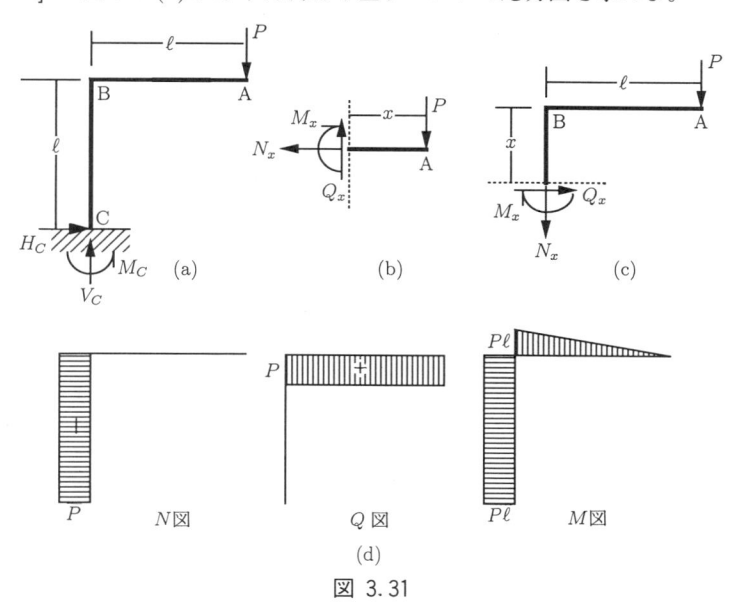

図 3.31

(解答)

1. AB 間の応力：図 3.31(b) に示す部分の力のつり合い；$\Sigma X = 0$, $\Sigma Y = 0$, $\Sigma M_x = 0$ より,

$$-N_x = 0, \quad Q_x - P = 0, \quad M_x + Px = 0$$

これより,

$$N_x = 0, \quad Q_x = P, \quad M_x = -Px$$

2. BC 間の応力：図 3.31(c) に示す部分の力のつり合い；$\Sigma X = 0$, $\Sigma Y = 0$, $\Sigma M_x = 0$ より,

$$-N_x - P = 0, \quad Q_x = 0, \quad M_x + P\ell = 0$$

これより,

$$N_x = -P, \quad Q_x = 0, \quad M_x = -P\ell$$

この応力を図示すると，図 3.31(d) のようになる。

[例題 3.6]　図 3.32(a) に示す片持ばり型ラーメンの応力図を求めよ。

(解答)

1. AB 間の応力：（図 3.32(b)）：$\Sigma X = 0$, $\Sigma Y = 0$, $\Sigma M_x = 0$ より

$$N_x = 0, \quad Q_x - wx = 0, \quad M_x + wx \cdot \frac{x}{2} = 0$$

図 3.32

これより，
$$N_x = 0, \quad Q_x = wx, \quad M_x = -\frac{wx^2}{2}$$

2. BC 間の応力：(図 3.32(c))：$\Sigma X = 0$, $\Sigma Y = 0$, $\Sigma M_x = 0$ より，
$$-Q_x = 0, \quad -N_x - wa = 0, \quad M_x + wa \cdot \frac{a}{2} = 0$$

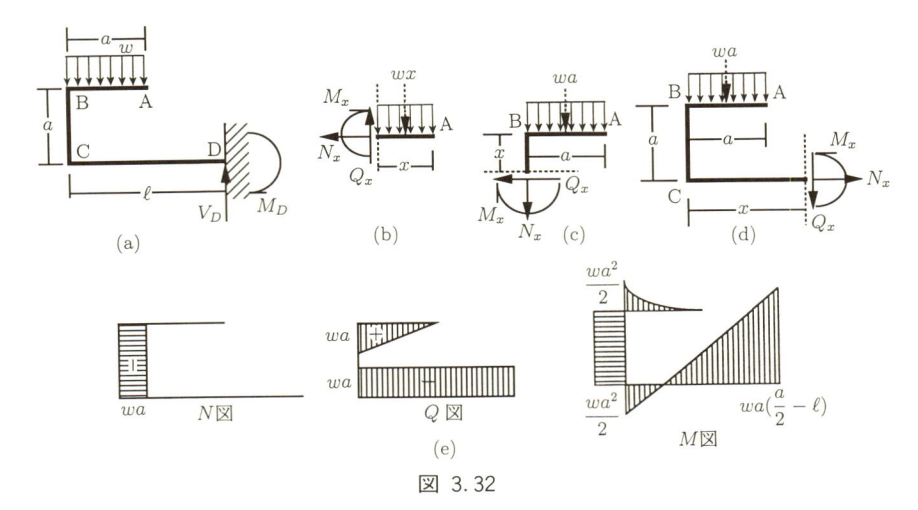

これより，
$$N_x = -wa, \quad Q_x = 0, \quad M_x = -\frac{wa^2}{2}$$

3. CD 間の応力：(図 3.32(d))：$\Sigma X = 0$, $\Sigma Y = 0$, $\Sigma M_x = 0$ より，
$$N_x = 0, \quad -wa - Q_x = 0, \quad -wa(x - \frac{a}{2}) - M_x = 0$$

これより，
$$N_x = 0, \quad Q_x = -wa, \quad M_x = -wa(x - \frac{a}{2})$$

この応力を図示すると，図 3.32(e) のようになる．

3.3.3 三ヒンジラーメン

[**例題 3.9**]　図 3.33(a) に示す三ヒンジラーメンの応力図を求めよ．

（**解答**）　反力を求めると，
$$H_A = \frac{Pa}{2\ell}, \quad V_A = \frac{P(\ell - a)}{\ell}, \quad H_F = -\frac{Pa}{2\ell}, \quad V_F = \frac{Pa}{\ell}$$

1. AB 間の応力 (図 3.33(b))：
$$H_A + Q_x = 0, \quad V_A + N_x = 0, \quad -H_A x - M_x = 0$$

3.3 静定ラーメン

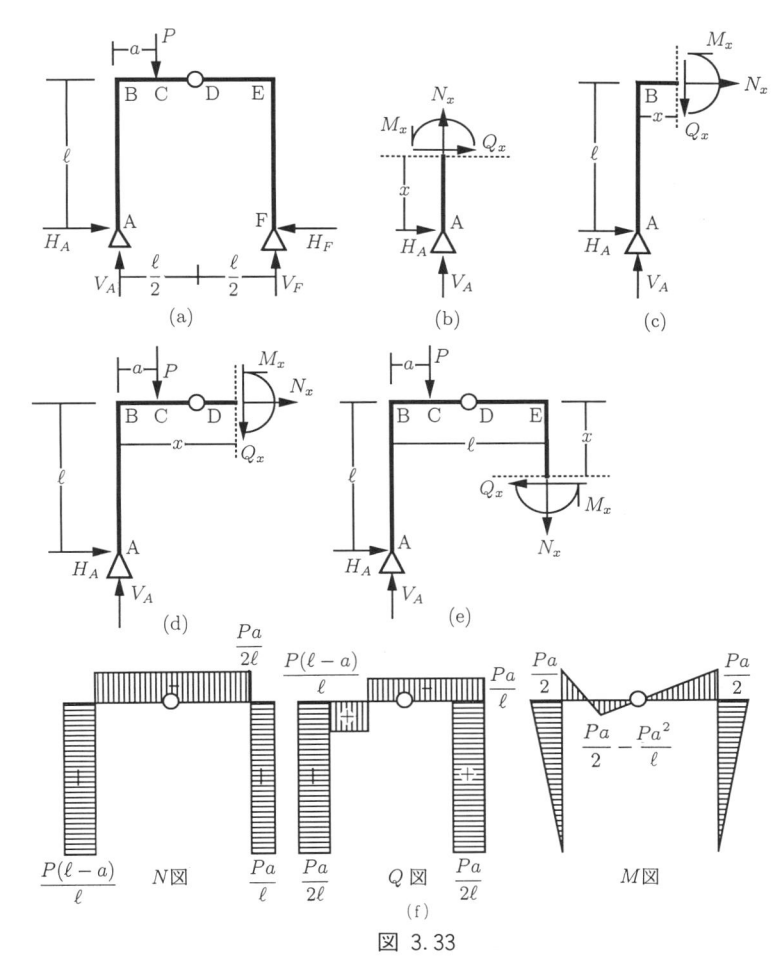

図 3.33

これを解き，先に求めた反力を代入すると，

$$\therefore \quad N_x = -\frac{P(\ell-a)}{\ell}, \qquad Q_x = -\frac{Pa}{2\ell}, \qquad M_x = -\frac{Pa}{2\ell}x$$

2. BC 間の応力 (図 3.33(c))：

$$H_A + N_x = 0, \qquad V_A - Q_x = 0, \qquad -H_A\ell + V_A x - M_x = 0$$

$$\therefore \quad N_x = -\frac{Pa}{2\ell}, \qquad Q_x = \frac{P(\ell-a)}{\ell}, \qquad M_x = \frac{P(\ell-a)}{\ell}x - \frac{Pa}{2}$$

3. CE 間の応力 (図 3.33(d))：

$$H_A + N_x = 0, \qquad V_A - P - Q_x = 0, \qquad -H_A\ell + V_A x - P(x-a) - M_x = 0$$

$$\therefore \quad N_x = -\frac{Pa}{2\ell}, \qquad Q_x = \frac{Pa}{\ell}, \qquad M_x = \frac{Pa}{2} - \frac{Pa}{\ell}x$$

4. EF 間の応力 (図 3.33(e))：同様にして，

$$N_x = -\frac{Pa}{\ell}, \qquad Q_x = \frac{Pa}{2\ell}, \qquad M_x = -\frac{Pa(\ell - x)}{2\ell}$$

したがって，応力図は図 3.33(f) のようになる。

[**例題 3.10**]　図 3.34(a) に示す三ヒンジラーメンの応力図を求めよ。

（**解答**）　反力は，

$$H_A = \frac{w\ell}{8}, \qquad V_A = \frac{w\ell}{2}, \qquad H_E = \frac{w\ell}{8}, \qquad V_E = \frac{w\ell}{2}$$

1. AB 間の応力 (図 3.34(b))：

$$H_A + Q_x = 0, \qquad V_A + N_x = 0, \qquad -H_A x - M_x = 0$$

これを解いて，先に求めた反力を代入すると，

$$N_x = -\frac{w\ell}{2}, \qquad Q_x = -\frac{w\ell}{8}, \qquad M_x = -\frac{w\ell}{8}x$$

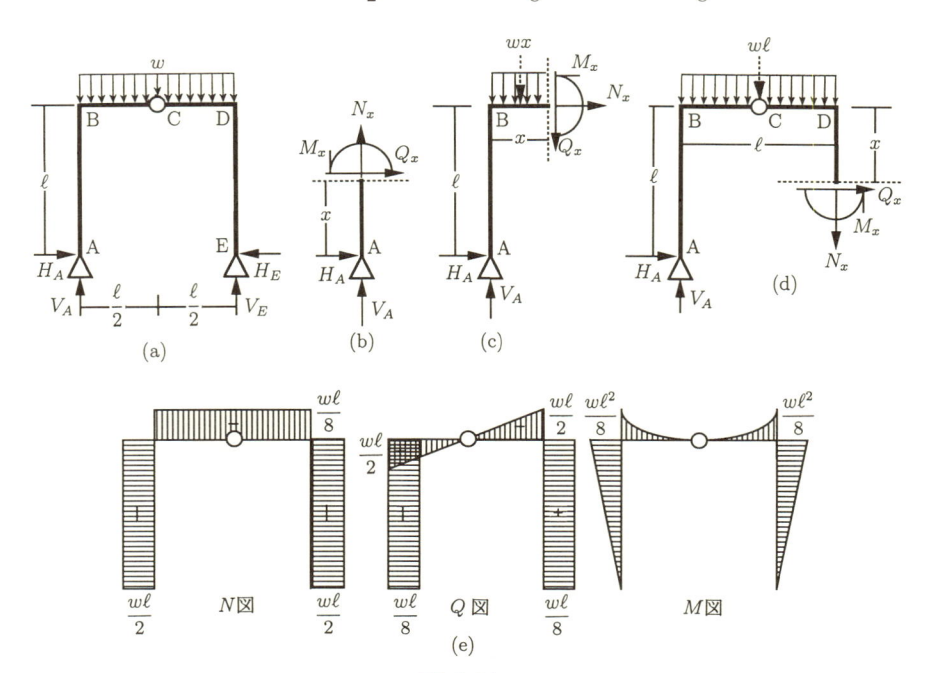

図 3.34

3.3 静定ラーメン

2. BD 間の応力 (図 3.34(c))：

$$H_A + N_x = 0, \quad V_A - wx - Q_x = 0, \quad -H_A\ell + V_A x - wx \cdot \frac{x}{2} - M_x = 0$$

$$\therefore \quad N_x = -\frac{w\ell}{8}, \quad Q_x = \frac{w\ell}{2} - wx, \quad M_x = -\frac{w\ell^2}{8} + \frac{w\ell}{2}x - \frac{w}{2}x^2$$

3. DE 間の応力 (図 3.34(d))：同様にして，

$$N_x = -\frac{w\ell}{2}, \quad Q_x = \frac{w\ell}{8}, \quad M_x = -\frac{w\ell(\ell-x)}{8}$$

したがって，応力は図 3.34(e) のようになる。

[**例題 3.11**]　図 3.35(a) に示す骨組の M 図を求めよ。

(解答)

1. 反力：鉛直反力を上向きに，水平反力を右向きに仮定する。

$$\Sigma M_H(右) = 0 \quad \text{より}, \quad -V_J \cdot \ell - H_J \cdot 3\ell = 0$$
$$\Sigma M_E(右) = 0 \quad \text{より}, \quad -V_J \cdot 3\ell - H_J \cdot 3\ell + P\ell = 0$$

これより，

$$V_J = \frac{1}{2}P, \quad H_J = -\frac{1}{6}P$$
$$\Sigma M_F = 0 \text{ より}, V_A \cdot 4\ell + P \cdot \ell - V_J \cdot 3\ell = 0$$

これより，

$$V_A = \frac{1}{8}P$$
$$\Sigma M_C(左) = 0 \text{ より}, V_A \cdot 2\ell - H_A \cdot 5\ell = 0$$

これより，

$$H_A = \frac{1}{20}P$$

$$\Sigma X = 0 \text{ より}, \quad H_A + H_F + H_J = 0, \quad \therefore H_F = \frac{7}{60}P$$

$$\Sigma Y = 0 \text{ より}, \quad V_A + V_F + V_J - P = 0, \quad \therefore V_F = \frac{3}{8}P$$

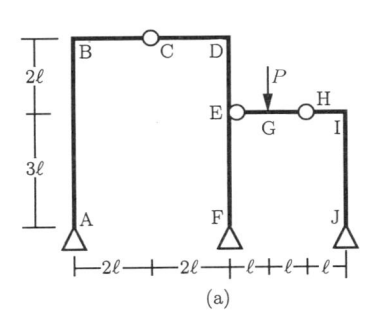

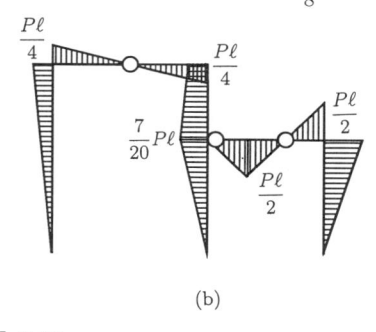

図 3.35

2. 曲げモーメント：
B 点，E 点，I 点の曲げモーメントは水平反力から容易に求められる。例えば，$M_B = H_A \cdot 5\ell = \frac{1}{4}P\ell$ など。また，BD 間，GI 間ではせん断力は一定であるから，曲げモーメントは直線的に変化するので，D 点，G 点の曲げモーメントが求められる。また，DE 間の曲げモーメントは，M_D と M_E を直線で結ぶことにより得られる。この骨組の曲げモーメントを図 3.35(b) に示す。

[演習問題 3.4] 図 3.36 〜 3.41 に示すラーメンの応力図を求めよ。

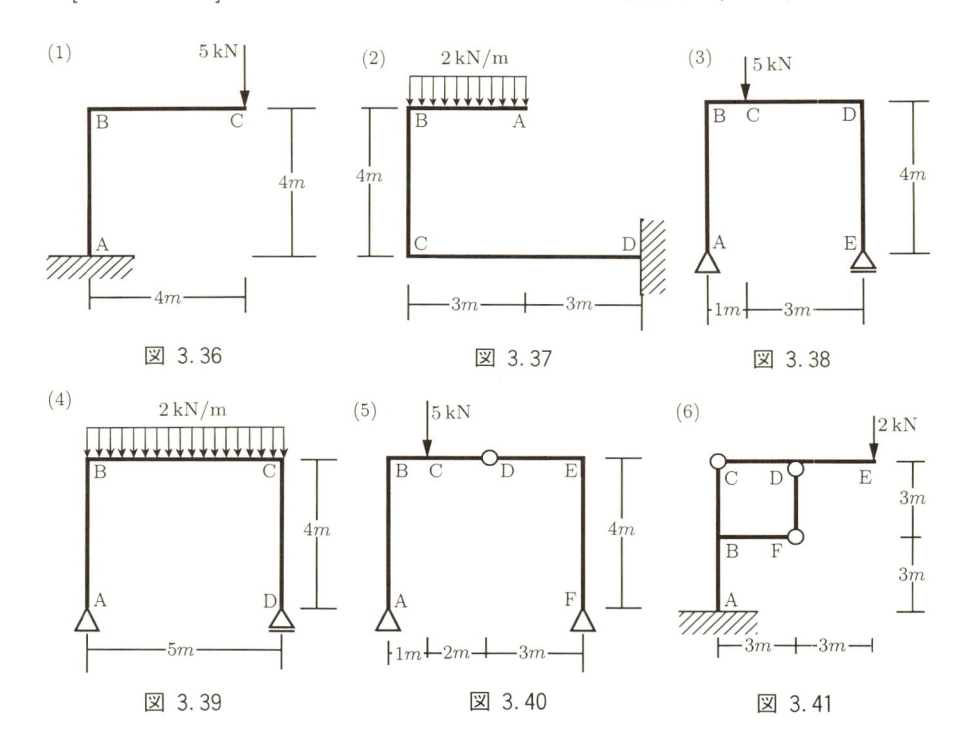

(1) 図 3.36

(2) 図 3.37

(3) 図 3.38

(4) 図 3.39

(5) 図 3.40

(6) 図 3.41

[演習問題 3.5] 図 3.42 〜 3.47 に示すラーメンの応力図を求めよ。

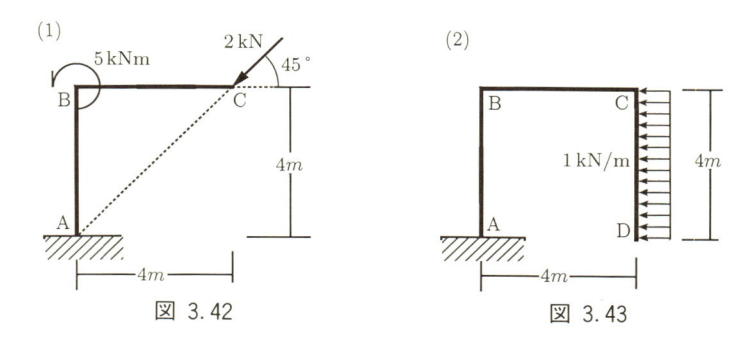

(1) 図 3.42

(2) 図 3.43

3.3 静定ラーメン   37

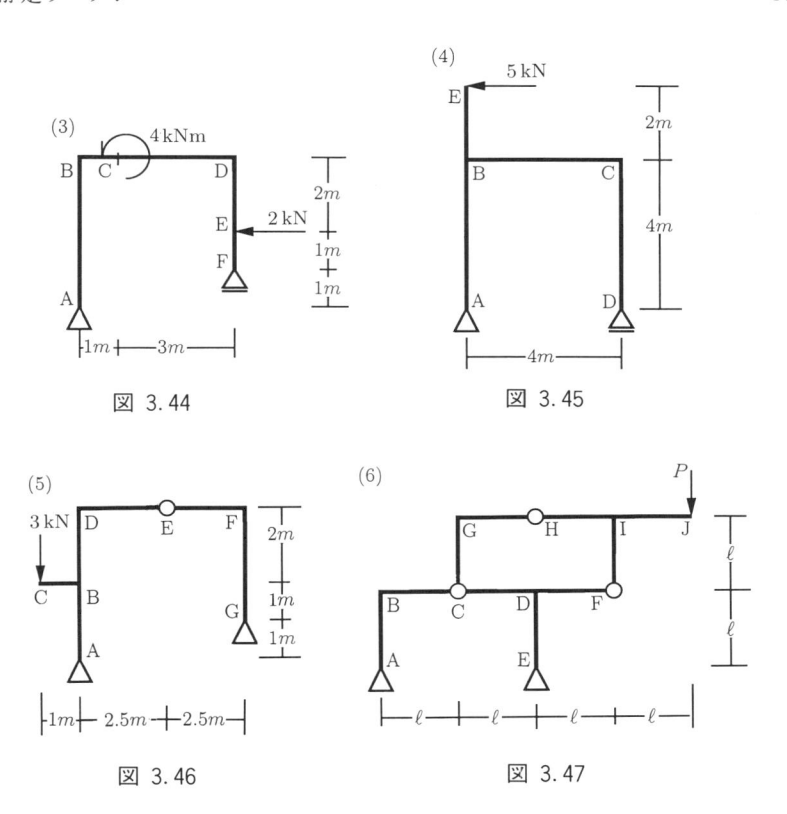

(3) 図 3.44

(4) 図 3.45

(5) 図 3.46

(6) 図 3.47

[演習問題 3.6]　図 3.48 ～ 3.52 に示すラーメンの応力図を求めよ。

(1) 図 3.48

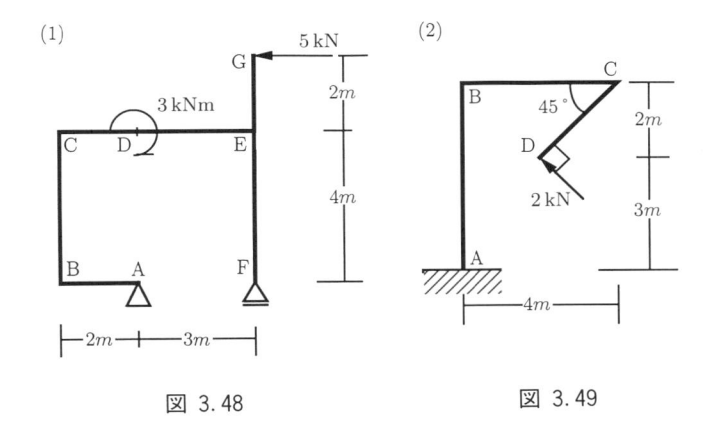

(2) 図 3.49

(3)

図 3.50

(4)

図 3.51

(5)

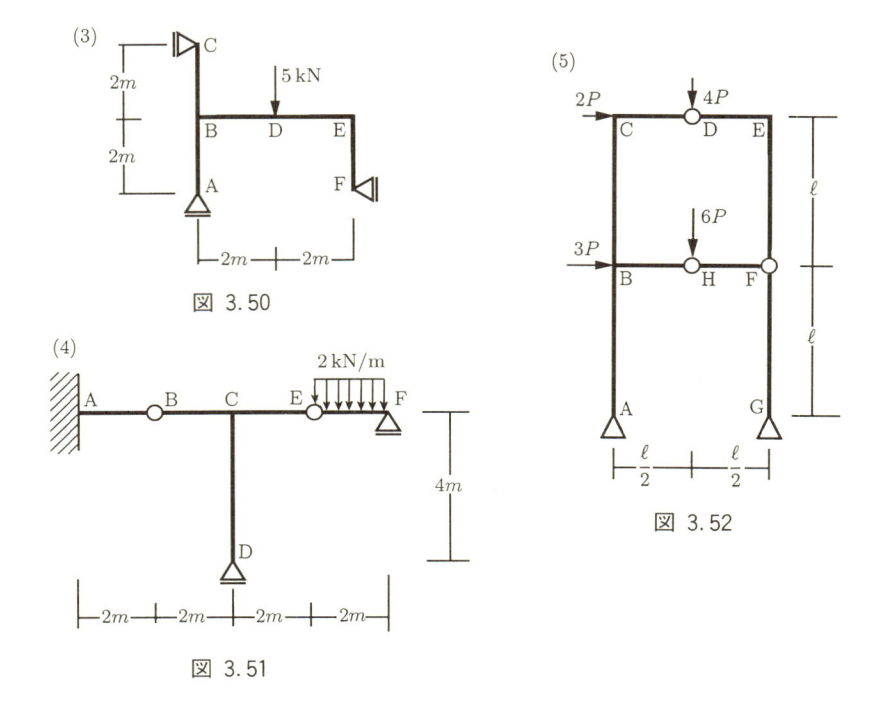

図 3.52

3.3.4 図式解法

　曲げモーメント図を推定する場合に図式解法がよく用いられる。ここでは例をあげて片持ばり型，単純ばり型のラーメンに一つの外力が作用する場合について，それぞれ説明する。いずれの場合にも，外力の作用線と仮想ピン点（部材と外力の作用線の交点）を利用して M 図を描く。すなわち，

1. 外力の作用線から離れるほど曲げモーメントが大きくなり，逆に，部材と作用線の交点では曲げモーメントが0となる。部材と交わらない場合には部材の延長上の交点も利用する。

2. 外力の作用線と平行になる部材の曲げモーメントは一定である。

3. 曲げモーメント図は外力の向きと反対側に描く。

4. 曲げモーメントの大きさはある任意点の大きさだけを求めれば，他は図の大きさから求められる。

5. 二つの部材の交点の曲げモーメントは等しく，同じ側に描く。
　　などを利用して M 図を求める。

3.3 静定ラーメン　　　　　　　　　　　　　　　　　　　　　　　　　　　　　　39

[**例題 3.12**]　図 3.53(a) の片持ばり型のラーメンの M 図を求めよ。

(**解答**)　(図 3.53(b) 参照)

1. AB 材：曲げモーメントは上側に描かれ増加する。B 点の曲げモーメント M_B が求められる。
2. BC 材：BC 材と外力の延長線上の交点を仮想ピン点 1 とすると，B 点の曲げモーメントは仮想ピン点 1 に向かって減少する。C 点の曲げモーメント M_C が求められる。
3. CD 材：CD 材内に作用線があるのでこの点で曲げモーメントは 0 となり，仮想ピン点から離れるにしたがって M は増加するので，M_C の値と仮想ピン点 2 を結んでその延長上 D の M_D が求められる。
4. DE 材：DE 材の延長と作用線の交点に仮想ピン点 3 があり，M_D の値と仮想ピン点を結んだ線から M_E が求められる。

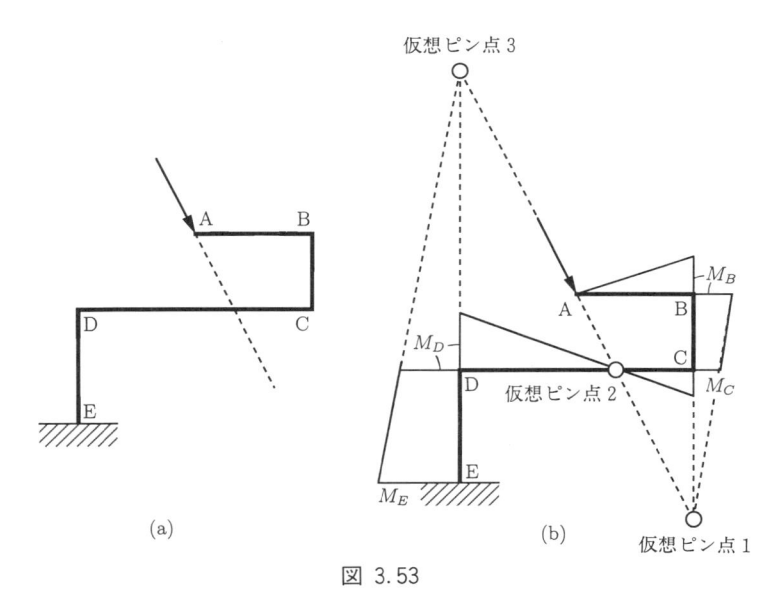

図 3.53

[**例題 3.13**]　図 3.54(a) の単純ばり型ラーメンの M 図を求めよ。

(**解答**)　(図 3.54(b) 参照)

1. 反力：3 力のつりあい条件は，3 力が一点に交わることを利用して反力 R_A, R_E を求める。
2. AB 材：支点 A の反力 R_A が左向きであるから，曲げモーメントは右側に増加して描かれ M_B が求められる。
3. B 点に外力が作用しているので，AB 材以外は反力 R_A と外力につり合う力，すなわち反力 R_E を用いて曲げモーメントを求める。
4. BC 材：BC 材の延長線上とと支点 E の反力 R_E の作用線の交点を仮想ピン点 1 と

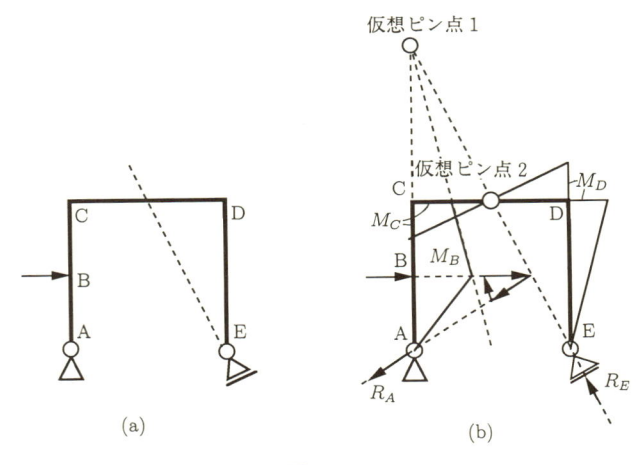

図 3.54

し，M_B は仮想ピン点 1 に向かって減少する。これより M_C が求められる。

5. CD 材：CD 材内に仮想ピン点 2 があるから，M_C と仮想ピン点を結んでその延長上の M_D が求められる。
6. DE 材：支点 E では曲げモーメントは 0 であるから M_D から E に向かって減少する。

[**演習問題 3.7**]　図 3.55 ～ 3.58 に示すラーメンの M 図を図式解法により求めよ。

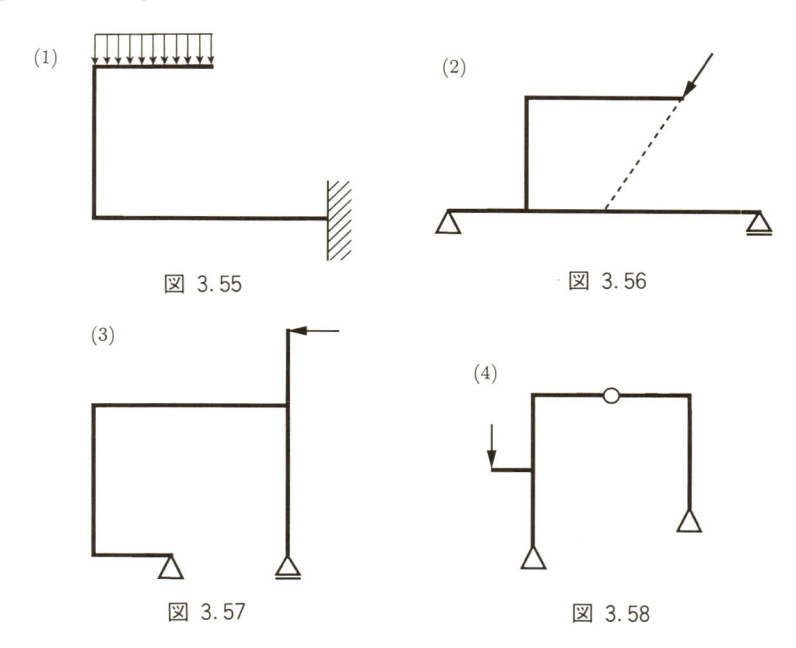

図 3.55

図 3.56

図 3.57

図 3.58

3.4 静定トラス

トラス構造とは，3個の直線部材によって図3.59(a)に示すように三角形を1つの単位として構成された骨組で，部材と部材の節点がすべてピン接合である構造をいう。また，トラス構造に作用する荷重は節点のみに作用するものと考える。そのため，すべてのトラス部材には軸方向力のみが生じ，せん断力と曲げモーメントは生じない。その軸方向力は引張応力をプラス (+) で表し，圧縮応力をマイナス (−) で表す (図3.59(b),(c))。

トラスの解法には図式解法と数式解法がある。図式解法の代表的なものにクレモナの図式解法があり，数式解法には節点法と切断法がある。

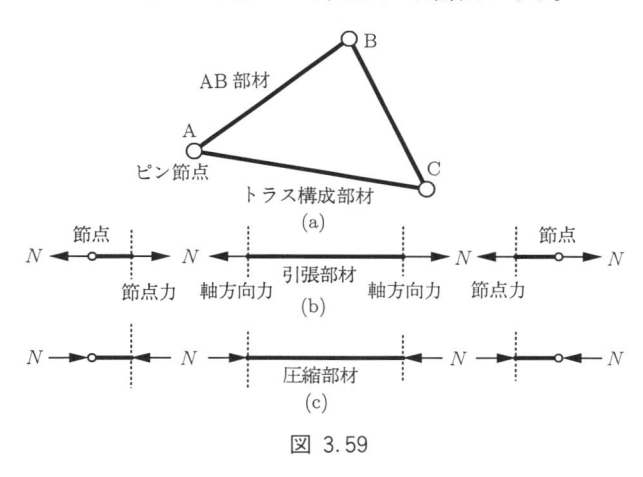

図 3.59

3.4.1 クレモナの図式解法

1点に集まる力のつり合い条件については1章で説明した。クレモナの図式解法は，この力のつり合い条件をトラスの各節点に適用し，図式で解く方法である。すなわち，1つの節点に作用する荷重（反力を含む）と部材応力に対して，示力図が閉じるように未知応力を求める方法である。なお，荷重と応力は図3.60に示すようにバウの記号法によって力のつり合いを表現する。

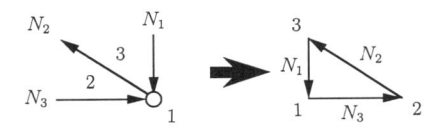

図 3.60

[例題 3.14] 図 3.61(a) に示すトラスをクレモナの図式解法で求めよ。
(解答)
(a) 反力の求め方
1. 図 3.61(a) に示すように各領域に a～g, 1～4 の記号をつける。
2. 図 3.61(b) に示すように外力荷重の大きさを適当な縮尺で, bc, cd, de, ef, fg の順で表現し, O と b,c,d,e,f,g を結んだ極射線を (1)～(6) とする。
3. 図 3.61(a) に示すように, 支点 A 点を通り, 極射線 (1) に平行な線 $(1)'$ を引き, 線 $(1)'$ と外力 $(P/2)$ の作用線との交点 A' から極射線 (2) に平行な線 $(2)'$ を引き, 外力 (P) の作用線との交点を B' とする。
4. 以下同様な方法で線を引き, 最後に示した線 $(5)'$ と支点 F の作用線との交点を F' とする。A' と F' を結び, この A'F'(I) に平行に 図 3.61(b) の O 点から直線を引き, 示力図との交点を a とすると, 反力 V_F は ga, 反力 V_A は ab で表される。な

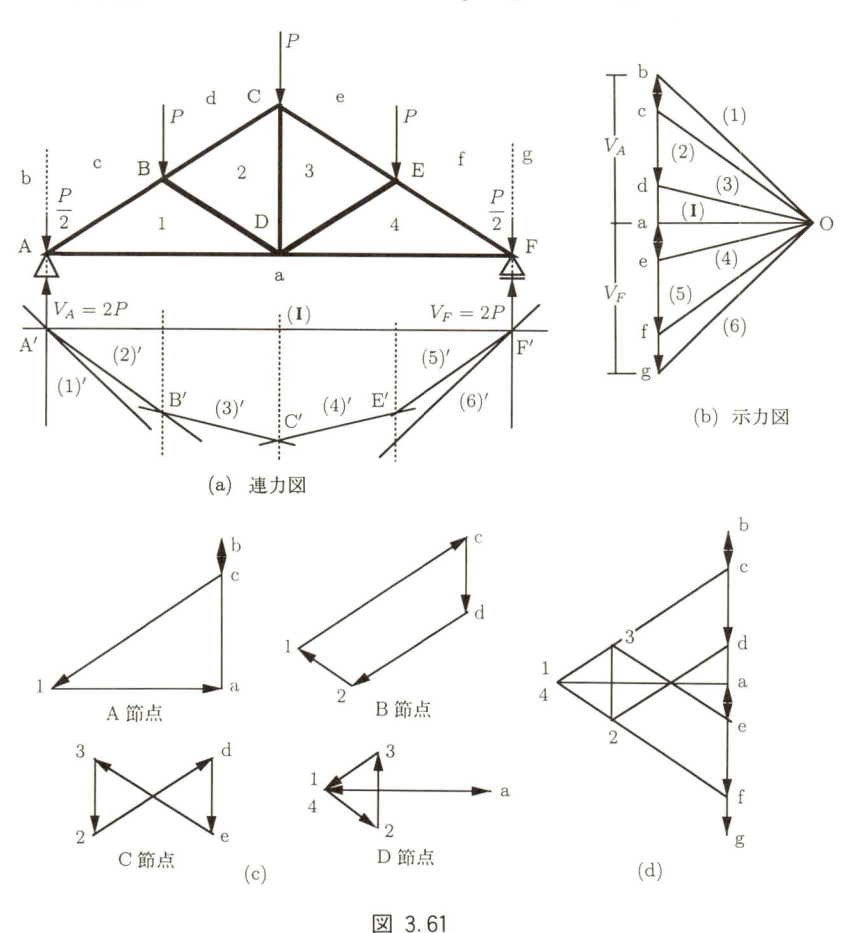

(a) 連力図

(b) 示力図

A 節点　　B 節点

C 節点　　D 節点
(c)　　　　　　　　　(d)

図 3.61

3.4 静定トラス

お，外力の合力 bg は (1)′ と (6)′ の交点を通る．

(b) 応力の求め方

1. まず，図 (a) の A 点について考える．図 (c) に示すように，A 点のまわりに時計まわりに反力 ab, 外力 bc と描く．いま，c から部材 AB に平行に，また，a から部材 AD に平行に線を引き，示力図が閉じるようにその交点を求めるとこれが点 1 となる．交点 1 が決まると，部材の各軸方向力の方向は時計まわりに c1，1a で求められる．これと同じ図を図 (d) に示す全体図の中に描く．

2. 次に，B 点について考える．図 (c) に示すように，時計まわりに 1c, cd と描く．次に d から BC に平行な線と，点 1 から BD に平行な線を引き，示力図が閉じるように，その交点を求めると，これが点 2 となる．これと同じ図を図 (d) の中に描く．

3. 以下同様にして点 3 および点 4 を求めると，図 (d) のようなクレモナ図が得られる．

3.4.2 節点法

節点法は各節点における力のつり合い条件式を用いて未知応力を求める方法である．各節点は，ピン節点であるから，水平方向の力のつり合いと，鉛直方向の力のつり合いの 2 つの条件を満足する．したがって，クレモナの図式解法と同様に各節点において未知応力の数を 2 個以下になるように節点を選びながら計算を進める必要がある．

[例題 3.15] 図 3.62(a) に示すトラスを節点法による数式解法で求めよ．

(解答) まず反力を求めると次のようになる．

$$H_C = 2\sqrt{3}P, \quad V_D = 3P, \quad H_D = 2\sqrt{3}P$$

まず，A 点について考える．図 3.62(b) は A 点に作用する未知応力と荷重がつり合っているようすを示したものである．この場合，未知応力 N_1, N_2 が引張応力になるように仮定する．
水平方向と鉛直方向の力のつり合いより，

$$N_1 \cos 30° + N_2 = 0, \quad P - N_1 \sin 30° = 0$$

これより，
$$N_1 = 2P, \quad N_2 = -\sqrt{3}P$$

同様にして，B 点の力のつり合いより (図 3.62(c))，

$$-2P \cos 30° + N_3 \cos 30° + N_4 \cos 30° = 0$$
$$-2P - 2P \sin 30° + N_3 \sin 30° - N_4 \sin 30° = 0$$

これより，
$$N_3 = 4P, \quad N_4 = -2P$$

同様にして，C 点のつり合いより (図 3.62(d))，

$$4P \sin 30° + N_5 = 0$$

これより，
$$N_5 = -2P$$

図 3.62

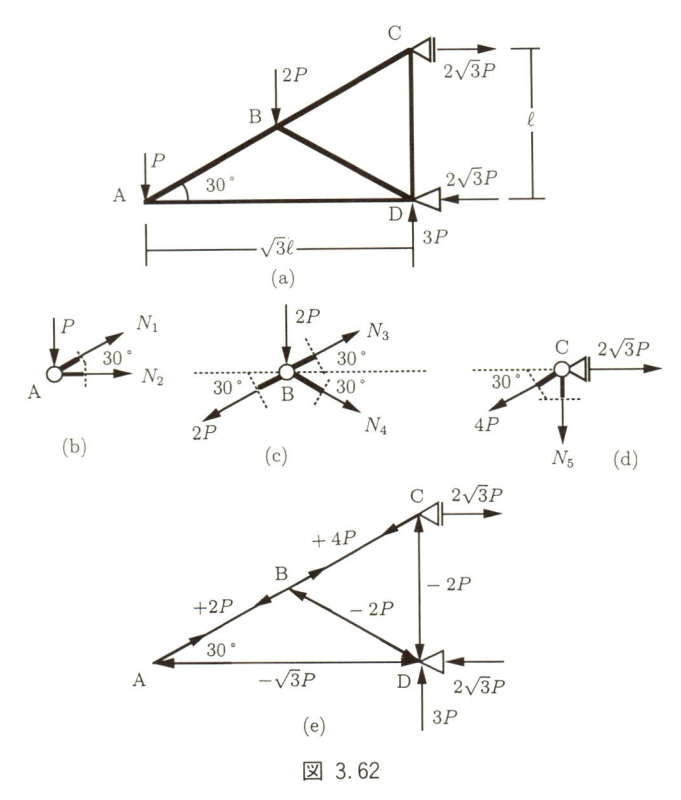

したがって，未知応力 $N_1 \sim N_5$ はすべて求まったため，D 点については考えなくてもよいことがわかる。しかし，検算の意味で計算してみるのもよい。
このトラス構造の各部材の軸方向力を図 3.62(e) に示す。

3.4.3 切断法

切断法は，任意の部材の軸方向力を求める場合に有効な方法である。切断法には，2 種類の解法がある。1 つはカルマン法と呼ばれるもので，切断された部材の軸方向力を，水平方向の力のつり合い ($\Sigma X = 0$)，鉛直方向の力のつり合い ($\Sigma Y = 0$)，およびモーメントのつり合い ($\Sigma M = 0$) から求める方法である。もう 1 つはリッター法と呼ばれるもので，同一直線上にない任意の 3 節点まわりのモーメントのつり合いから求める方法である。どちらの方法においても，未知応力は 3 個以下でなければならない。

[**例題 3.16**]　図 3.63(a) に示すトラスを切断法（カルマン法）による数式解法で求めよ。

3.4 静定トラス

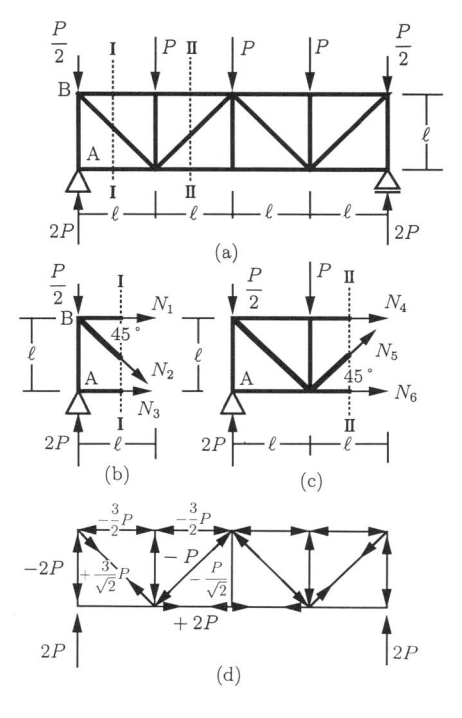

図 3.63

(解答) 反力は，
$$H_A = 0, \qquad V_A = V'_A = 2P$$
まず，図 3.63(b) の I − I 切断面の左側部分のつり合いについて考える。
水平方向，鉛直方向の力のつり合いおよび B 点まわりのモーメントのつり合いより

$$N_1 + N_2 \cos 45° + N_3 = 0, \quad -N_2 \sin 45° + 2P - P/2 = 0, \quad N_3 \ell = 0$$

これより，
$$N_3 = 0, \quad N_2 = \frac{3P}{\sqrt{2}}, \quad N_1 = -\frac{3P}{2}$$

次に，図 3.63(c) の II − II 切断面の左側部分のつり合いについて考える。
同様にして，

$$N_4 + N_5 \cos 45° + N_6 = 0, \quad -\frac{P}{2} + 2P - P + N_5 \sin 45° = 0, \quad N_4 \ell - P\ell/2 + 2P\ell = 0$$

これより，
$$N_4 = -\frac{3P}{2}, \qquad N_5 = -\frac{P}{\sqrt{2}}, \qquad N_6 = 2P$$

したがって，このトラスの軸方向力は図 3.63(d) のようになる。

[**例題 3.17**]　図 3.64(a) に示すトラスを切断法（リッター法）による数式解法で求めよ。

(**解答**)　反力は，
$$H_A = 0, \qquad V_A = V'_A = 2P$$

まず，図 3.64(b) のⅠ－Ⅰ切断面の左側部分のつり合いについて考える。A 点，B 点，C 点まわりのモーメントのつり合いより，

$$-N_2 \frac{\ell}{4} = 0$$

$$-N_3 \frac{\ell}{4\sqrt{3}} - \frac{P}{2} \cdot \frac{\ell}{4} + 2P \cdot \frac{\ell}{4} = 0$$

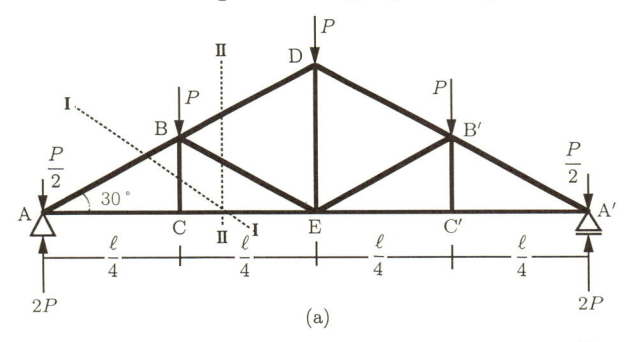

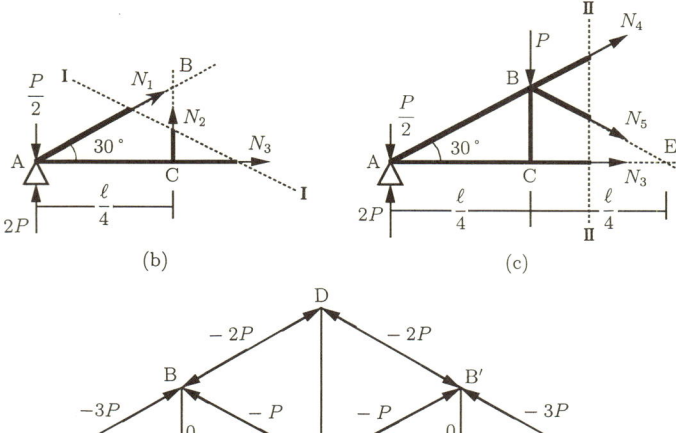

$$N_1 \cdot \frac{\ell}{4} \sin 30° - \frac{P}{2} \cdot \frac{\ell}{4} + 2P \cdot \frac{\ell}{4} = 0$$

図 3.64

3.4 静定トラス

これより,
$$N_2 = 0, \qquad N_1 = -3P, \qquad N_3 = \frac{3\sqrt{3}P}{2}$$

次に,図 3.64(c) の II – II 切断面の左側部分のつり合いについて考える。
B 点,E 点,A 点まわりのモーメントのつり合いより,

$$-N_3 \frac{\ell}{4\sqrt{3}} - \frac{P}{2} \cdot \frac{\ell}{4} + 2P \cdot \frac{\ell}{4} = 0$$

$$N_4 \cdot \frac{\ell}{2} \sin 30° - P \cdot \frac{\ell}{4} - \frac{P}{2} \cdot \frac{\ell}{2} + 2P \cdot \frac{\ell}{2} = 0$$

$$N_5 \cdot \frac{\ell}{4} + P \cdot \frac{\ell}{4} = 0$$

これより,
$$N_3 = \frac{3\sqrt{3}P}{2}, \qquad N_4 = -2P, \qquad N_5 = -P$$

したがって,このトラスの軸方向力は図 3.64(d) のようになる。

[演習問題 3.8] 図 3.65 〜 3.68 に示す静定トラスの軸方向力をクレモナの図式解法および節点法を用いて求めよ。

(1)

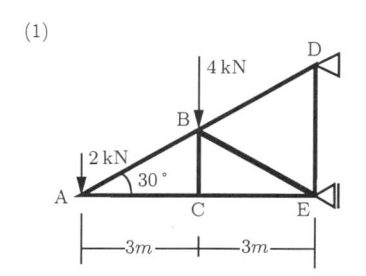

図 3.65

(2)

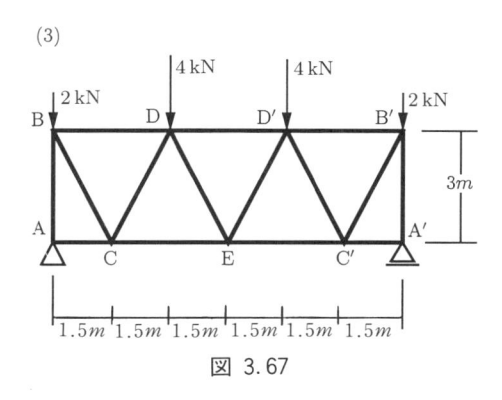

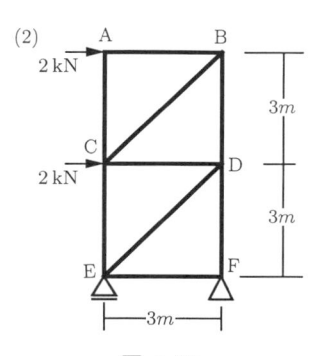

図 3.66

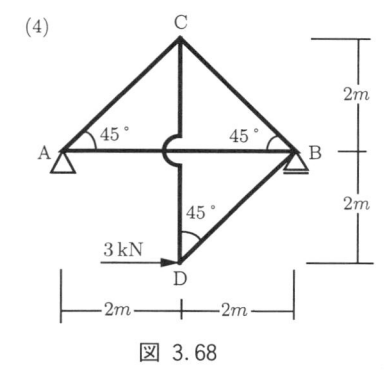

(3)

図 3.67

(4)

図 3.68

[**演習問題 3.9**]　図 3.69 〜 3.74 に示す静定トラスの軸方向力を節点法および切断法を用いて求めよ。

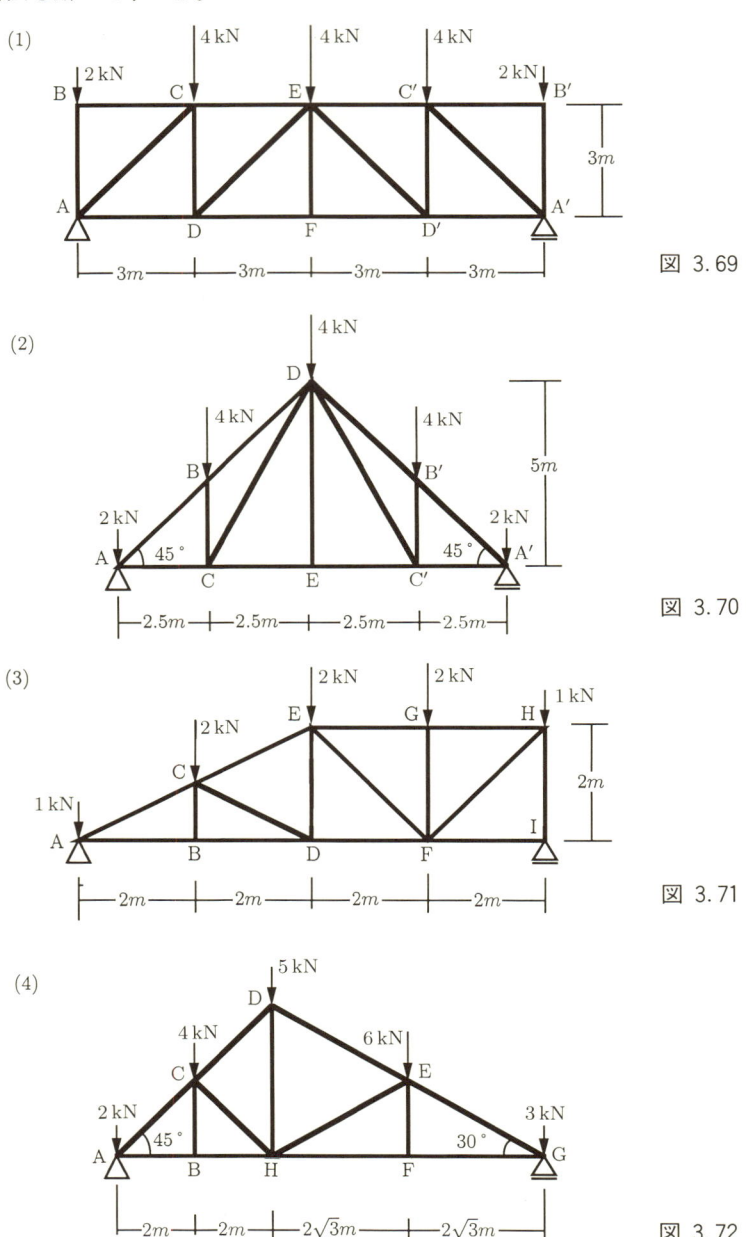

(1)

図 3.69

(2)

図 3.70

(3)

図 3.71

(4)

図 3.72

3.5 合成骨組

(5)

図 3.73

(6)

図 3.74

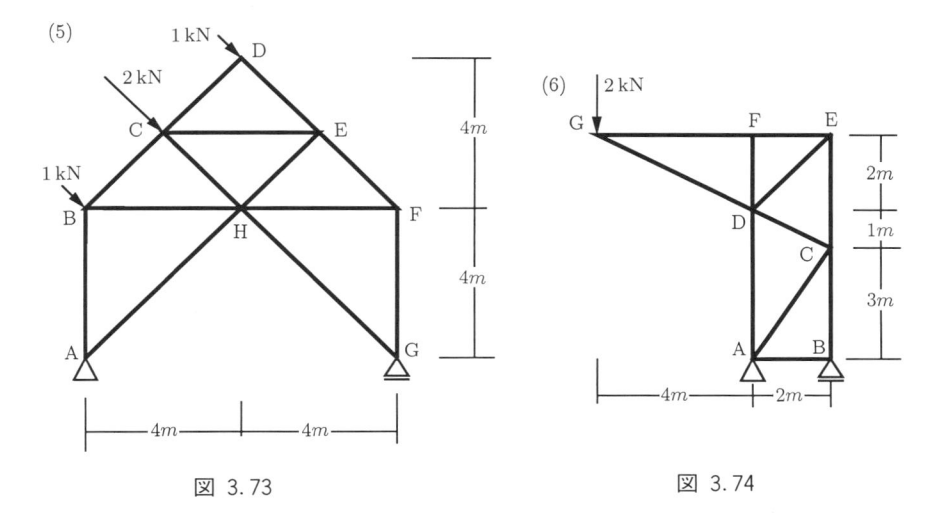

3.5 合成骨組

骨組構造を構成する各部材には，一般に，曲げモーメント，軸方向力およびせん断力が同時に生じるが，たとえば，方杖をもつ骨組や，ラーメンとトラスの結合した構造物などのように，軸方向力だけが生じる部材が混在している骨組構造がある。このように主に曲げ変形を生じる部材と，軸方向力のみを生じる部材が結合した骨組構造を合成骨組と呼ぶ。いくつかのタイプの合成骨組があるが，ここでは，方杖をもつ骨組の応力計算法について説明する。

解析手順は，

1. 反力を求める。
2. ピン点では曲げモーメントがゼロとなることを利用して，曲げ部材の途中に作用する方杖の軸方向力を計算する。
3. 骨組の端点（支点または自由端）から始めて，この方杖の軸方向力を利用しながら，各部材の材端の曲げモーメント，軸方向力およびせん断力を次々と求めていく。

[例題 3.18] 図 3.75(a) に示す合成骨組に生じる曲げモーメント，軸方向力およびせん断力を求めよ。

(解答) まず，反力を求めると，$V_A = -P$, $H_A = -P$, $V_D = P$ となる。AB 部材について，B 点のまわりのモーメントが 0 にならなければならないから，方杖 EF の軸方向力

を N とすると、
$$P\ell - N\frac{l}{2\sqrt{2}} = 0, \quad N = 2\sqrt{2}P$$

この方杖の軸方向力を利用して、支点 A から始めて、AB、BC、CD の各部材両端の応力を求めると図 3.75(b) のようになる。したがって、曲げモーメント図、軸方向力図およびせん断力図は図 3.75(c) のようになる。

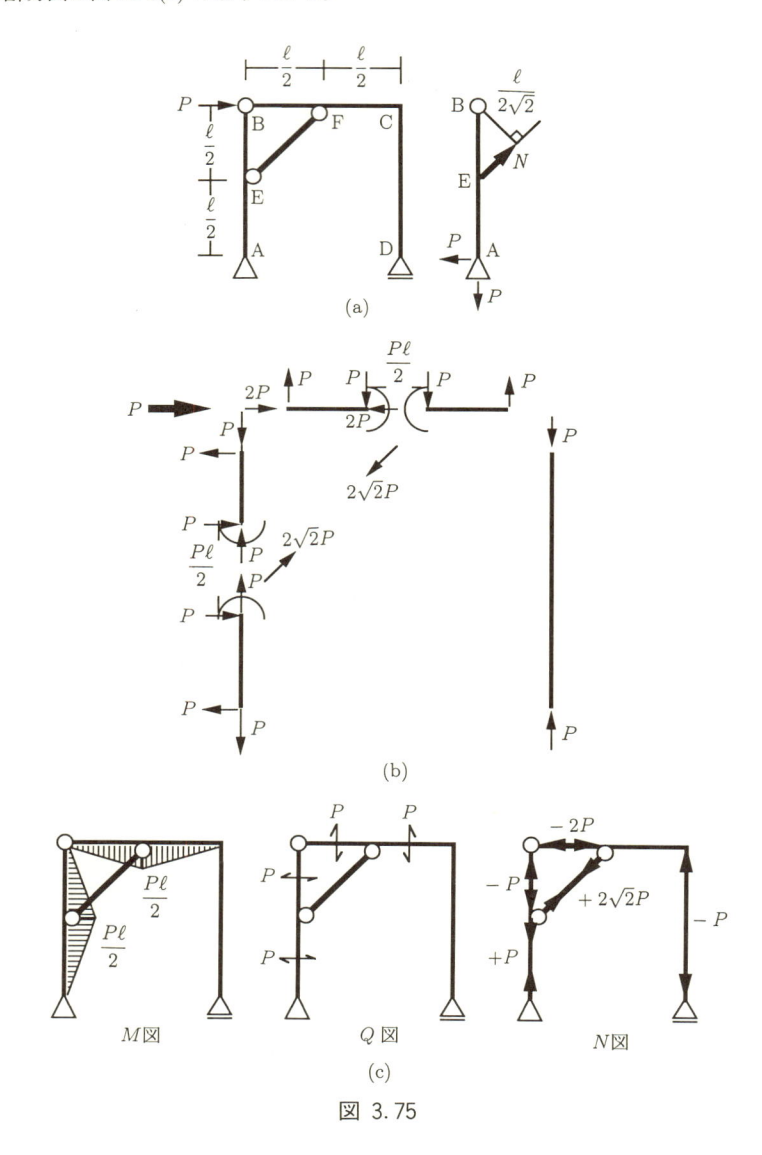

図 3.75

3.5 合成骨組

[**例題 3.19**]　図 3.76(a) に示す合成骨組の曲げモーメント図を求めよ。

(**解答**)　この骨組は、三ヒンジラーメンである。反力を求めると、$V_A = P/3$, $H_A = P/9$, $V_G = 2P/3$, $H_G = -P/9$ となる。EF 部材について、E 点のまわりのモーメントは 0 であるから、$N = -5P/18$ となる。各部材端の応力を求めていくと図 3.76(b) のようになるので、図 3.76(c) に示す曲げモーメント図が得られる。

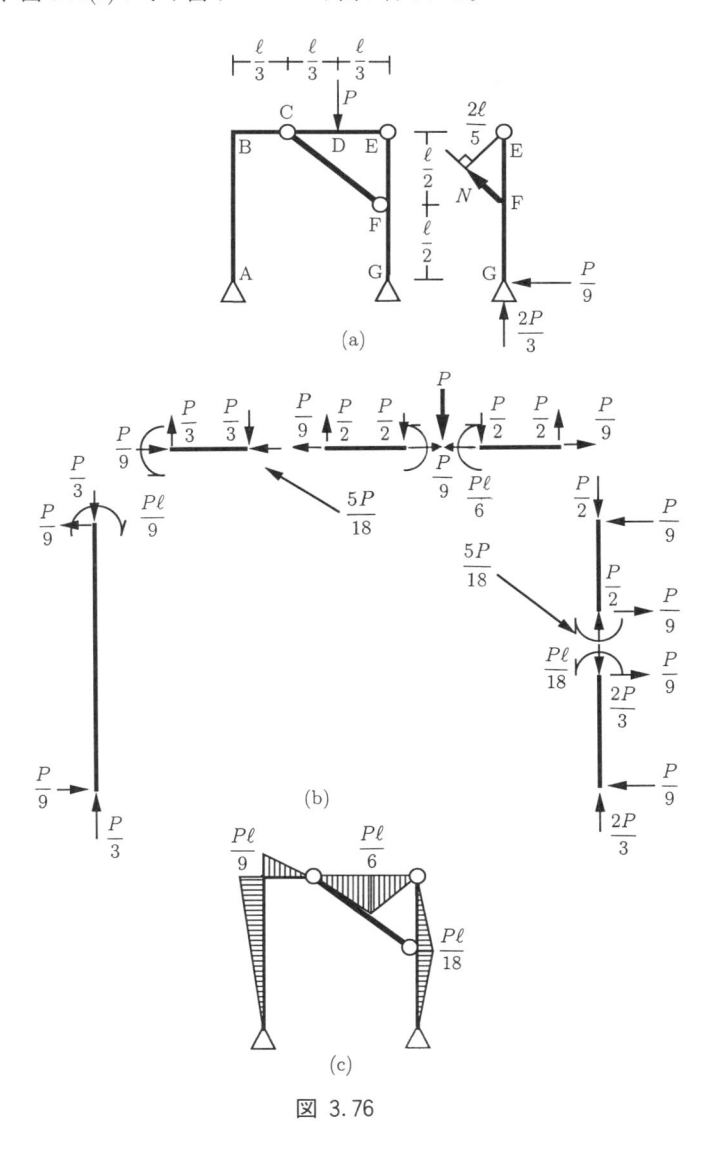

図 3.76

[**演習問題 3.10**]　図 3.77 ～図 3.82 に示す合成骨組の曲げモーメント，軸方向力およびせん断力を求めよ。

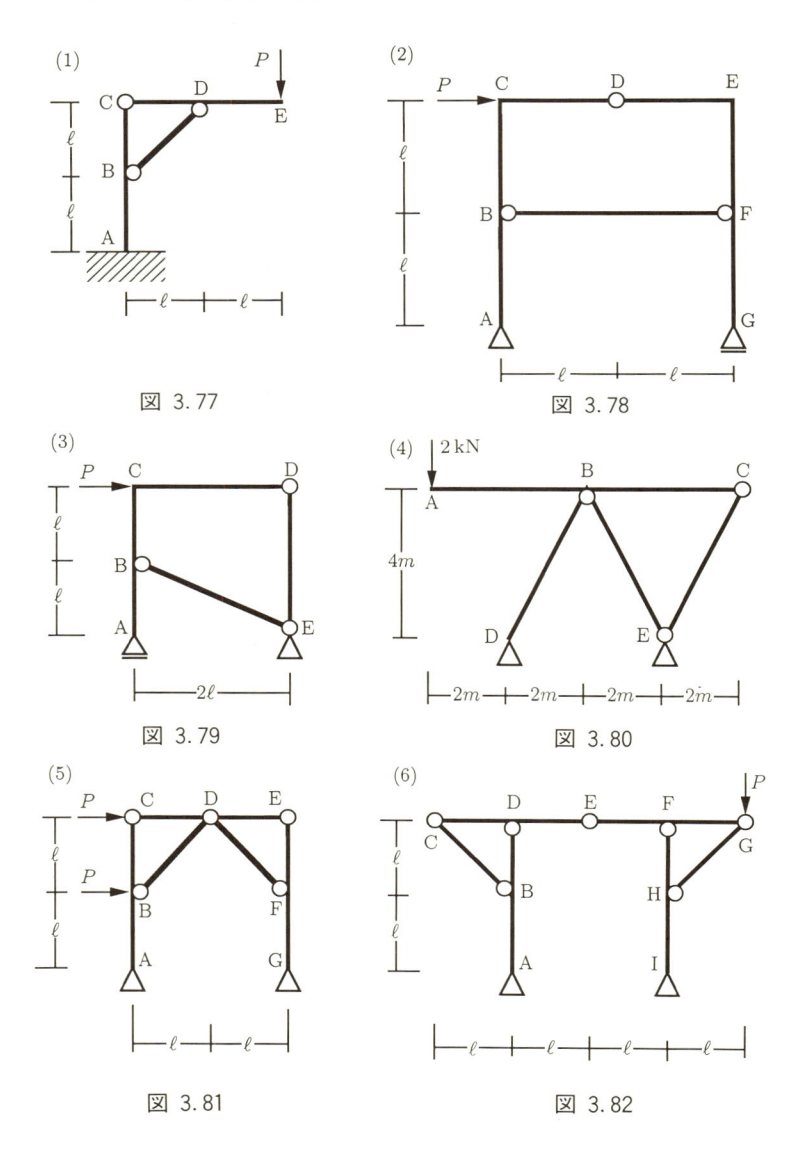

(1)

図 3.77

(2)

図 3.78

(3)

図 3.79

(4)

図 3.80

(5)

図 3.81

(6)

図 3.82

4

断面の性質と応力度

　柱，はりなどの構造材はその軸に直角方向に切って考えると，切り口は一つの断面となる。部材が外力を受けると応力度とひずみ度が生じるが，この応力度分布やひずみ度の状態は，外力，断面，材料の性質などにより異なる。ここでは断面の性質と応力度の関係について説明する。

4.1　断面の性質

　応力度の大きさや分布を求めるときに断面に関する諸係数が必要である。これらの値は材料の性質や力の大きさに関係なく断面に特有な値である。

4.1.1　断面一次モーメント

　ある断面の x 軸に関する断面一次モーメント S_x は，断面内の微小面積 dA と x 軸までの距離 y との積 $dA \cdot y$ を断面全体について寄せ集めたもので，次式で示される。y 軸についても同様である。図心，せん断応力度の計算に用いられる。単位は cm^3 である。

$$\text{定義} \qquad S_x = \int_A y dA, \qquad S_y = \int_A x dA \qquad (4.1)$$

長方形断面の場合，図 4.1 より次式で示される。

$$S_x = \int_n^{n+d} by dy = bd\left(n + \frac{d}{2}\right) = A \cdot y_0 \qquad (4.2)$$

すなわち，長方形断面の断面一次モーメントは面積と図心までの距離の積で求められる。

　複雑な形状の断面の場合には，いくつかの長方形断面や三角形などのように断面積と図心位置がわかる断面に分割し，個々に求めた断面一次モーメントを総和

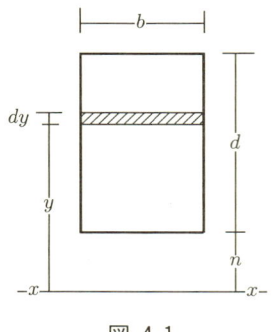

図 4.1

すればよい。ただし、x, y軸が断面内にあるときは、軸の左右または上下で距離の符号が異なるので注意しなければならない。

$$S_x = \Sigma A \cdot y_{0i}, \qquad S_y = \Sigma A \cdot x_{0i}$$

断面一次モーメントが0となる点を図心と呼ぶ。図心は次式で求められる。

$$y_0 = \frac{S_x}{A}, \qquad x_0 = \frac{S_y}{A} \qquad (4.3)$$

ここに、S_x, S_yはx軸、y軸に関する断面一次モーメントの総和で、y_0, x_0はx軸、y軸から図心までの距離である。

図心は一断面についてただ一つ存在する。また、断面が対称形の場合は図心はその対称軸上にある。

[例題 4.1] 図 4.2 に示す断面の図心を求めよ。

(解答)

$$S_x = 3 \cdot 7 \cdot 10.5 + 6 \cdot 3 \cdot 6 + 3 \cdot 7 \cdot 1.5 = 360 cm^3$$
$$A = 21 + 18 + 21 = 60 cm$$
$$y_0 = S_x/A = 360/60 = 6 cm$$
(対称形なので計算しなくてもよい)
$$S_y = 3 \cdot 7 \cdot 3.5 + 6 \cdot 3 \cdot 1.5 + 3 \cdot 7 \cdot 3.5 = 174 cm^3$$
$$x_0 = S_y/A = 174/60 = 2.9 cm$$

図心は下から$6cm$、左から$2.9cm$のところにある。

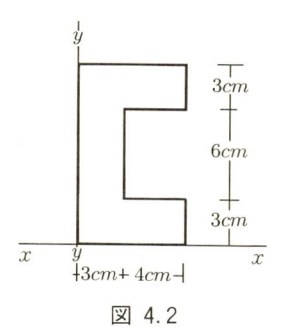

図 4.2

4.1.2 断面二次モーメント

ある断面のx軸に関する断面二次モーメントI_xは、断面内の微小面積dAとx軸までの距離yの二乗との積$dA \cdot y^2$を断面全体について寄せ集めたもので、次式

4.1 断面の性質

で示される。y軸についても同様である。剛性を表し，変形などの計算に用いる。単位は cm^4 である。

$$\text{定義} \quad I_x = \int_A y^2 dA, \qquad I_y = \int_A x^2 dA \tag{4.4}$$

長方形断面の図心に関する断面二次モーメントは座標軸を $x-x$ として次の式で示される (図 4.3)。

$$I_x = \int_{-\frac{d}{2}}^{\frac{d}{2}} by^2 dy = \frac{bd^3}{12} = I_0 \tag{4.5}$$

図 4.4 のように，断面が図心軸を通らない場合は座標軸を $X-X$ として次式で示される。

$$I_X = \int_n^{n+d} by^2 dy = \frac{bd^3}{12} + bd \cdot \left(n + \frac{d}{2}\right)^2 = I_0 + Ay_0^2 \tag{4.6}$$

すなわち，長方形断面の断面二次モーメントは図心に関する断面二次モーメントに，面積と図心までの距離の二乗の積を加えて求められる。これを平行軸定理という。

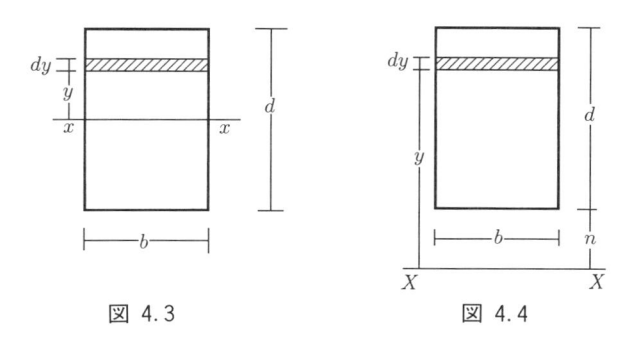

図 4.3　　　　図 4.4

複雑な形状の断面の場合はいくつかの長方形断面などに分割して，平行軸定理などを用いて求めた断面二次モーメントを総和すればよい。

$$I_x = \Sigma(I_0 + Ay_0^2)$$

y 軸についても同様である。

[例題 4.2]　図 4.5 に示す断面の x 軸に関する断面二次モーメントを求めよ。

(解答)　$10 \times 20 cm$ の断面と $8 \times 16 cm$ の長方形断面の図心が一致しているから，$10 \times 20 cm$ の長方形断面の断面二次モーメントからから $8 \times 16 cm$ の長方形断面の断面二次モーメントを差し引く。

$$I_x = \frac{10 \cdot 20^3}{12} - \frac{8 \cdot 16^3}{12} = 3936 cm^4$$

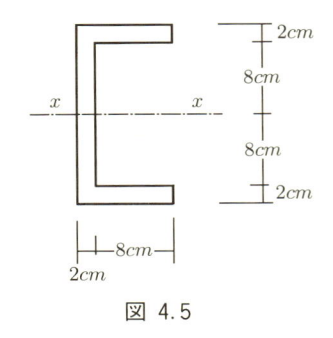

図 4.5

または, $2 \times 16cm$ の長方形断面と 2 個の $10 \times 2cm$ の長方形断面に分け, 図心を通らない断面は平行軸定理を用いる。

$$I_x = \frac{2 \cdot 16^3}{12} + \left(\frac{10 \cdot 2^3}{12} + 20 \cdot 9^2\right) \cdot 2 = 3936 cm^4$$

4.1.3 断面二次半径および断面係数

(a) 断面二次半径

x 軸に関する断面二次モーメントを I_x, 断面積を A とすると, I_x を A で除した値の平方根を断面二次半径 i_x と呼び, 次式で示される。y 軸についても同様である。軸の取り方は無数に考えられるが, 図心を通る断面二次モーメントの最も小さい軸に対する i の値が用いられる。座屈の検討に用いる。単位は cm である。

$$\text{定義} \qquad i_x = \sqrt{\frac{I_x}{A}}, \qquad i_y = \sqrt{\frac{I_y}{A}} \qquad (4.7)$$

図 4.6 のような長方形断面の場合は次式で示される。

$$i_x = \sqrt{\frac{I_x}{A}} = \sqrt{\frac{\frac{bd^3}{12}}{bd}} = \frac{d}{\sqrt{12}} \qquad (4.8)$$

(b) 断面係数

断面係数 Z は断面二次モーメントの値を x 軸または y 軸から断面の端部までの距離で除したもの。通常図心を x, y 軸にとる。曲げ応力度の検討に用いられる。単位は cm^3 である。

$$\text{定義} \qquad Z_{x1} = \frac{I_x}{y_1} \qquad Z_{x2} = \frac{I_x}{y_2} \qquad (4.9)$$

ここに y_1, y_2 は, 図心から断面の上方, 下方への最も遠い縁までの距離である。長方形断面の場合 (図 4.6), x 軸について次式で示される。

4.1 断面の性質

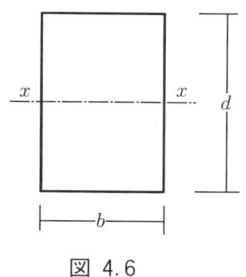

$$Z_{x1} = Z_{x2} = \frac{I_x}{y} = \frac{\frac{bd^3}{12}}{\frac{d}{2}} = \frac{bd^2}{6} \tag{4.10}$$

図 4.6

y 軸についても同様である。

断面二次半径及び断面係数については，断面二次モーメントのように重ね合せの法則は成立しない。

[例題 4.3] 断面 $40 \times 70cm$ の長方形断面に図 4.7(a) のような $20 \times 40cm$ の中空がある。図心軸に関する断面二次モーメント，断面係数，断面二次半径を求めよ。

(解答)

$$S_x = 70 \cdot 40 \cdot 35 - 40 \cdot 20 \cdot 30 = 74000cm^3$$
$$A = 70 \cdot 40 - 40 \cdot 20 = 2000cm^2$$
$$y_G = S_x/A = 37cm$$

図心軸は，下から $37cm$ のところに x 軸，左から $20cm$ (左右対称形) のところに y 軸がある (図 4.7(b))。

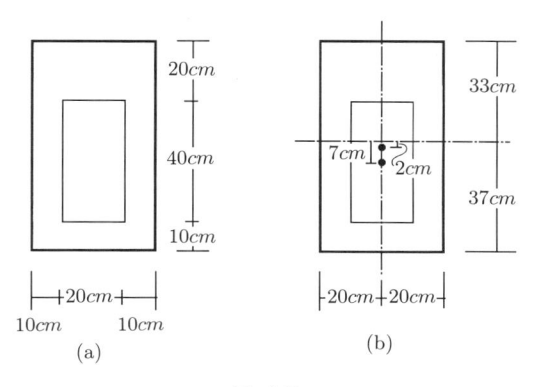

図 4.7

断面二次モーメントは，大きい長方形の断面二次モーメントから小さい長方形の断面二次モーメントを差し引けばよいが，x 軸については図心が一致していないので平行軸定理を用いる。

x 軸に関する断面二次モーメントは，全体の図心と $40 \times 70cm$ の長方形の図心との隔たりは $y = 2cm$，$20 \times 40cm$ の長方形の図心との隔たりは $y=7cm$ であるから，次のようになる。

$$I_x = \frac{40 \cdot 70^3}{12} + 70 \cdot 40 \cdot 2^2 - \frac{20 \cdot 40^3}{12} - 40 \cdot 20 \cdot 7^2 = 1008667 = 1.01 \times 10^6 cm^4$$

y 軸に関する断面二次モーメントは，2 つの長方形断面の図心が一致しているから，大きい長方形の断面二次モーメントから小さい長方形の断面二次モーメントを差し引く。

$$I_y = \frac{70 \times 40^3}{12} - \frac{40 \times 20^3}{12} = 346666.7 = 3.47 \times 10^5 cm^4$$

x 軸に関する断面係数は，全体の図心から断面の上縁まで $33cm$，下縁まで $37cm$ であるから，次の 2 個の断面係数がある。

$$Z_{x1} = \frac{1008667}{33} = 30566 cm^3, \qquad Z_{x2} = \frac{1008667}{37} = 27261 cm^3$$

y 軸に関する断面係数は左右の縁までいずれも $20cm$ であるから，次のようになる。

$$Z_y = \frac{346666.7}{20} = 17333.3 cm^3$$

断面二次半径は，$i = \sqrt{I/A}$ より，次のようになる。

$$i_x = \sqrt{\frac{1008667}{2000}} = 22.46 cm, \qquad i_y = \sqrt{\frac{346666.7}{2000}} = 13.17 cm$$

4.1.4 断面相乗モーメント

微小断面積 dA に直交座標軸からの距離 x および y を乗じ，断面全体について寄せ集めたものを断面相乗モーメント I_{xy} と呼び，次式で定義される。

$$\text{定義} \qquad I_{xy} = \int_A xy dA \qquad (4.11)$$

長方形断面の場合は次のようになる (図 4.8)。

$$I_{xy} = \int_n^{n+d} \left(\int_m^{m+b} xy dx \right) dy = bd \left(m + \frac{b}{2} \right) \left(n + \frac{d}{2} \right) \qquad (4.12)$$

すなわち，長方形断面の断面相乗モーメントは，断面積に x 軸から図心までの距離と y 軸から図心までの距離を乗じて求められる。

断面相乗モーメントは図心軸を原点として符号も考慮する。また，長方形断面

4.1 断面の性質

図 4.8

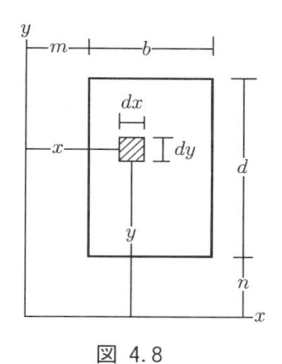

のように断面が対称形で，x, y 軸のいずれかが対称軸の場合には，I_{xy} の値は 0 となる。

4.1.5 断面の主軸

断面相乗モーメント I_{xy} の値が 0 となる直交座標軸を主軸という。この場合，断面二次モーメントの値が一方は最大に，直交する他の一方は最小となる。断面二次モーメントが最大値となる主軸を強軸，最小値となる他の軸を弱軸という。座屈の検討に用いられ，座屈の方向は弱軸に生じる。

断面の図心を原点とする直交座標軸 x, y に関する断面二次モーメント I_x, I_y，断面相乗モーメント I_{xy} は次式で示される。

$$I_x = \int_A y^2 dA, \qquad I_y = \int_A x^2 dA, \qquad I_{xy} = \int_A xy dA \tag{4.13}$$

この直交座標軸が θ だけ回転した座標軸 X, Y でどのように変化するかを調べる。x, y と X, Y の座標変換の関係は，図 4.9 より次式で表される。

$$X = x\cos\theta + y\sin\theta, \qquad Y = y\cos\theta - x\sin\theta \tag{4.14}$$

これを次式の I_X, I_Y, I_{XY} に代入し，(4.13) 式の関係を用いて変形すると (4.16) 式

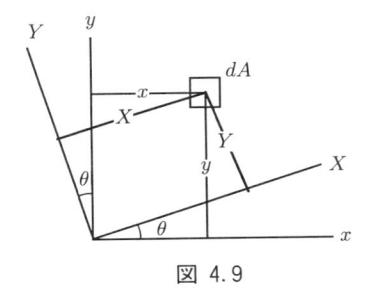

図 4.9

の結果が得られる。

$$I_X = \int_A Y^2 dA, \qquad I_Y = \int_A X^2 dA, \qquad I_{XY} = \int_A XY dA \tag{4.15}$$

$$\begin{aligned} I_X &= \frac{I_x + I_y}{2} + \frac{I_x - I_y}{2}\cos 2\theta - I_{xy}\sin 2\theta \\ I_Y &= \frac{I_x + I_y}{2} - \frac{I_x - I_y}{2}\cos 2\theta + I_{xy}\sin 2\theta \\ I_{XY} &= \frac{I_x - I_y}{2}\sin 2\theta + I_{xy}\cos 2\theta \end{aligned} \tag{4.16}$$

主断面二次モーメントの値は、I_X, I_Y の θ に関する極値を求めればよい。最大、最小主断面二次モーメント I_1, I_2 と断面の主軸の方向 θ は、次の式で表される。時計まわりを正としている。

$$I_{1,2} = \frac{(I_x + I_y)}{2} \pm \sqrt{\frac{(I_x - I_y)^2}{4} + I_{xy}^2} \tag{4.17}$$

$$\tan 2\theta = \frac{2I_{xy}}{(I_x - I_y)} \tag{4.18}$$

[**例題 4.4**] 図 4.10(a) に示す L 型断面の図心に関する I_x, I_y, I_{xy} を求めよ。また、主軸の方向、主断面二次モーメント、最小断面二次半径はいくらか。

(**解答**) 図心の位置は下から $4cm$、左から $3cm$ の位置にあるから、この位置を x 軸,y 軸の原点とする。この軸に関する断面二次モーメント、断面相乗モーメントは次のように求められる (図 4.10(b) 参照)。

$$\begin{aligned} I_x &= \frac{2 \cdot 12^3}{12} + 24 \cdot 2^2 + \frac{8 \cdot 2^3}{12} + 16 \cdot 3^2 = 533.3 \\ I_y &= \frac{12 \cdot 2^3}{12} + 24 \cdot 2^2 + \frac{2 \cdot 8^3}{12} + 16 \cdot 3^2 = 333.3 \\ I_{xy} &= 2 \cdot 12 \cdot (-2) \cdot 2 + 2 \cdot 8 \cdot 3 \cdot (-3) = -240 \end{aligned}$$

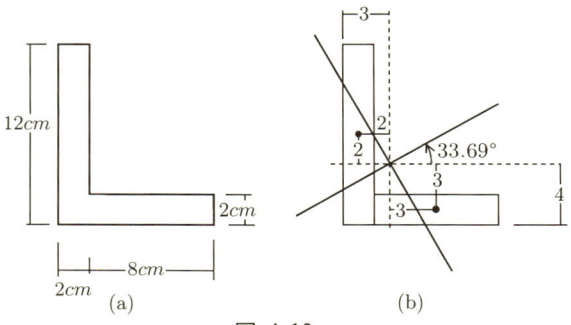

図 4.10

4.1 断面の性質

これより主断面二次モーメントおよび主軸は次のようになる。

$$I_{1,2} = \frac{533.3 + 333.3}{2} \pm \sqrt{\left(\frac{533.3 - 333.3}{2}\right)^2 + (-240)^2}$$

$$= 433.3 \pm 260 = 693.3 , 173.3$$

$$\tan 2\theta = \frac{2 \cdot (-240)}{533.3 - 333.3} = -2.4$$

これより，$2\theta = 67.38°$，$\theta = 33.69°$（反時計まわり）
最小断面二次半径は $i_{min} = \sqrt{173.3/40} = 2.082cm$ となる。

4.1.6 断面極二次モーメント

ある断面の極二次モーメント I_p は，微小断面積 dA に座標原点からの距離 r の二乗を乗じて断面全体について寄せ集めたもので，次式で示される（図 4.11）。

$$\text{定義} \qquad I_p = \int_A r^2 dA \qquad (4.19)$$

$r^2 = x^2 + y^2$ の関係から，

$$I_p = \int_A \left(x^2 + y^2\right) dA = I_x + I_y \qquad (4.20)$$

となり，x, y 軸に関する断面二次モーメント I_x, I_y の和に等しい。すなわち，x, y の両軸に関する断面二次モーメントの和は一定であることがわかる。円形断面のねじりの検討に用いられる。

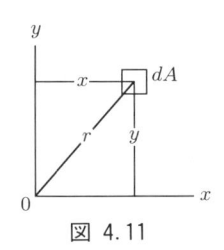

図 4.11

[演習問題 4.1]　図 4.12, 4.13 に示す断面の図心を求めよ。

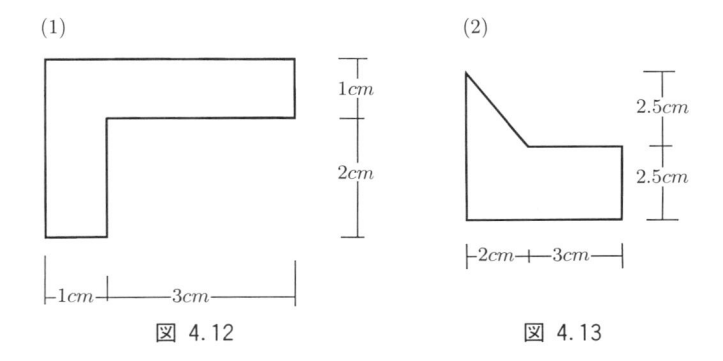

(1)

図 4.12

(2)

図 4.13

[演習問題 4.2] 図 4.14,4.15 に示す断面の図心 x 軸に関する断面二次モーメント，断面係数，断面二次半径を求めよ。

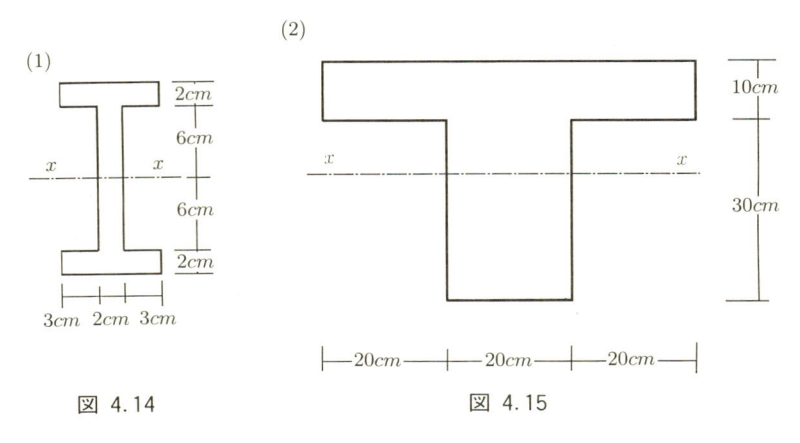

図 4.14

図 4.15

[演習問題 4.3] 図 4.16,4.17 に示す断面の主軸と主断面二次モーメントを求めよ。

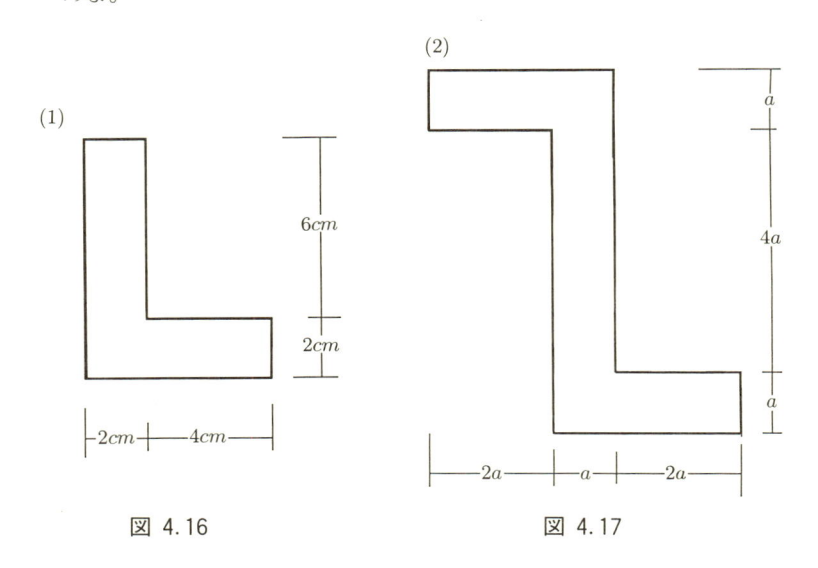

図 4.16

図 4.17

4.2 応力度とひずみ度

部材に外力が作用すると部材内に応力度とひずみ度が生じる。ここでは応力度とひずみ度の関係を考える。

4.2.1 垂直応力度とせん断応力度

断面積 A の部材が材軸方向に大きさ P の引張または圧縮力を受ける場合, P を A で除した単位面積あたりの応力を引張応力度 σ_t または圧縮応力度 σ_c といい次式で示される。これらを垂直応力度という。

$$\sigma_t, \sigma_c = \frac{P}{A} \tag{4.21}$$

ここに圧縮応力度の場合は,断面積に比較し部材の長さが短く,座屈現象が起こらない場合である。単位は N/mm^2, または kN/cm^2 で示す。

また,部材と直角方向にせん断力 Q が作用する場合,せん断応力度 τ は次式で表される。

$$\tau = \frac{Q}{A} \tag{4.22}$$

4.2.2 垂直ひずみ度, せん断ひずみ度, ポアソン比

部材が外力を受けると応力が起こると同時に変形している。この変形を垂直ひずみ度という(図4.18)。力の作用方向(縦ひずみ度)と力の作用方向に直角な方向(横ひずみ度)がある。

引張力が作用する場合,

$$\begin{aligned}\text{縦ひずみ度} \quad & \varepsilon_1 = \frac{\Delta \ell}{\ell} \\ \text{横ひずみ度} \quad & \varepsilon_2 = -\frac{\Delta d}{d}\end{aligned} \tag{4.23}$$

ひずみ度は伸びた長さあるいは縮んだ長さを元の長さで除したものであり,単位は無名数となる。垂直ひずみ度の符号は伸びたとき正(+),縮んだとき負(−)である。圧縮力が作用する場合,上式の符号が逆になる。

ε_1 と ε_2 の比は材料の種類によって大体一定の値を示す。この値をポアソン比 ν またはポアソン数 m として,次のように示される。

$$\nu = \frac{1}{m} = \frac{\varepsilon_2}{\varepsilon_1} \tag{4.24}$$

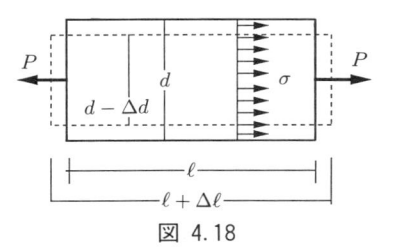

図 4.18

ポアソン比は，絶対値で示し，単位は無名数である。

長さ ℓ の正方形要素がせん断応力度 τ を受けて，図 4.19 のように長さを変えずに δ だけ変形した場合，これをせん断ひずみ度といい，次式で示される。単位は無名数である。

$$\gamma = \frac{\delta}{\ell} \tag{4.25}$$

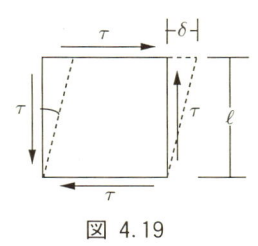

図 4.19

4.2.3 応力度とひずみ度

物体に力が加わると，物体は変形し内部に応力が生じる。弾性限度内では，通常この関係を比例関係と仮定し，「応力度はひずみ度に比例する」というフックの法則を適用する。

垂直応力度の場合次式で示される。

$$\sigma = E \cdot \varepsilon \tag{4.26}$$

ここに E を弾性係数またはヤング係数という。

せん断応力度の場合次式で示される。

$$\tau = G \cdot \gamma \tag{4.27}$$

ここに G をせん断弾性係数という。G, E の単位は応力度と同じで，kN/cm^2 または N/mm^2 である。

[例題 4.5]　　長さ $5m$，直径 $25mm$ の鉄筋をつるし，その下に重さ $50\,kN$ の物をつるした。鉄筋に生じる垂直応力度 σ，鉄筋の全体の伸び，鉄筋のひずみ度，変形後の鉄筋の直径はいくら細くなるか。ただし，鉄筋のヤング係数は $E = 2.05 \times 10^7\,N/cm^2$，ポアソン比は $\nu = 0.33$ とする。

（解答）

鉄筋の断面積　　$A = \pi \cdot 2.5^2 / 4 = 4.91 cm^2$

垂直応力度　　$\sigma = P/A = 50000/4.91 = 10183\,N/cm^2$

鉄筋のひずみ度　　$\sigma = E \cdot \varepsilon$　より，$\varepsilon_1 = \sigma/E = 10183/2.05 \times 10^7 = 0.000497$

鉄筋の伸び　$\Delta \ell = \varepsilon \cdot \ell = 0.000497 \cdot 500 = 0.2485\,\mathrm{cm}$
鉄筋の直径　$\Delta d/d = \varepsilon_2 = \nu \cdot \varepsilon_1$ より，
よって　$\Delta d = \nu \cdot \varepsilon_1 \cdot d = 0.33 \cdot 0.000497 \cdot 2.5 = 4.10 \times 10^{-4}\,cm$

[**例題 4.6**]　図 4.20 に示す材 AC の B 点に荷重 30 kN が作用するとき，A～B 間，B～C 間に作用する応力を求めよ．ただし，材は 19 ϕ（断面積 $2.84cm^2$）の鉄筋であり，部材の自重および座屈は考えないものとする．

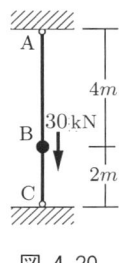

図 4.20

(**解答**)　AB 材 BC 材に作用する力を P_{AB}, P_{BC}，長さを ℓ_{AB}, ℓ_{BC} とすると，$\sigma = E \cdot \varepsilon$ を変形した $\Delta \ell = Pl/EA$ より，

$$\Delta \ell_{AB} = 4 \cdot P_{AB}/EA, \qquad \Delta \ell_{BC} = 2 \cdot P_{BC}/EA$$

また，$\Delta \ell_{AB} = \Delta \ell_{BC}$ であるから，

$$P_{BC} = 2P_{AB} \cdots\cdots (1)$$

また，AB 材，BC 材の力の合計が 30 kN であるから，

$$P_{AB} + P_{BC} = 30 \cdots\cdots (2)$$

(1),(2) の連立方程式を解いて，$P_{AB} = 10\,\mathrm{kN}$, $P_{BC} = 20\,\mathrm{kN}$ となる．

[**演習問題 4.4**]　長さ $30cm$ の 16 ϕ 鉄筋が引張力を受けて $0.2mm$ 伸びた．この場合のひずみ度はいくらか．パーセントで表せ．また，16 ϕ 鉄筋の断面積 $2\,\mathrm{cm}^2$，ヤング係数 $E_s = 20500\,\mathrm{kN/cm^2}$ とするといくらの力で引っ張っているか．ただし，単位は kN で示せ．

[**演習問題 4.5**]　図 4.21 のような幅 $5cm$，厚さ $1cm$ の断面の鋼材が ϕ-19 のリベットでつながれている．$P = 50\,\mathrm{kN}$ で引張力を受けた場合のリベットのせん断応力度と鋼材の引張応力度を断面欠損を考慮して計算せよ．

[**演習問題 4.6**]　長さ $100cm$，一辺 $2cm$ の正方形の材を $50\,\mathrm{kN}$ の力で引張ったとき，この材はいくら伸びるか．またいくら細くなるか．ただし，この材のや

図 4.21

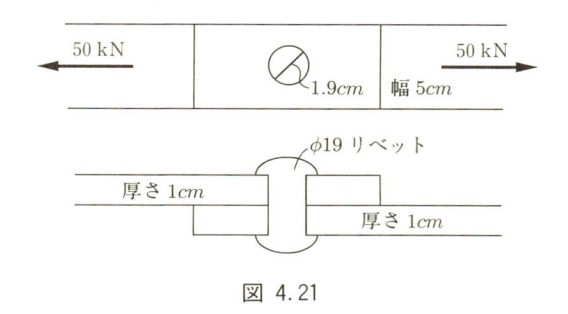

ング係数は $E = 2 \times 10^6 \,\mathrm{N/cm^2}$, ポアソン比は 0.35 である．ただし，断面は相似形に変形するものとする．

[演習問題 4.7] 図 4.22 のような $100cm \times 50cm$ の長方形板 (厚さ $1cm$) が水平方向に $2\,\mathrm{kN/cm^2}$ の引張力を受けて x 方向に $0.5mm$ 伸び，y 方向に $0.1mm$ 縮んだ．この板のヤング係数，ポアソン比を求めよ．

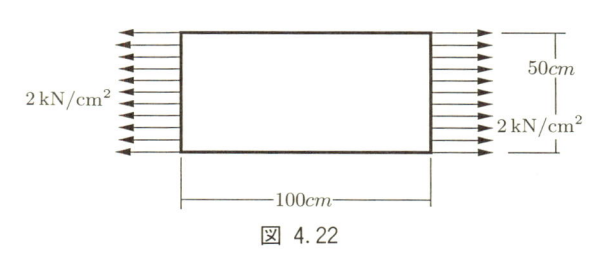

図 4.22

[演習問題 4.8] 図 4.23 のように，2 種の部材が完全に接着されている．A,B 材のヤング係数はそれぞれ $E_A = 20\,\mathrm{kN/cm^2}$, $E_B = 50\,\mathrm{kN/cm^2}$ である．上から圧縮力 $100\,\mathrm{kN}$ が作用するとき，A,B 材が負担する力はいくらか．また，

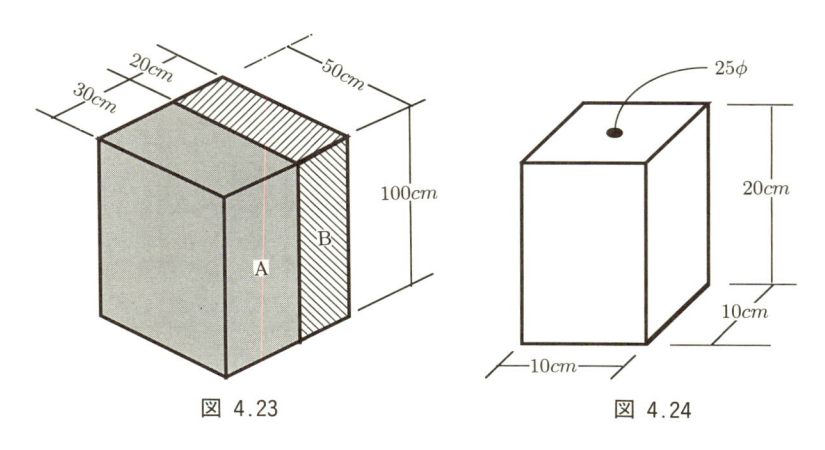

図 4.23   図 4.24

4.2 応力度とひずみ度　　　　　　　　　　　　　　　　　　　　　　　　　67

いくら縮むか。

[演習問題 4.9]　図 4.24 のような断面 $10cm \times 10cm$，高さ $20cm$ の直方体のコンクリートの試験体に ϕ-25 の鉄筋が埋め込まれている。これに $100\,\mathrm{kN}$ の圧縮力が作用した場合に，コンクリートと鉄筋に作用する応力を求めよ。ただし，鉄筋とコンクリートのヤング係数をそれぞれ 2.05×10^7，$2.05 \times 10^6 \,\mathrm{N/cm^2}$ とする。

4.3　曲げ応力度とせん断応力度

はりには曲げモーメントとせん断力が生じる。断面に曲げモーメントが作用する場合の断面のある点の垂直応力度を曲げ応力度とよぶ。また，断面に曲げモーメントとせん断力が同時に作用する場合には，せん断応力度は断面に一様に分布しない。ここでは，主軸が傾いている場合や曲げ応力度とせん断応力度の組合せについて考える。

4.3.1　曲げ応力度

(a)　断面の主軸まわりに曲げを受ける場合

次の 2 つの仮定を行う。
1) 応力度はひずみ度に比例する (フックの法則)。
2) 材軸に直角な横断面は変形した後も平面を保つ (平面保持の仮定)。

曲げモーメントを受けるはりの変形は，ある面を境にして一方は縮み，他方は伸びる。その中間に位置する伸縮しない面を中立面という。また，中立面と断面の交点を中立軸という。

はりの微小部分に曲げモーメント M が作用して図 4.25 のように変形した場合，中立軸より y だけ離れた点 EF について考える。このときの曲率半径を ρ(曲率は $1/\rho$)，AB と C′D′ のなす微小な角を $d\theta$ とする。中立軸から y だけ離れた点 F は，

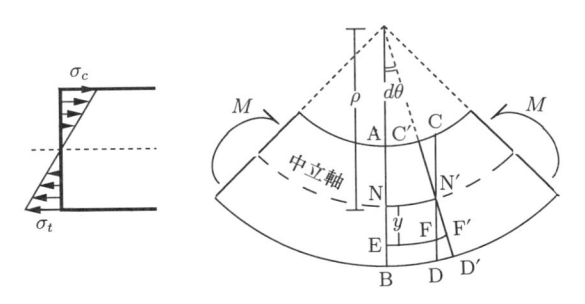

図 4.25

変形後 F′ にくる。すなわち，FF′ だけ伸びたことになる。このときのひずみ度 ε は次式で示される。

$$\varepsilon = \frac{FF'}{NN'} = \frac{yd\theta}{\rho d\theta} = \frac{y}{\rho} \tag{4.28}$$

フックの法則により，曲げ応力度 σ は次式で示される。

$$\sigma = E\varepsilon = \frac{yE}{\rho} \tag{4.29}$$

この応力度は断面全体に作用しており，軸方向および曲げモーメントにつり合わねばならないから
$\Sigma X = 0$ より，

$$\int_A \sigma dA = \frac{E}{\rho} \int_A y dA = \frac{E}{\rho} S_x = 0 \quad (S_x; \text{断面一次モーメント}) \tag{4.30}$$

すなわち，中立軸は断面の図心を通る。
$\Sigma M_N = M$ より，

$$\int_A \sigma y dA = \frac{E}{\rho} \int_A y^2 dA = \frac{E}{\rho} I_x = M \quad (I_x; \text{断面二次モーメント}) \tag{4.31}$$

(4.29) 式と (4.31) 式より，

$$\sigma = \frac{M}{I_x} y \tag{4.32}$$

すなわち，曲げ応力度 σ は，中立軸からの距離に比例する。

断面内の最大引張応力度 σ_t，最大圧縮応力度 σ_c は断面の縁に生じる。これらを縁応力度という。Z は断面係数，t は引張，c は圧縮を表す。

$$\sigma_t = \frac{M}{I_x} y_t = \frac{M}{Z_t} \qquad \sigma_c = \frac{M}{I_x} y_c = \frac{M}{Z_c} \tag{4.33}$$

ここに，y_t, y_c は中立軸から断面の最外縁までの距離である。

[例題 4.7] スパン $8m$ の単純ばりの中央に $5t$ の集中荷重が作用するとき，図 4.26 のような T 型断面に生じる曲げ応力度を求めよ。

(解答)

$$S_x = 40 \cdot 40 \cdot 20 + 120 \cdot 20 \cdot 50 = 152000 cm^3$$
$$A = 120 \cdot 20 + 40 \cdot 40 = 4000 cm^2$$
$$y = S_x / A = 152000 / 4000 = 38 cm$$

中立軸（図心）は，はり下端から $38cm$ のところにある。

4.3 曲げ応力度とせん断応力度   69

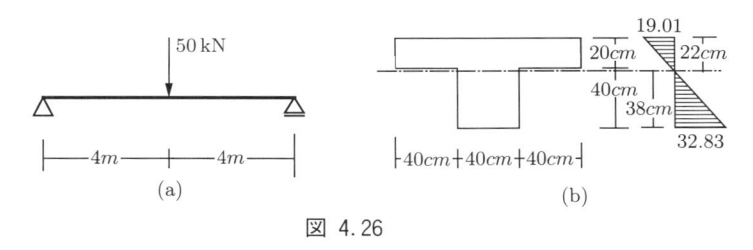

図 4.26

図心に関する断面二次モーメントは次のようになる。

$$I_x = 120 \cdot 20^3/12 + 120 \cdot 20 \cdot 12^2 + 40^4/12 + 40 \cdot 40 \cdot 18^2 = 1.16 \times 10^6 cm^4$$

はり中央部の曲げモーメントは,

$$M_{max} = Pl/4 = 100\,\mathrm{kNm} = 1.0 \times 10^7\,\mathrm{Ncm}$$

縁応力度は中立軸からの距離を考えて次のようになる。

$$\sigma_t = \frac{My_t}{I_x} = \frac{1.0 \times 10^7 \cdot 38}{1.16 \times 10^6} = 328\,\mathrm{N/cm^2}$$

$$\sigma_c = \frac{My_c}{I_x} = \frac{1.0 \times 10^7 \cdot 22}{1.16 \times 10^6} = 190\,\mathrm{N/cm^2}$$

(b)　主軸以外の方向に曲げモーメントを受ける場合

ここでは説明の便宜上，図 4.27 に示すように，曲げモーメントの大きさを引張側に向くベクトルで示す。

小屋組トラスの母屋のように，力の方向が断面の主軸と一致しない場合，図 4.28 に示すように，作用する曲げモーメントを主軸まわりの曲げモーメント M_x, M_y に分解し，それぞれによる応力度を求めて重ね合わせる。

$$M_x = M \cos \alpha, \qquad M_y = M \sin \alpha \tag{4.34}$$

$$\sigma = \frac{M_x}{I_x}y + \frac{M_y}{I_y}x = \frac{M_x}{Z_x} + \frac{M_y}{Z_y} \tag{4.35}$$

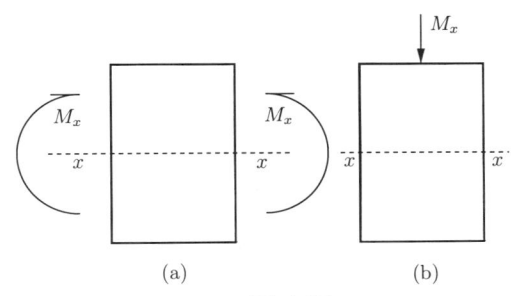

図 4.27

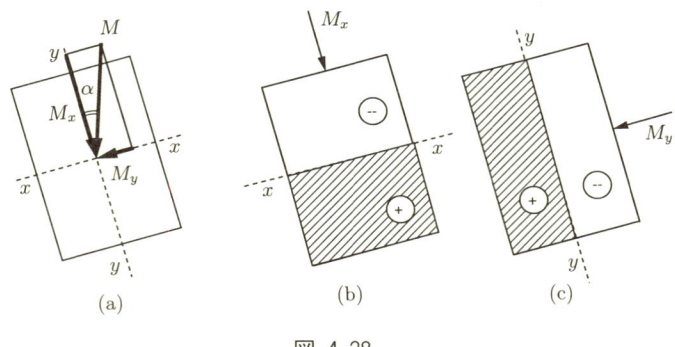

図 4.28

符号は引張応力度の場合，正 (+)，圧縮応力度の場合，負 (−) とする。

[例題 4.8] スパン $4m$ の単純ばりに $10\,\mathrm{kN/m}$ の等分布荷重が加わっているとき，はり中央部の図 4.29 のような断面の各点 A,B,C,D の曲げ応力度を求めよ。ただし，はりの断面は水平に対して 30° 傾いているものとする。

(解答) はり中央の曲げモーメントは鉛直方向に次のようになる。

$$M = \frac{wl^2}{8} = \frac{10 \cdot 4^2}{8}\,\mathrm{kNm} = 2000\,\mathrm{kNcm}$$

x, y 軸を図のようにとると x 軸, y 軸に関する曲げモーメント M_x, M_y は次のようになる。

$$M_x = 2000 \cdot \cos 30° = 1732.1\,\mathrm{kNcm}, \qquad M_x = 2000 \cdot \sin 30° = 1000\,\mathrm{kNcm}$$

これより，各軸の断面二次モーメントおよび断面係数は次のようになる。

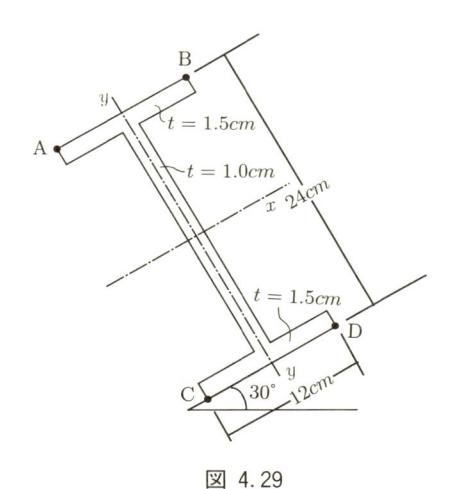

図 4.29

4.3 曲げ応力度とせん断応力度

$$I_x = 5334.75 cm^4, \quad Z_x = 444.56 cm^3, \quad I_y = 433.25 cm^4, \quad Z_y = 72.29 cm^3$$

M_x による応力度は，

A,B 点で圧縮応力度 $\sigma = -1732.1/444.56 = -3.90\,\mathrm{kN/cm^2}$
C,D 点で引張応力度 $\sigma = +1732.1/444.56 = +3.90\,\mathrm{kN/cm^2}$

M_y による応力度は，

A,B 点で圧縮応力度 $\sigma = +1000/72.29 = +13.83\,\mathrm{kN/cm^2}$
C,D 点で圧縮応力度 $\sigma = -1000/72.29 = -13.83\,\mathrm{kN/cm^2}$

となる。これらを組み合わせて各点の応力度を求めると次のようになる。

A 点 $\cdots \sigma_A = -3.90 + 13.83 = +9.93\,\mathrm{kN/cm^2}$
B 点 $\cdots \sigma_B = -3.90 - 13.83 = -17.73\,\mathrm{kN/cm^2}$
C 点 $\cdots \sigma_C = +3.90 + 13.83 = +17.73\,\mathrm{kN/cm^2}$
D 点 $\cdots \sigma_D = +3.90 - 13.83 = -9.93\,\mathrm{kN/cm^2}$

4.3.2 せん断応力度

曲げモーメントとせん断力を受ける材のせん断力は，材に直角な方向と材軸方向に生じる。この力に抵抗して生じる単位面積当たりの応力をせん断応力度といい，直角方向と水平方向のせん断応力度は等しくなる (図 4.30)。

中立軸から y の距離にある部分のせん断応力度 τ は次式で示される。

$$\tau = \frac{QS}{bI_x} \tag{4.36}$$

ここに，
S は，y より外側にある断面の中立軸に関する断面一次モーメント，b は，y の位置の

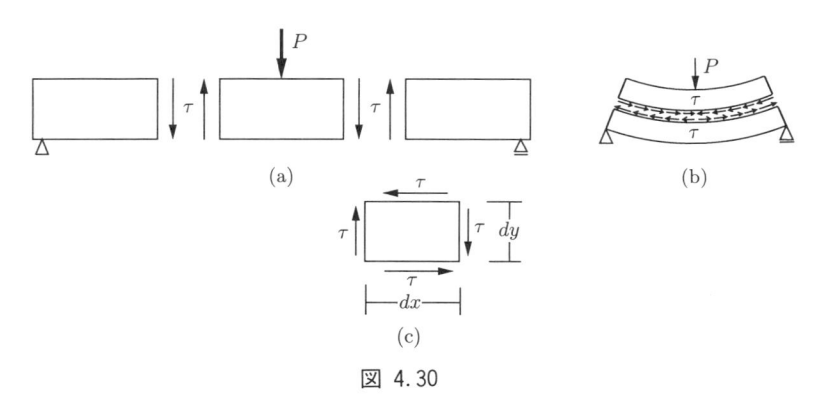

図 4.30

断面の幅, I_xは,全断面の中立軸に関する断面二次モーメント, Q は,その断面に作用するせん断力である。(4.36) 式の誘導を以下に行う。

図 4.31 のように,はり内の微小部分 dx に曲げモーメント M, $M+dM$が作用しているとき,中立軸から y だけ離れた位置の曲げ（垂直）応力度は,次のようになる。

$$\sigma = \frac{M}{I_x}y \tag{4.37}$$

$$\sigma + d\sigma = \frac{M+dM}{I_x}y \tag{4.38}$$

中立軸から y の位置 EF（断面の幅 b）におけるせん断力のつり合いは,せん断応力度τが均等に分布していると仮定して,次式のようになる。

$$\tau b dx = \int_y^{y_t}(\sigma+d\sigma)dA - \int_y^{y_t}\sigma dA \tag{4.39}$$

(4.37), (4.38) 式を (4.39) 式に代入して,

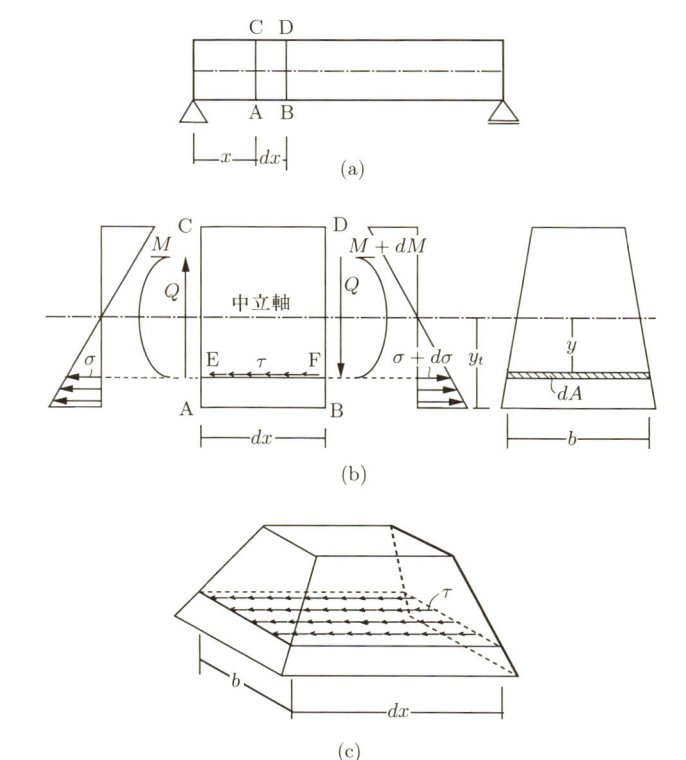

図 4.31

4.3 曲げ応力度とせん断応力度

$$\tau b dx = \frac{dM}{I_x}\int_y^{y_t} y dA, \qquad \tau = \frac{dM}{dx}\frac{1}{bI_x}\int_y^{y_t} y dA \tag{4.40}$$

ここに，

$$\frac{dM}{dx}=Q, \qquad \int_y^{y_t} y dA = S$$

S は y より外側の断面の中立軸に関する断面一次モーメントであるから，次式が求められる。

$$\tau = \frac{QS}{bI_x}$$

[例題 4.9] せん断力 Q をうける $b \times d$ の長方形断面のせん断応力度分布を求めよ。

(解答) 長方形断面の図心軸に関する断面二次モーメントは，$I_x = bd^3/12$ 図心軸より距離 y 離れた点より外側の図心軸に関する断面一次モーメントは，図 4.32 より，次のようになる。

$$S = b\left(\frac{d}{2}-y\right)\left\{y+\frac{1}{2}\left(\frac{d}{2}-y\right)\right\}$$

これをせん断応力度を求める (4.36) 式に代入して計算すると次のようになる。

$$\tau = \frac{6Q}{bd^3}\left(\frac{d^2}{4}-y^2\right)$$

中立軸におけるせん断応力度は $y=0$ とおいて次のようになる。

$$\tau_{max} = \frac{6Q}{bd^3}\left(\frac{d^2}{4}\right) = \frac{3}{2}\frac{Q}{bd} = \frac{3}{2}\frac{Q}{A}$$

長方形断面の場合，最大せん断応力度は，断面の平均せん断応力度の 1.5 倍となる。

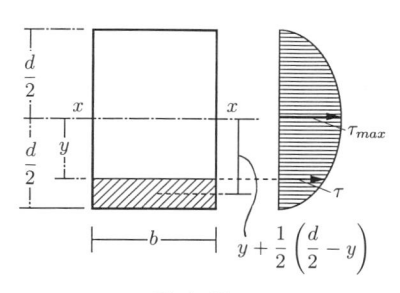

図 4.32

[例題 4.10] 図 4.33 のような断面のはりにせん断力 $Q = 25\,\mathrm{kN}$ が作用するとき，$5cm$ 間隔にある A〜E の各点のせん断応力度を求めよ。

(解答) 図心に関する断面二次モーメントは，

図 4.33

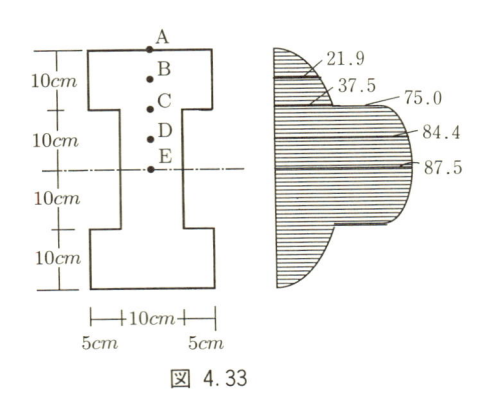

$$I_x = \frac{20 \cdot 40^3}{12} - \frac{10 \cdot 20^3}{12} = 1.0 \times 10^5 \, cm^4$$

$\tau = QS/bI$ において，各位置より外側の断面一次モーメント S に対するせん断応力度を計算すると次のようになる。

A 点： $S_A = 0$
$\tau_A = 0$
B 点： $S_B = 20 \cdot 17.5 = 1750$
$\tau_B = \dfrac{25000 \cdot 1750}{20 \cdot 1.0 \times 10^5} = 21.9 \, \text{N/cm}^2$
C 点： $S_C = 20 \cdot 10 \cdot 15 = 3000$

C 点には幅 b に相当するものが $10\,cm$ と $20\,cm$ の 2 個ある。

$\tau_C = \dfrac{25000 \cdot 3000}{20 \cdot 1.0 \times 10^5} = 37.5 \, \text{N/cm}^2$
$\tau_C = \dfrac{25000 \cdot 3000}{10 \cdot 1.0 \times 10^5} = 75.0 \, \text{N/cm}^2$

D 点： $S_D = 20 \cdot 10 \cdot 15 + 10 \cdot 5 \cdot 7.5 = 3375$
$\tau_D = \dfrac{25000 \cdot 3375}{10 \cdot 1.0 \times 10^5} = 84.4 \, \text{N/cm}^2$
E 点： $S_E = 20 \cdot 10 \cdot 15 + 10 \cdot 10 \cdot 5 = 3500$
$\tau_E = \dfrac{25000 \cdot 3500}{10 \cdot 1.0 \times 10^5} = 87.5 \, \text{N/cm}^2$

4.3.3　はりの主応力度

(a)　応力度間の関係

図 4.34 のように部材が引張力をうけている場合，材軸に垂直な断面 $X-X$ を考えると垂直応力度 σ だけが作用している。同じ点で材軸に垂直な面に対して θ だけ傾斜した断面 $X'-X'$ を考えると同じように水平方向の力が作用しているが，これ

4.3 曲げ応力度とせん断応力度

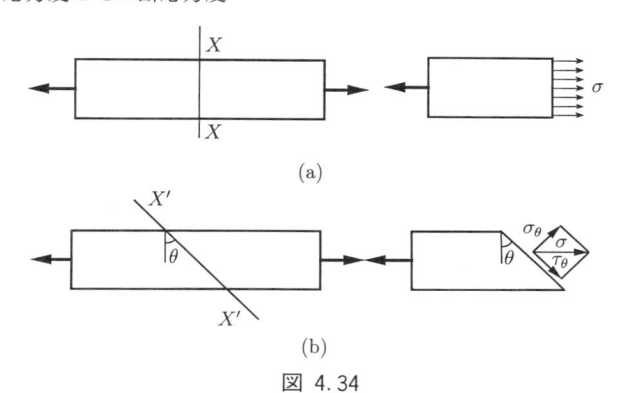

図 4.34

を面に垂直な垂直応力度σ_θと面に平行なせん断応力度τ_θに分解することができる。

このように，ある点の応力度は，その点を通る断面の傾きにより変化する。図4.35(a) の断面について x, y 軸の断面の応力度と，x 軸に垂直な面に対して傾きθをなす断面についての応力度は次のように求められる。

$$\Sigma X = 0: \quad -\sigma_x dy + \tau dx + \sigma_\theta ds \cos\theta + \tau_\theta ds \sin\theta = 0$$
$$\Sigma Y = 0: \quad -\sigma_y dx + \tau dy + \sigma_\theta ds \sin\theta - \tau_\theta ds \cos\theta = 0 \tag{4.41}$$

$dx = ds\sin\theta, dy = ds\cos\theta$ を代入して整理すると，

$$\sigma_\theta = \sigma_x \cos^2\theta + \sigma_y \sin^2\theta - 2\tau\sin\theta\cos\theta$$
$$\tau_\theta = (\sigma_x - \sigma_y)\sin\theta\cos\theta + \tau(\cos^2\theta - \sin^2\theta) \tag{4.42}$$

これを三角関数の倍角公式で書き直すと，

$$\sigma_\theta = \frac{\sigma_x + \sigma_y}{2} + \frac{\sigma_x - \sigma_y}{2}\cos 2\theta - \tau\sin 2\theta \tag{4.43}$$

$$\tau_\theta = \frac{\sigma_x - \sigma_y}{2}\sin 2\theta + \tau\cos 2\theta \tag{4.44}$$

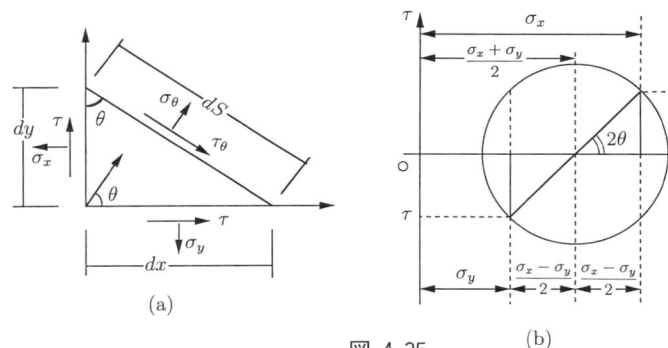

図 4.35

(4.43) 式と (4.44) 式からθを消去すると，次のようになる。

$$\left(\sigma_\theta - \frac{\sigma_x + \sigma_y}{2}\right)^2 + \tau_\theta^2 = \left(\frac{\sigma_x - \sigma_y}{2}\right)^2 + \tau^2 \tag{4.45}$$

(4.45) 式は横軸をσ，縦軸をτとした場合，円の中心の x 座標が$(\sigma_x+\sigma_y)/2$で，半径を次式で示す円で表され，x軸から反時計まわりに2θだけ回転した円周上の一点が$\sigma_\theta, \tau_\theta$であることを示す。この円は「モールの応力円」と呼ばれる (図 4.35(b))。

$$半径 = \sqrt{\left(\frac{\sigma_x - \sigma_y}{2}\right)^2 + \tau^2}$$

モールの応力円の中心のまわりに互いに$180°$だけ回転した円周上の点 ($\theta = 90°$ 互いに直行する面) において，せん断応力度τの値は絶対値は等しいが符号は反対となり，垂直応力度の和は一定となることがわかる。

$$\sigma_x + \sigma_y = \sigma_1 + \sigma_2 = 一定 \tag{4.46}$$

(b) 主応力面と主応力度

断面 $X - X$ 上にはせん断応力度が存在していないが，このような面を主応力面といい，互いに直角な 2 方向にある。主応力面に作用する垂直応力度を主応力度という。主応力度のうち 1 つは最大値となり，他の一つは最小値となる。この部材の場合，$\sigma_x = P/A$,$\sigma_y = 0$　である。

主応力面および主応力度σ_1, σ_2がわかっているとき，主応力面とθだけ傾く面の応力度σ_θ, τ_θは次式で与えられる。

$$\sigma_\theta = \frac{\sigma_1 + \sigma_2}{2} \pm \frac{\sigma_1 - \sigma_2}{2} \cos 2\theta$$
$$\tau_\theta = \pm \frac{\sigma_1 - \sigma_2}{2} \sin 2\theta \tag{4.47}$$

x, y軸に直交する 2 つの面の垂直応力度をσ_x, σ_y, せん断応力度をτとするとき，主応力の方向θおよび主応力度の大きさσ_1, σ_2は次式で表される。

$$\tan 2\theta = \frac{2\tau}{\sigma_x - \sigma_y} \quad (時計まわりを正とする)$$
$$\sigma_{1,2} = \frac{\sigma_x + \sigma_y}{2} \pm \sqrt{\left(\frac{\sigma_x - \sigma_y}{2}\right)^2 + \tau^2} \tag{4.48}$$

モールの応力円の頂点では，せん断応力度τ_θが最大と最小となり，その値τ_1, τ_2を主せん断応力度といい，大きさの絶対値はモールの応力円の半径に等しい。また，主応力面との傾きは$45°$　である。

4.3 曲げ応力度とせん断応力度

[**例題 4.11**] 断面積 $A = 100\,\text{cm}^2$ のコンクリート円筒形試料を $50\,\text{kN}$ の力で圧縮力を加えたとき，荷重方向と $30°$ の面に生じる応力度を求めよ．

(**解答**) 主応力度は，$\sigma_1 = 0$，$\sigma_2 = -500\,\text{N/cm}^2$ であるから，図 4.36 より

$$\sigma_\theta = -\frac{500}{2} \pm \frac{500}{2}\cos 60° = -250 \pm 125 = -125,\ -375\,\text{N/cm}^2$$

$$\tau_\theta = 25\sin 60° = 216.5\,\text{N/cm}^2$$

図 4.36

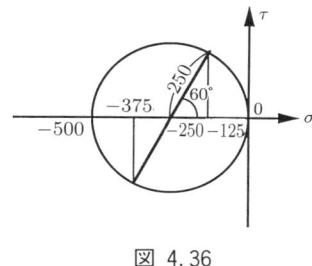

[**例題 4.12**] ある微小断面に引張応力度 $\sigma_x = 60$，圧縮応力度 $\sigma_y = -20$，せん断応力度 $\tau = 40$ (単位は N/cm^2) を受けている．主応力度とその方向を求めよ．

(**解答**) 図 4.37 より，

$$\sigma_{1,2} = 20 \pm \sqrt{40^2 + 40^2} = 20 \pm 56.6 = 76.6,\ -36.6\,\text{N/cm}^2$$

$$\tan 2\theta = \frac{40}{40} = 1,\ 2\theta = 45°,\ \theta = 22.5°$$

図 4.37

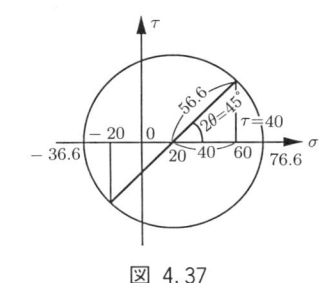

(c) はり内の主応力度

はり内のある点の主応力度とその方向は，その点の曲げ応力度とせん断応力度からモールの応力円を描くことにより求めることができる（はりの場合は常に，$\sigma_y = 0$）．

はり内の各点の主応力度の方向を求め，これを順次つないで得られた曲線，すなわち主応力の方向を示す線を主応力線という（図 4.38）．

78   4 断面の性質と応力度

(a)

(b) σの分布 / τの分布

(c) 断面各点のモールの応力円

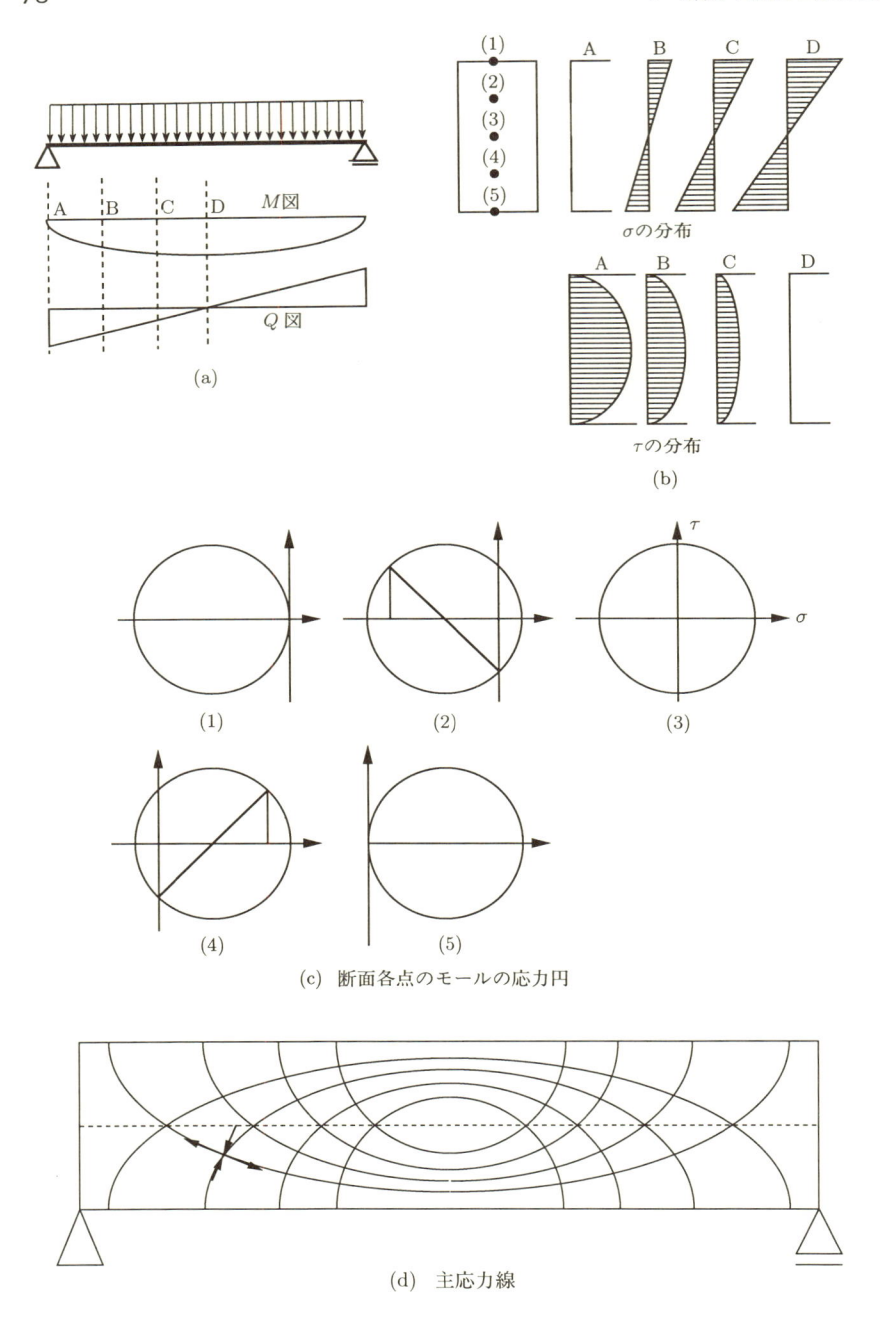

(d) 主応力線

図 4.38

4.3 曲げ応力度とせん断応力度

[例題 4.13] 図 4.39 のような長方形断面の単純ばりが等分布荷重を受けるとき，支点から $1m$ の位置の断面の A の部分の主応力度とその方向を求めよ。

(解答) 支点から $1m$ の位置の曲げモーメントおよびせん断力は次のようになる。

$$M = 15\,\text{kNm}, \quad Q = 10\,\text{kN}$$

長方形断面の断面二次モーメントは，

$$I_x = \frac{20 \cdot 40^3}{12} = 106667 = 1.07 \times 10^5\,\text{cm}^4$$

これより，A 点の曲げ応力度とせん断応力度は次のようになる。

$$\sigma = \frac{My}{I_x} = \frac{15 \times 10^5 \times 10}{1.07 \times 10^5} = 140.62\,\text{N/cm}^2$$
$$S = 10 \cdot 20 \cdot 15 = 3000\,\text{cm}^3$$
$$\tau = \frac{QS}{bI} = \frac{10000 \cdot 3000}{20 \cdot 1.07 \times 10^5} = 14.06\,\text{N/cm}^2$$

図中のモールの応力円において，せん断力は正であるから，$\sigma_x = 140.62$ の側に $\tau = 14.06$ を，$\sigma_y = 0$ の側に $\tau = -14.06$ をとる。これより，主応力度とその方向は次のように求められる。

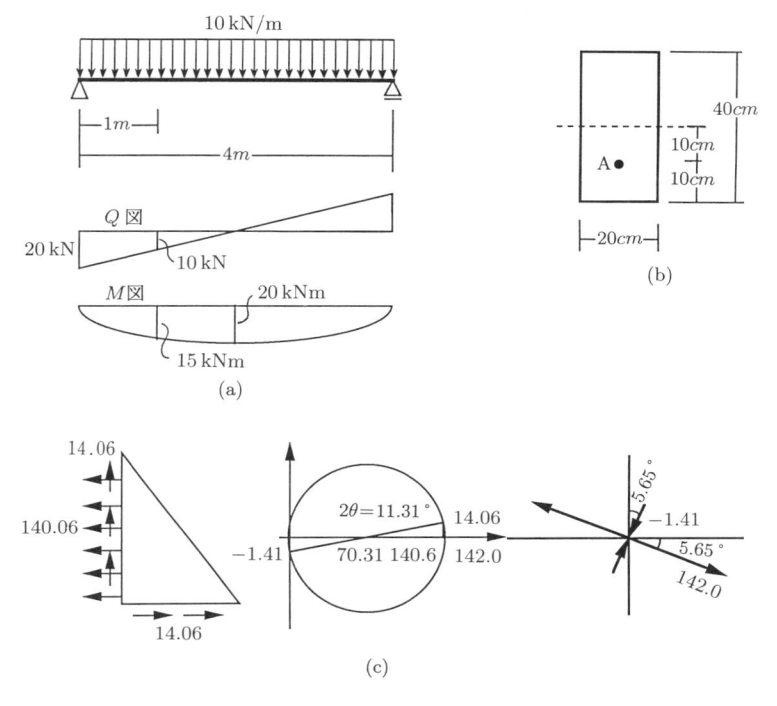

図 4.39

$$\sigma_{1,2} = \frac{140.62}{2} \pm \sqrt{70.31^2 + 14.06^2} = 70.31 \pm 71.70 = -0.139, \quad 14.201$$

$$\tan 2\theta = \frac{14.06}{70.31} = 0.2, \quad 2\theta = 11.31°, \quad \theta = 5.65° \quad (時計まわり)$$

[**演習問題 4.10**]　図 4.40 のような片持ばりに 1 kN の外力が作用している。断面 (a), (b) を用いた場合，最大曲げ応力度 (引張，圧縮) を求めよ。

図 4.40

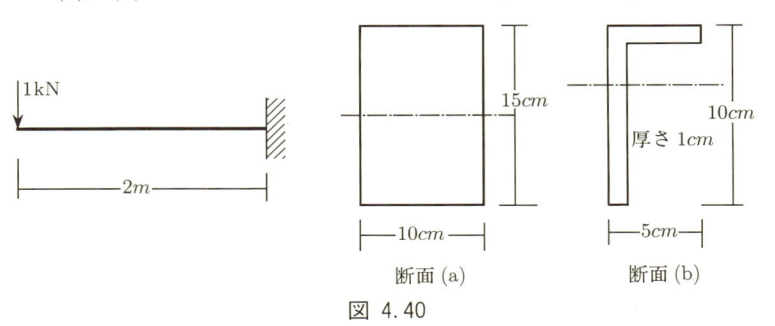

[**演習問題 4.11**]　図 4.41 のように 30° 傾いた部材に 15 kN/m の等分布荷重が作用している。断面が (a), (b) の場合の各点の曲げ応力度を部材中央部について求めよ。

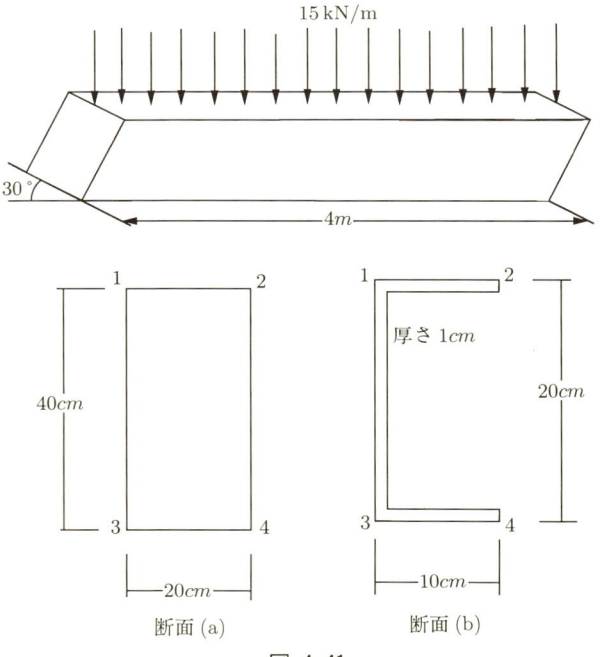

図 4.41

4.3 曲げ応力度とせん断応力度　　　　　　　　　　　　　　　　　　　81

[**演習問題 4.12**]　図 4.42 のような H 型断面 (断面 (a)) および T 型断面 (断面 (b)) のはりが，せん断力 Q を受けるとき，断面に生ずるせん断応力度分布を求めよ．ただし，図心軸 x はそれぞれ上から 15cm，25cm の位置にあり，I_x は $2.26 \times 10^4 cm^4$ および $9.87 \times 10^5 cm^4$ は求められている．

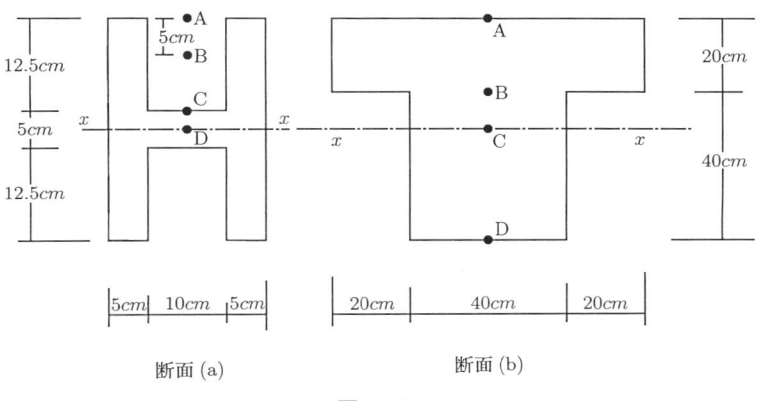

図 4.42

[**演習問題 4.13**]　図 4.43 のような長方形断面 (断面 (a)) の単純ばりが集中荷重を受けるとき，はり B 点の断面 1〜3 の部分の主応力度とその方向を求めよ．また，I 型断面 (断面 (b)) ではどうなるか．

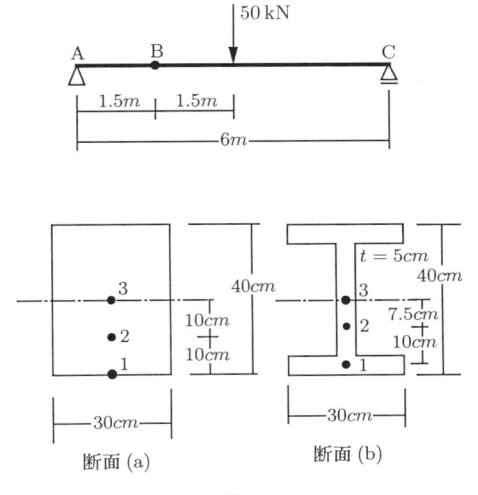

図 4.43

4.4 偏心荷重による応力と断面の核

柱材では軸方向力だけでなく曲げモーメントも同時に作用している。この組み合わせで引張応力度や圧縮応力度の大きさが変化する。ここでは両者の組み合わせを考える。

4.4.1 偏心荷重を受ける断面の応力度

軸方向力 P が断面の図心からはずれた点に作用するとき，これを偏心荷重という。偏心距離を e とすると，曲げモーメントは $M = Pe$ で示される。すなわち，軸方向力 P と曲げモーメント M が作用したものと考えられ，P/A で示される垂直応力度と，M/Z で示される曲げ応力度を組み合わせたものとなる(図4.44)。

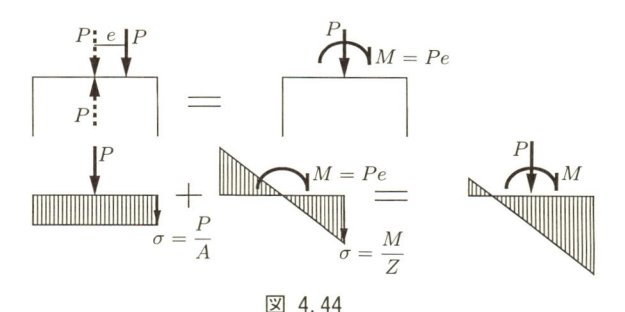

図 4.44

偏心は x 軸,y 軸ともにあるからこれを図4.45に示すように，e_x, e_y とすると，材軸から x および y だけ離れた点の縁応力度は個々の応力について求めた断面の応力度を重ね合わせることによって求めることができる。すなわち，x 軸まわりには $M_x = Pe_y$ が作用し，応力度は $\sigma = M_x y/I_x = M_x/Z_x$ となる（任意の位置 y の応力度を求めることができるが，通常は縁応力度を求める）。y 軸まわりも同様に求められるから，$M_x = Pe_y$, $M_y = Pe_x$ として，軸方向力も合わせ考え次の式で示される。

$$\sigma = \frac{P}{A} \pm \frac{Pe_x x}{I_y} \pm \frac{Pe_y y}{I_x} = \frac{P}{A} \pm \frac{M_y}{Z_y} \pm \frac{M_x}{Z_x} \tag{4.49}$$

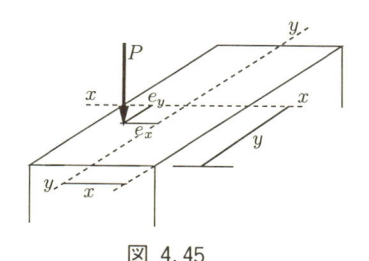

図 4.45

4.4 偏心荷重による応力と断面の核

ここに，

I_x, I_y は，x 軸，y 軸に関する断面二次モーメント，x, y は，中立軸から端部までの距離，e_x, e_y は，x 軸，y 軸からの偏心距離である。

[**例題 4.14**] 図 4.46 のように，鉛直荷重 300 kN とモーメント 120 kNm を受ける基礎がある。地盤から受ける反力を直線分布と仮定した場合，図のように左端が 0 となるためには基礎 h をいくらにすればよいか。他の辺の長さを b とせよ。

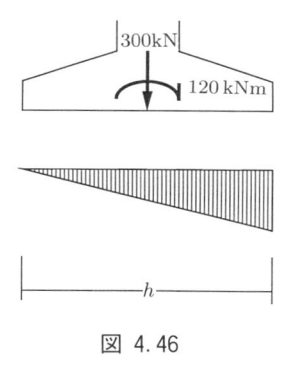

図 4.46

(**解答**) $b \times h$ の断面において，圧縮応力度 $-P/A$ と曲げ応力度 $\pm M_y/Z_y$ が作用しているので，曲げ応力度は引張側を考える。なお，偏心距離は $e = M/P = 120/300 = 0.4$ m となる。

長方形断面であるので，$Z_y = bh^2/6$，$A = bh$，$P = 300$，$M_y = 120$ より，

$$\sigma = -\frac{P}{A} + \frac{M_y}{Z_y} = -\frac{300}{bh} + \frac{120}{\frac{bh^2}{6}} = 0$$

これより 基礎幅は，$h = 2.4 m$ となる。

[**例題 4.15**] 図 4.47 のように，10 kN の力が図心から x, y 各方向にそれぞれ 5cm，7cm 偏心している柱がある。A,B,C,D 各点の応力度を求めよ。

(**解答**) $M_x = 70$ kNcm, $M_y = 50$ kNcm
長方形断面であるから，

$$Z_x = \frac{20 \cdot 30^2}{6} = 3000 cm^3, \quad Z_y = \frac{30 \cdot 20^2}{6} = 2000 cm^3$$

$$A = 20 \cdot 30 = 600 cm^2$$

図心から断面の縁までの距離を x, y とすると縁応力度は次の式で示される。

$$\sigma = \frac{P}{A} \pm \frac{Pe_x x}{I_y} \pm \frac{Pe_y y}{I_x} = \frac{P}{A} \pm \frac{M_y}{Z_y} \pm \frac{M_x}{Z_x}$$

図 4.47

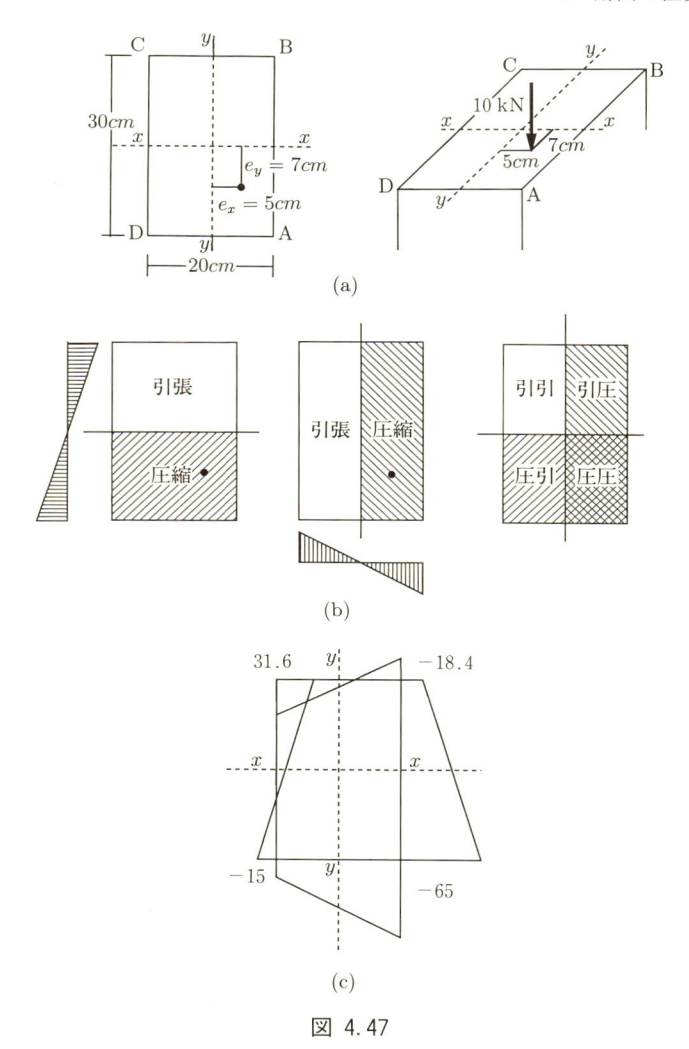

上式に引張, 圧縮の符号を考えて適用すると, 各点の応力度は次のように求められる。

$$\sigma_A = \frac{10000}{600} - \frac{10000 \cdot 7}{3000} - \frac{10000 \cdot 5}{2000} = -65\,\text{N/cm}^2$$

$$\sigma_B = \frac{10000}{600} + \frac{10000 \cdot 7}{3000} - \frac{10000 \cdot 5}{2000} = -18.4\,\text{N/cm}^2$$

$$\sigma_C = \frac{10000}{600} + \frac{10000 \cdot 7}{3000} + \frac{10000 \cdot 5}{2000} = +31.6\,\text{N/cm}^2$$

$$\sigma_D = \frac{10000}{600} - \frac{10000 \cdot 7}{3000} + \frac{10000 \cdot 5}{2000} = -15\,\text{N/cm}^2$$

4.4.2 断面の核

軸方向力 P と曲げモーメント M によって, P/A と M/Z の応力が生ずるが,偏心距離の位置によっては断面の縁に生じる応力度がちょうど 0 になる場合がある。このような偏心距離 e を求めて連ねると一つの領域ができる。この領域を断面の核という。この領域内に力が作用する場合には,断面内に生じる応力度はすべて引張または圧縮の応力状態となる。また,e を核の半径という。

今,軸方向力 P を圧縮力とすると,材の端部が 0 となるためには曲げモーメントによる応力度は引張力となる。したがって応力度は次の式で示される(x, y は図心から断面の縁までの距離)。

$$\sigma = -\frac{P}{A} + \frac{M_y x}{I_y} + \frac{M_x y}{I_x} = -\frac{P}{A} + \frac{Pe_x}{Z_y} + \frac{Pe_y}{Z_x} = 0$$

これより,

$$\frac{1}{A} - \frac{e_y}{Z_x} - \frac{e_x}{Z_y} = 0 \tag{4.50}$$

または,$i^2 = I/A$ とおいて,

$$1 - \frac{e_y y}{i_x^2} - \frac{e_x x}{i_y^2} = 0 \tag{4.51}$$

通常 e_x,e_y のうち一方を 0 と置いて他方を求める。

[例題 4.16] $b \times d$ の長方形断面における断面の核を求めよ。また,核半径はいくらか。

(解答) 断面の図心を座標軸として,第 1 象限の任意の点 (e_x, e_y) に軸方向力 P (圧縮) が作用しているとき,断面各部には曲げモーメント $M_y = Pe_x$,$M_x = Pe_y$ も作用する。これらの P,M_x,M_y が作用して断面の縁での組み合わせ応力が 0 になるような e_x,e_y の値を求める。

$$\sigma = -\frac{P}{A} + \frac{M_y}{I_y} \cdot \frac{b}{2} + \frac{M_x}{I_x} \cdot \frac{d}{2} = 0$$

$A = bd$,$I_x = bd^3/12$,$I_y = db^3/12$ を代入して整理すると次式となる。

$$-\frac{P}{bd}\left(1 - \frac{6}{b} \cdot e_x - \frac{6}{d} \cdot e_y\right) = 0$$

よって,

$$\frac{6}{b} \cdot e_x + \frac{6}{d} \cdot e_y = 1$$

これは図 4.48 に示すように,e_x,e_y 座標において $b/6$ と $d/6$ を切片とする直線となる。他の象限においても同様な直線が得られ,囲まれた菱形部分が断面の核である。核の半径は,$e_y = 0$ のとき $e_x = d/6$,$e_x = 0$ のとき $e_y = b/6$ で求められる。または,$e_y = i^2/y = d^2/12 \cdot 2/d = d/6$ でもよい。

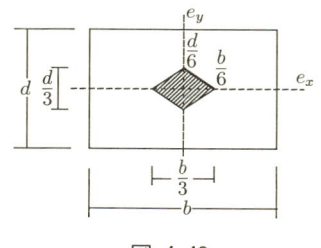

図 4.48

[例題 4.17]　図 4.49(a) に示す断面の核を求めよ。

(解答)　図心は左から $12.5cm$，下から $20cm$ の位置にあり，図心に関して，$I_x = 14.7 \times 10^4 cm^4$，$I_y = 6.17 \times 10^4 cm^4$，$A = 800 cm^2$ である。

$$\sigma = \frac{P}{A} \pm \frac{Pe_y}{I_x} y_{t,c} \pm \frac{Pe_x}{I_y} x_{t,c} = \frac{P}{A} \pm \frac{Pe_y}{Z_x} \pm \frac{Pe_x}{Z_y} = 0$$

において，計算を簡略にするために x 軸，y 軸上の e_x，e_y を 0 とおいて，他の e_y，e_x を求める。図心から断面の縁までの距離が x 方向では左右異なるので，e_x は 2 個あることに注意。

$$e_y = \frac{Z_x}{A} = \frac{14.7 \cdot 10^4}{20 \cdot 800} = 9.19 cm$$

$$e_{x1} = \frac{Z_{y1}}{A} = \frac{6.17 \cdot 10^4}{17.5 \cdot 800} = 4.41 cm, \qquad e_{x2} = \frac{Z_{y2}}{A} = \frac{6.17 \cdot 10^4}{12.5 \cdot 800} = 6.17 cm$$

よって，断面の核は図 4.49(b) のようになる。

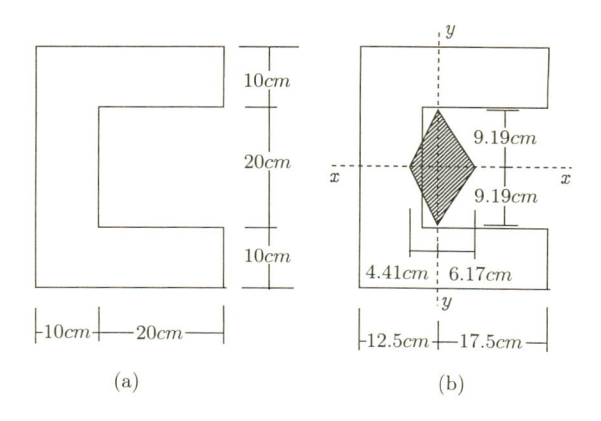

図 4.49

[演習問題 4.14]　断面 $12 \times 12 cm$ の短柱が図 4.50 のように，大きさ P の偏心荷重を x 軸上に受けるとき，偏心距離がいくらのとき断面に生じる応力度がすべて圧縮力になるか。

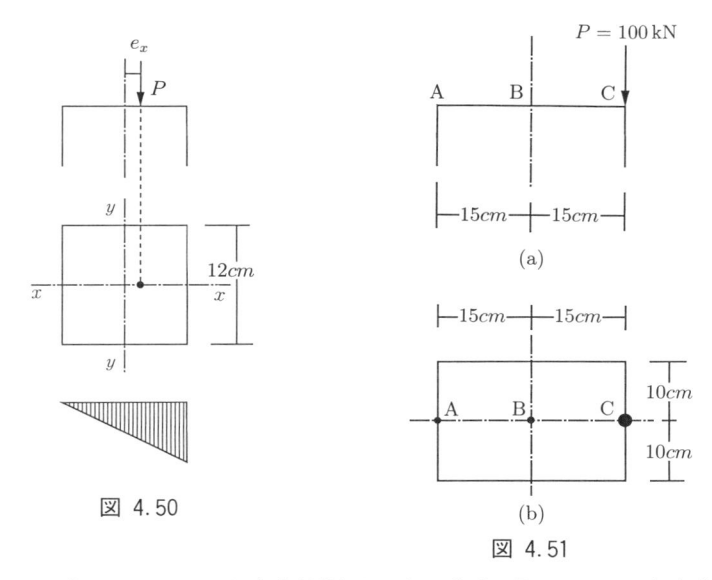

4.4 偏心荷重による応力と断面の核   87

図 4.50

図 4.51

[**演習問題 4.15**]　図 4.51 のような柱断面 C 点に荷重 $P = 100\,\mathrm{kN}$ がかかったとき，A,B,C 点の応力度を求めよ．

[**演習問題 4.16**]　H 型断面の柱に，図 4.52 のように $P = 2\,\mathrm{kN}$ の外力が $e_x, e_y = 5\,cm$ のところに作用している．A,B,C,D 各点の応力度を求めよ．

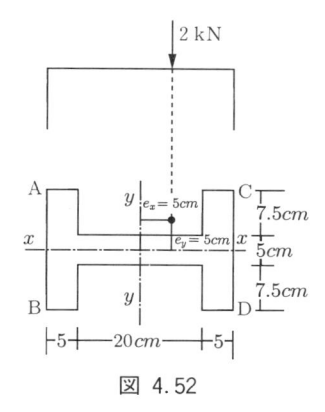

図 4.52

[**演習問題 4.17**]　図 4.53 のような箱型断面 (図 (a)) および I 型断面 (図 (b)) の断面の核を求めよ．

[**演習問題 4.18**]　図 4.54 のような厚さ $5\,cm$ の T 型断面の柱の A 点に，$100\,\mathrm{kN}$ の力が鉛直力として作用するとき，1 〜 4 の各点に生じる応力度を求めよ．

図 4.53

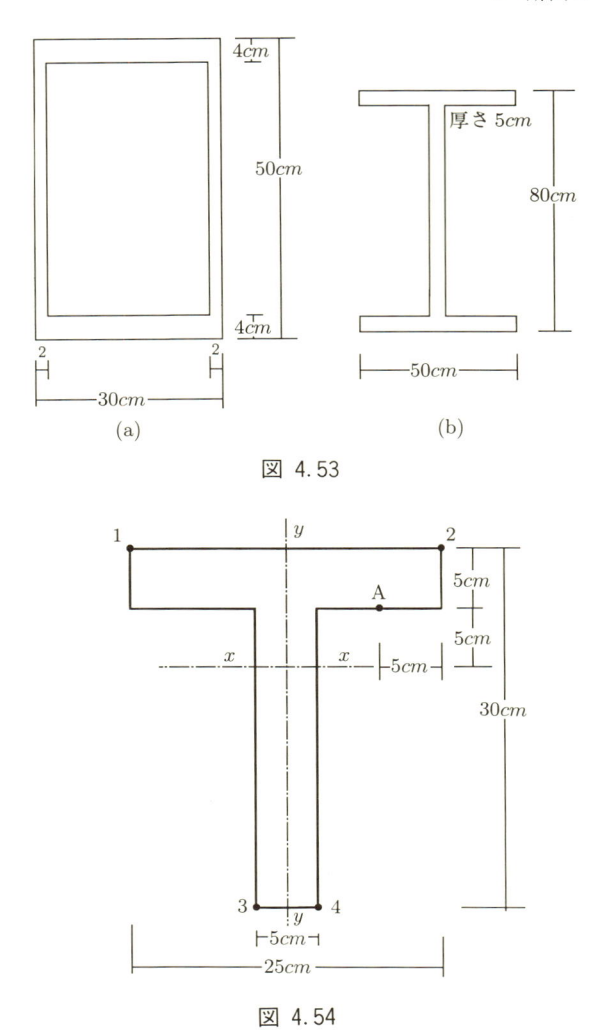

(a) / (b)

図 4.54

ただし，図心は左から $12.5cm$，上から $10cm$ にあり，$I_x = 20833cm^4$，$I_y = 6770.8cm^4$ は求められている。

[**演習問題 4.19**]　［演習問題 4.18］の断面の核を求め，図示せよ。

5

直線部材の変形

この章では，直線部材の変形を求める計算法について述べる。軸方向力およびせん断力による変形を無視して曲げモーメントによる変形のみを求める。

5.1 たわみ曲線の微分方程式

任意点 x の曲げモーメント M_x と曲率半径 ρ_x との関係は次式で与えられる (図 5.1)。

$$\frac{1}{\rho_x} = \frac{M_x}{EI} \quad (= 曲率) \tag{5.1}$$

また，曲率半径 ρ_x とたわみ y との関係は，たわみ角 θ が微小であると仮定すれば，数学公式より，次式で与えられる。

$$\frac{1}{\rho_x} = \pm \frac{d^2 y}{dx^2} \tag{5.2}$$

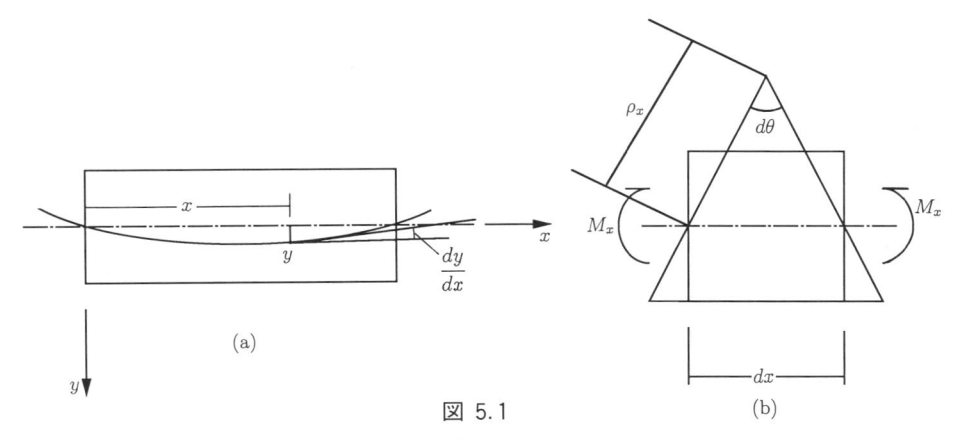

図 5.1

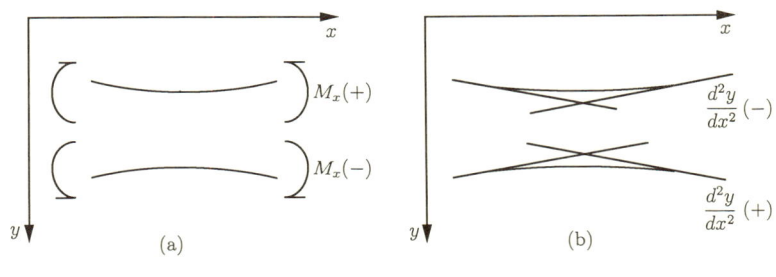

図 5.2

図 5.2 のように同じ曲率でも，曲げモーメント M_x と d^2y/dx^2 との符号は逆なので，たわみ曲線の微分方程式は次式で表される。

$$\frac{d^2y}{dx^2} = -\frac{M_x}{EI} \tag{5.3}$$

上式を積分すれば，

$$\theta = \frac{dy}{dx} = -\int \frac{M_x}{EI} dx + C_1 \tag{5.4}$$

再度積分すれば，

$$y = -\iint \frac{M_x}{EI} dx \cdot dx + C_1 x + C_2 \tag{5.5}$$

ここに，C_1, C_2 は積分定数である。これらの積分定数ははり端の幾何学的境界条件や変位の連続条件から求められる。

以下の例題では，曲げ剛性 EI は，はりの全長にわたって一定であるとする。

[**例題 5.1**]　図 5.3(a) に示す等分布荷重を受ける単純ばりのたわみ曲線を求めよ。

(**解答**)　A 点から距離 x の位置における曲げモーメント M_x は次式となる (図 5.3(b))。

$$M_x = -\frac{w}{2}x^2 + \frac{w\ell}{2}x$$

たわみ曲線の微分方程式は次式で表される。

$$\frac{d^2y}{dx^2} = -\frac{M_x}{EI} = \frac{w}{EI}\left(\frac{1}{2}x^2 - \frac{\ell}{2}x\right)$$

積分すれば，

$$\frac{dy}{dx} = \frac{w}{EI}\left(\frac{1}{6}x^3 - \frac{\ell}{4}x^2\right) + C_1$$

$$y = \frac{w}{EI}\left(\frac{1}{24}x^4 - \frac{\ell}{12}x^3\right) + C_1 x + C_2$$

となる。積分定数 C_1, C_2 は次のような境界条件から求められる。

$$\begin{cases} x = 0, & y = 0 \\ x = \ell, & y = 0 \end{cases}$$

$x=0$, $y=0$ を代入すれば，

$$C_2 = 0$$

5.1 たわみ曲線の微分方程式

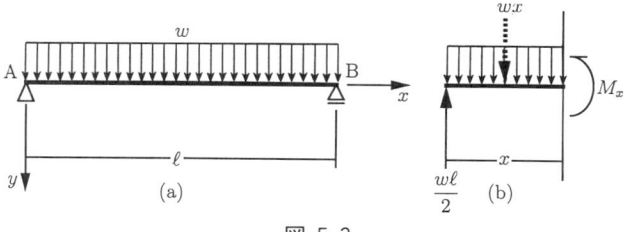

図 5.3

$x = \ell, y = 0$ を代入すれば，

$$C_1 = \frac{w\ell^3}{24EI}$$

となる．したがって，たわみ角曲線およびたわみ曲線はそれぞれ次のように表される．

$$\theta = \frac{dy}{dx} = \frac{w\ell^3}{24EI}\left\{4\left(\frac{x}{\ell}\right)^3 - 6\left(\frac{x}{\ell}\right)^2 + 1\right\}$$

$$y = \frac{w\ell^4}{24EI}\left\{\left(\frac{x}{\ell}\right)^4 - 2\left(\frac{x}{\ell}\right)^3 + \left(\frac{x}{\ell}\right)\right\}$$

また，A点, B点のたわみ角 θ_A, θ_B および材中央のたわみ y_{max} はそれぞれ次のように求められる．

$$\theta_A = \frac{dy}{dx}\bigg|_{x=0} = \frac{w\ell^3}{24EI}$$

$$\theta_B = \frac{dy}{dx}\bigg|_{x=\ell} = -\frac{w\ell^3}{24EI}$$

$$y_{max} = y\big|_{x=\ell/2} = \frac{5w\ell^4}{384EI}$$

[例題 5.2] 図 5.4(a) に示す自由端に集中荷重を受ける片持ばりのたわみ曲線を求めよ．

(解答) A点から距離 x の位置における曲げモーメント M_x は次式となる (図5.4(b))．

$$M_x = -Px$$

たわみ曲線の微分方程式は次式となる．

$$\frac{d^2y}{dx^2} = -\frac{M_x}{EI} = \frac{P}{EI}x$$

積分すれば，

$$\frac{dy}{dx} = \frac{P}{2EI}x^2 + C_1$$

$$y = \frac{P}{6EI}x^3 + C_1 x + C_2$$

となる．積分定数 C_1, C_2 は，次のような境界条件から求められる．

$$\begin{cases} x = \ell, & \frac{dy}{dx} = 0 \\ x = \ell, & y = 0 \end{cases}$$

図 5.4

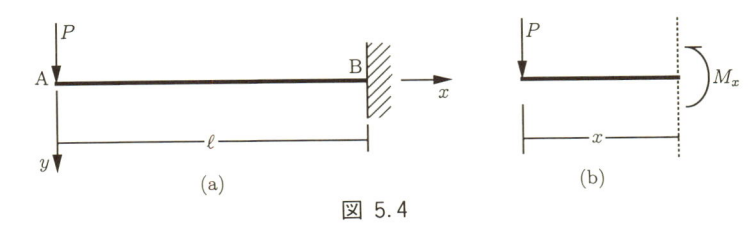

$x = \ell, dy/dx = 0$ を代入すれば,
$$C_1 = -\frac{P\ell^2}{2EI}$$
$x = \ell, y = 0$ を代入すれば,
$$C_2 = \frac{P\ell^3}{3EI}$$
となる．したがって，たわみ角曲線およびたわみ曲線はそれぞれ次のように表される．
$$\frac{dy}{dx} = \frac{P\ell^2}{2EI}\left\{\left(\frac{x}{\ell}\right)^2 - 1\right\}$$
$$y = \frac{P\ell^3}{6EI}\left\{\left(\frac{x}{\ell}\right)^3 - 3\left(\frac{x}{\ell}\right) + 2\right\}$$
また，自由端 A のたわみ y_A，たわみ角 θ_A はそれぞれ次のように求められる．
$$\theta_A = \frac{dy}{dx}\Big|_{x=0} = -\frac{P\ell^2}{2EI}$$
$$y_A = y|_{x=0} = \frac{P\ell^3}{3EI}$$
すなわち，積分定数 C_1, C_2 はそれぞれ自由端 A のたわみ角 θ_A，たわみ y_A に等しくなる．

[演習問題 5.1] 図 5.5 〜 5.10 に示すような静定ばりのたわみ曲線およびたわみ角曲線をたわみ曲線の微分方程式を解く方法を用いて求めよ．ただし，曲げ剛性 EI は，はりの全長にわたって一定であるとする．

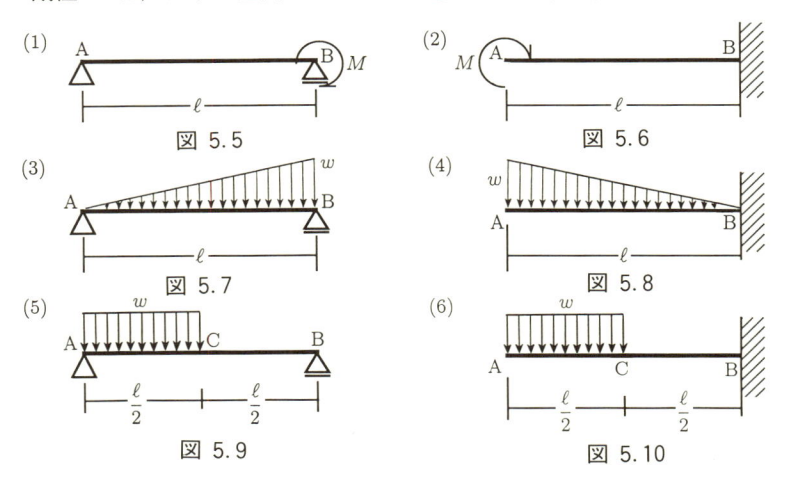

(1) 図 5.5

(2) 図 5.6

(3) 図 5.7

(4) 図 5.8

(5) 図 5.9

(6) 図 5.10

5.2 モールの定理

はりの任意点 x におけるたわみ y, たわみ角 θ および曲げモーメント M_x の間の関係式は次のようになる。

$$\frac{d^2y}{dx^2} = \frac{d}{dx}\left(\frac{dy}{dx}\right) = \frac{d\theta}{dx} = -\frac{M_x}{EI} \tag{5.6}$$

一方，任意点 x における分布荷重 w_x, せん断力 Q_x および曲げモーメント M_x の間の関係は次式で表される。

$$\frac{d^2M_x}{dx^2} = \frac{d}{dx}\left(\frac{dM_x}{dx}\right) = \frac{dQ_x}{dx} = -w_x \tag{5.7}$$

上の2式を比較すれば，y と M_x, θ と Q_x, および M_x/EI と w_x がそれぞれ対応していることがわかる。すなわち，M_x/EI を仮想荷重（弾性荷重とも呼ぶ）と考えて，せん断力および曲げモーメントを求めれば，それぞれたわみ角およびたわみを求めることになる。しかし，幾何学的境界条件と力学的境界条件は必ずしも一致しないので，境界条件を変更したはり（共役ばりと呼ぶ）に仮想荷重を作用させて計算しなければならない。

1. **単純ばりに対するモールの定理**

    単純ばりのたわみ角 θ およびたわみ y は，同じ支持条件のはりに仮想荷重 M_x/EI を作用させたときのせん断力および曲げモーメントに等しい。

2. **片持ばりに対するモールの定理**

    片持ばりのたわみ角 θ およびたわみ y は，自由端と固定端をとりかえた片持ばりに仮想荷重 M_x/EI を作用させたときのせん断力および曲げモーメントに等しい。

以下の例題では，曲げ剛性 EI は，はりの全長にわたって一定であるとする。

[**例題 5.3**] 図 5.11(a) に示す，中央集中荷重を受ける単純ばりの材端たわみ角 θ_A, θ_B および中央たわみ y_C を求めよ。

(**解答**) 材端たわみ角 θ_A, θ_B は，A 点，B 点のせん断力に等しいので，せん断力の符号に注意してそれぞれの支点反力から容易に求められる（図 5.11(c)）。

$$\theta_A = \frac{P\ell^2}{16EI}, \qquad \theta_B = -\frac{P\ell^2}{16EI}$$

材中央のたわみ y_C は，中央の曲げモーメントを求める手法にしたがえば容易に求められる（図 5.11(d)）。
$\Sigma M_C = 0$:

$$\frac{P\ell^2}{16EI} \cdot \frac{\ell}{2} - \frac{P\ell^2}{16EI} \cdot \frac{\ell}{6} - y_C = 0 \qquad y_C = \frac{P\ell^3}{48EI}$$

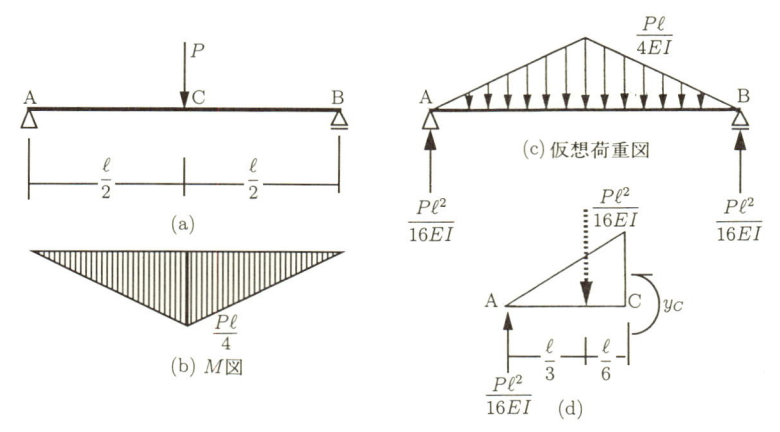

図 5.11

[**例題 5.4**] 図 5.12(a) に示す，3 等分点に集中荷重を受ける単純ばりの材端たわみ角 θ_A, θ_B および中央たわみ y_E を求めよ。

(**解答**) 材端たわみ角 θ_A, θ_B は仮想荷重図の反力から容易に求められる (図 5.12(c))。

$$\theta_A = \frac{P\ell^2}{9EI}, \qquad \theta_B = -\frac{P\ell^2}{9EI}$$

中央たわみ y_E は材中央の曲げモーメントを求めればよい (図 5.12(d))。
$\Sigma M_E = 0$：

$$\frac{P\ell^2}{9EI} \cdot \frac{\ell}{2} - \frac{P\ell^2}{18EI} \cdot \frac{5}{18}\ell - \frac{P\ell^2}{18EI} \cdot \frac{\ell}{12} - y_E = 0 \qquad y_E = \frac{23P\ell^3}{648EI}$$

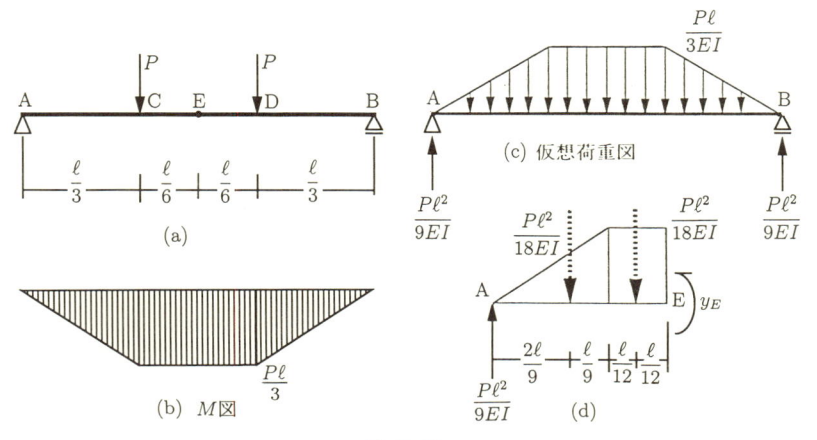

図 5.12

5.2 モールの定理

[**例題 5.5**] 図 5.13(a) に示す，材中央に集中荷重を受ける片持ばりの自由端におけるたわみ角 θ_A およびたわみ y_A を求めよ．

(**解答**) 仮想荷重図における A 点のせん断力および曲げモーメントを求めれば，たわみ角 θ_A およびたわみ y_A となる (図 5.13(c),(d))．

$\Sigma Y = 0$:
$$-\theta_A - \frac{P\ell^2}{8EI} = 0, \qquad \theta_A = -\frac{P\ell^2}{8EI}$$

$\Sigma M_A = 0$:
$$y_A - \frac{P\ell^2}{8EI} \cdot \frac{5}{6}\ell = 0, \qquad y_A = \frac{5P\ell^3}{48EI}$$

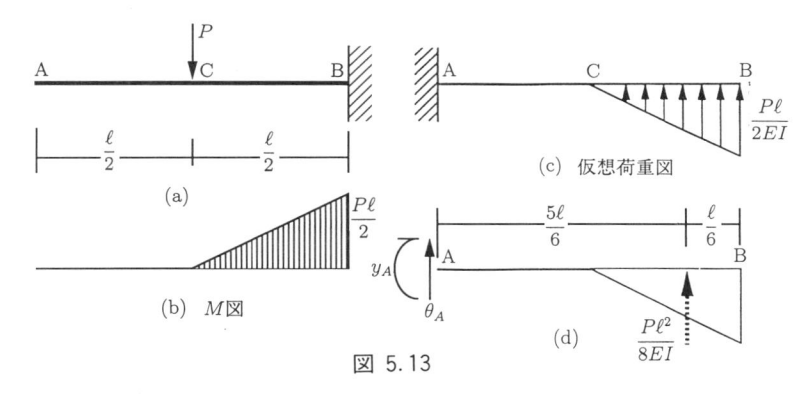

図 5.13

[**例題 5.6**] 図 5.14(a) に示す，材中央まで等分布荷重をうける片持ばりの自由端におけるたわみ角 θ_A およびたわみ y_A を求めよ．

(**解答**) 仮想荷重図における A 点のせん断力および曲げモーメントを求めれば，たわみ角 θ_A および y_A を求めたことになる (図 5.14(c),(d))．

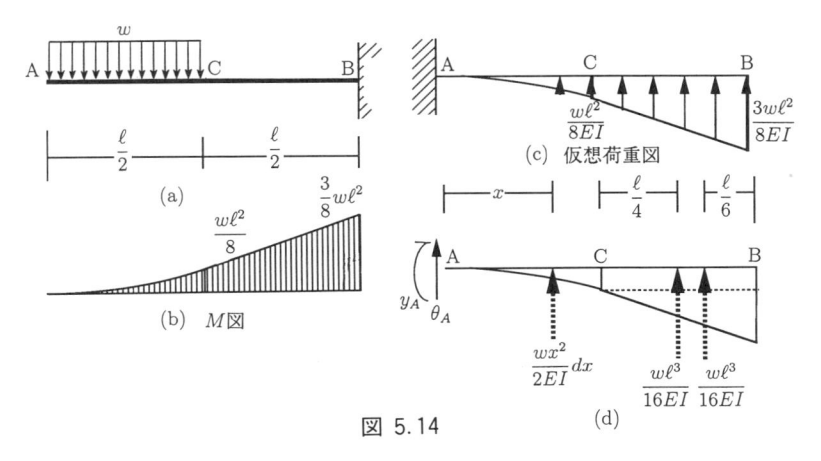

図 5.14

$\sum M_A = 0$:
$$-\theta_A - \int_0^{\frac{\ell}{2}} \frac{wx^2}{2EI} dx - \frac{w\ell^3}{16EI} - \frac{w\ell^3}{16EI} = 0, \qquad \theta_A = -\frac{7w\ell^3}{48EI}$$

$\sum M_A = 0$:
$$y_A - \int_0^{\frac{\ell}{2}} x \cdot \frac{wx^2}{2EI} dx - \frac{w\ell^3}{16EI} \cdot \frac{3}{4}\ell - \frac{w\ell^3}{16EI} \cdot \frac{5}{6}\ell = 0, \qquad y_A = \frac{41w\ell^4}{384EI}$$

[演習問題 5.2] 図 5.15～5.17 に示す単純ばりの C 点のたわみ y_C と A, B, C 点のたわみ角 $\theta_A, \theta_B, \theta_C$ をモールの定理を用いて求めよ。ただし，EI は全長にわたって一定である。

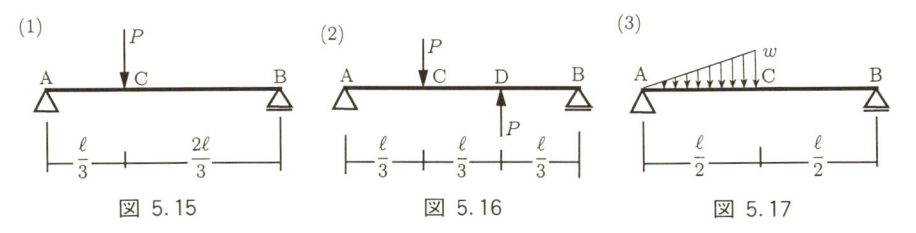

(1)　　　　　　　　　　　　(2)　　　　　　　　　　　　(3)

図 5.15　　　　　　　　　図 5.16　　　　　　　　　図 5.17

[演習問題 5.3] 図 5.18～5.20 に示す片持ばりの自由端 A のたわみ y_A とたわみ角 θ_A をモールの定理を用いて求めよ。ただし，EI は全長にわたって一定である。

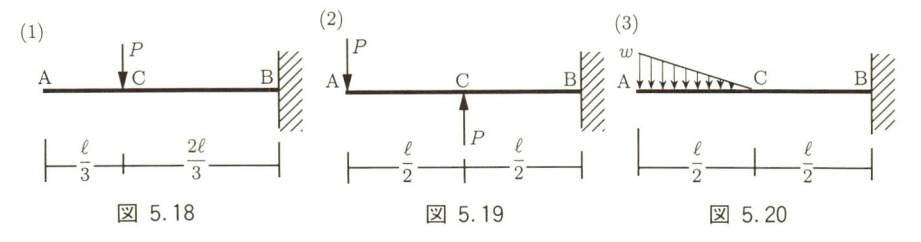

(1)　　　　　　　　　　　　(2)　　　　　　　　　　　　(3)

図 5.18　　　　　　　　　図 5.19　　　　　　　　　図 5.20

5.3 仕事に関する原理

5.3.1 エネルギー保存則

弾性体に作用する外力が 0 から P になるまでに，その作用点での力の方向の変位が 0 から δ に達したときの外力仕事 W は次式で表される。

$$W = \frac{1}{2} P\delta \tag{5.8}$$

5.3 仕事に関する原理

同様に，弾性体に作用する外力モーメントが 0 から M になるまでに，その作用点での回転角が 0 から θ に達したときの外力仕事 W は次式で表される。

$$W = \frac{1}{2}M\theta \tag{5.9}$$

また，多数の力およびモーメントが外力として同時に作用する場合の外力仕事は次式となる。

$$W = \Sigma \frac{1}{2}P_i \delta_i + \Sigma \frac{1}{2}M_j \theta_j \tag{5.10}$$

弾性体に外力が作用すると，弾性体内部には応力が生じ変形する。この応力のなす仕事を内力仕事，またはひずみエネルギーという。一般には部材応力として，軸方向力，せん断力および曲げモーメントが考えられるが，この節では曲げモーメントによる仕事のみを取り扱う。

$$U = \int \frac{M_x^2}{2EI} dx \tag{5.11}$$

弾性体においては，エネルギー保存則が成り立つので次式が得られる。

$$W = U \tag{5.12}$$

[**例題 5.7**] 図 5.21(a) に示す静定ばりの荷重点のたわみ y_C を求めよ。ただし，EI は一定である。

(**解答**) 外力仕事 W は次式で表される。

$$W = \frac{1}{2}P \cdot y_c$$

内力仕事 U は次式となる (図 5.21(b))。ただし，積分は積分公式 (付表 1) を用いて行う。

$$U = \int_0^\ell \frac{M_x^2}{2EI} dx + \int_0^{\frac{\ell}{2}} \frac{M_x^2}{2EI} dx$$

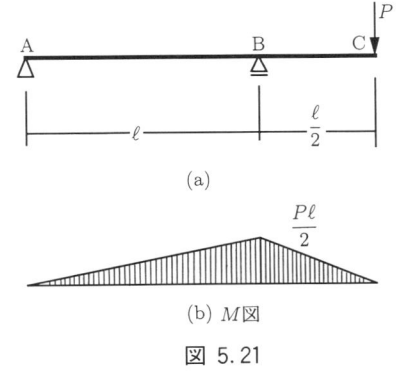

(a)

(b) M 図

図 5.21

$$= \frac{1}{2EI} \cdot \frac{1}{3} \cdot \left(\frac{P\ell}{2}\right)^2 \cdot \left(\ell + \frac{\ell}{2}\right)$$
$$= \frac{P^2\ell^3}{16EI}$$

エネルギー保存則 $W = U$ より,
$$y_c = \frac{P\ell^3}{8EI}$$

5.3.2 カスティリアノの定理

(a) 第1定理

構造物に多くの外力が作用するとき,任意の外力の作用点に生じるその外力の方向の変位は,これらの外力群のなす仕事をその外力で1回偏微分した値に等しい。また,モーメントが作用する点の回転角は,仕事をそのモーメントで偏微分すれば求められる。ただし,仕事としては曲げモーメントによるもののみを考える。

荷重 P_i の作用点のその力の方向の変位 δ_i は次式で表される。

$$\delta_i = \frac{\partial U(P_1, P_2, \cdots, P_n)}{\partial P_i}$$
$$= \int \frac{M_x}{EI} \cdot \frac{\partial M_x}{\partial P_i} dx \tag{5.13}$$

載荷点以外の任意点の変位 δ を求めるためには,まず,求める点の求める方向に仮想荷重 P が作用していると考えて,(5.13) 式を適用し,最後に $P = 0$ とおいて変位を求めればよい。

$$\delta = \left.\frac{\partial U(P_1, P_2, \cdots, P_n, P)}{\partial P}\right|_{P=0}$$
$$= \int \frac{M_x}{EI} \cdot \frac{\partial M_x}{\partial P} dx|_{P=0} \tag{5.14}$$

(b) 第2定理(最小仕事の原理)

構造物に多くの外力が作用するとき,反力の作用点が移動または回転しない場合には,これらの外力群のなす仕事を反力で1回偏微分した値は0となる。ただし,仕事としては曲げモーメントによるもののみを考える。

移動を生じない支点の反力を R とおけば,次式が成立する。

$$\frac{\partial U(P_1, P_2, \cdots, P_n, R)}{\partial R} = \int \frac{M_x}{EI} \cdot \frac{\partial M_x}{\partial R} dx = 0 \tag{5.15}$$

[例題 5.8] 図 5.22(a) に示す片持ばりの自由端 A のたわみ δ_A を求めよ。ただし,EI は一定とする。

5.3 仕事に関する原理

図 5.22

(**解答**) 自由端Aから距離 x の位置の曲げモーメント M_x は次式となる (図 5.22(b))。

$$P_1 = P_2 = P$$

AC 間 $0 \leq x \leq \dfrac{\ell}{2}$ $M_x = -P_1 x = -Px$

CB 間 $\dfrac{\ell}{2} \leq x \leq \ell$ $M_x = -P_1 x + P_2 \left(x - \dfrac{\ell}{2}\right) = -\dfrac{P\ell}{2}$

A点の荷重 P_1 で曲げモーメント M_x を偏微分した値は次式となる。

$$0 \leq x \leq \ell \qquad \frac{\partial M_x}{\partial P_1} = -x$$

カスティリアノの第1定理を適用すれば A 点のたわみ δ_A は次のようになる。

$$\begin{aligned}
\delta_A &= \frac{\partial U}{\partial P_1} = \int_0^\ell \frac{M_x}{EI} \cdot \frac{\partial M_x}{\partial P_1} dx \\
&= \frac{1}{EI} \left\{ \int_0^{\frac{\ell}{2}} \{(-Px)(-x)\} dx + \int_{\frac{\ell}{2}}^\ell \left(-\frac{P\ell}{2}\right)(-x) dx \right\} \\
&= \frac{11 P \ell^3}{48 EI}
\end{aligned}$$

[**例題 5.9**] 図 5.23(a) に示す不静定ばりの曲げモーメント図を求めよ。ただし，EI は一定とする。

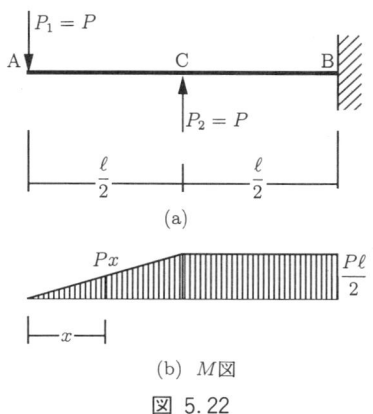

(**解答**) 図 5.23(b) のように，A 端の支点を取り去って片持ばりとし，そのかわりに未知数の支点反力 R_A を A 端に加える。自由端 A から距離 x の位置の曲げモーメントは次式となる。

$$M_x = -R_A x - \frac{w}{2} x^2$$

反力 R_A で曲げモーメント M_x を偏微分した値は次式となる。

$$\frac{\partial M_x}{\partial R_A} = -x$$

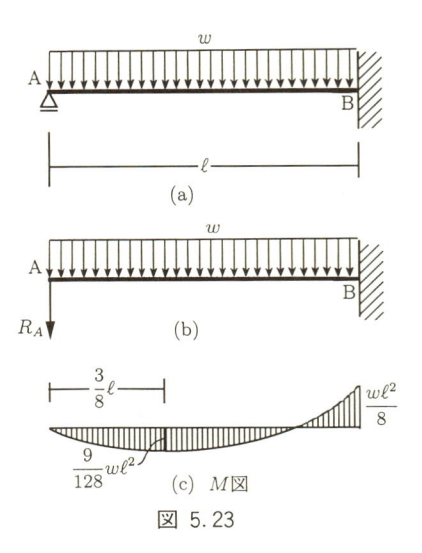

図 5.23

最小仕事の原理により次式が成立する.

$$\frac{\partial U}{\partial R_A} = \int \frac{M_x}{EI} \cdot \frac{\partial M_x}{\partial R_A} dx = 0$$

$$\int_0^\ell \left(-R_A x - \frac{w}{2}x^2\right)(-x)dx = 0$$

$$R_A = -\frac{3}{8}w\ell$$

したがって,任意点 x の曲げモーメント M_x は次のようになる (図 5.23(c))。

$$M_x = \frac{3}{8}w\ell x - \frac{w}{2}x^2$$

[演習問題 5.4] 図 5.24 に示す単純ばりの荷重点 A,B のたわみ角 θ_A, θ_B をエネルギー保存則を用いて求めよ.ただし,EI は一定とし,$\theta_A = \theta_B$ として計算せよ.

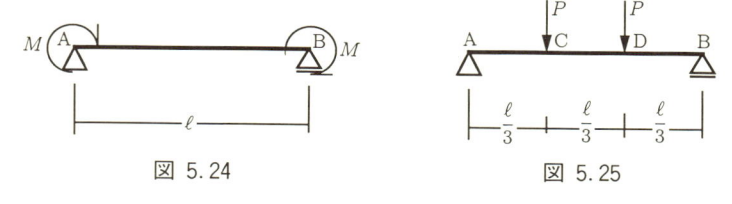

図 5.24

図 5.25

[演習問題 5.5] 図 5.25 に示す単純ばりの荷重点 C,D のたわみ y_C, y_D をエネルギー保存則を用いて求めよ.ただし,EI は一定とし,$y_C = y_D$ として計算

5.3 仕事に関する原理

せよ。

[演習問題 5.6]　図 5.26 に示す単純ばりの中央点 C のたわみ y_C および A 点のたわみ角 θ_A をカスティリアノの第 1 定理を用いて求めよ。ただし，EI は一定とする。

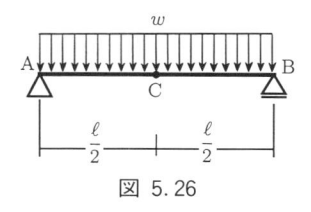

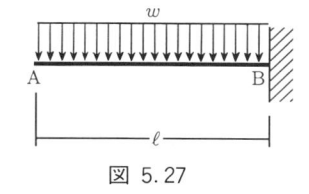

図 5.26

図 5.27

[演習問題 5.7]　図 5.27 に示す片持ちばりの自由端 A のたわみ y_A およびたわみ角 θ_A をカスティリアノの第 1 定理を用いて求めよ。ただし，EI は一定とする。

[演習問題 5.8]　図 5.28 に示す不静定ばりの A 点の鉛直反力 R_A を最小仕事の定理を用いて求めよ。また，M 図を求めよ。ただし，EI は一定とする。

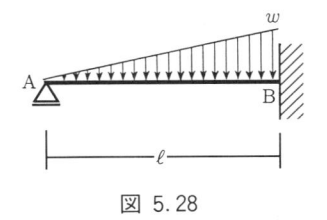

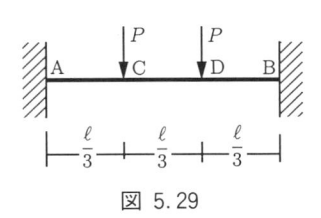

図 5.28

図 5.29

[演習問題 5.9]　図 5.29 に示す不静定ばりの A 点，B 点の固定端モーメント M_A，M_B を最小仕事の定理を用いて求めよ。また，M 図を求めよ。ただし，EI は一定とし，$M_A = M_B$ として計算せよ。

6

直角変位図と仮想仕事の原理

　不静定構造物の解法の代表的なものとして，たわみ角法と固定法がある．これらの方法を用いて，不静定異形ラーメンを解くためには，各部材の部材角間の関係をあらかじめ求めておく必要がある．本章では，この部材角の関係を求めるために便利な方法である直角変位図の描き方について説明する．また，静定構造物の任意点の，任意方向の変位の計算を行うための基礎原理である仮想仕事の原理についても説明する．

6.1　直角変位図

　直角変位図の描き方

1. 図 6.1(a) に示す骨組の直角変位図を求める．まず，部材の結合点をすべてピンと考え，1つの部材を回転させてみる．この回転させる部材として通常，支点をもつ部材が選ばれ，支点まわりに回転させる (図 6.1(b))．1つの部材を回転させることによって，すなわち，部材角を与えることによって，他の部材の部材角が必然的に決まるとき，初めに与えた部材角を独立部材角という．n 個の部材に部材角を与えて残りの部材角が必然的に決まるとき独立部材角は n 個あるという．

2. 結合点 B の移動点 B″ を A 点のまわりに時計まわりに直角に回転させた点を B′ と記し直角変位点と呼ぶ．全結合点の直角変位点を求め，これらを点線で結んだ図が直角変位図である (図 6.1(b))．もとの部材 (たとえば $\overline{BC}$) と直角変位点を結んだ線 ($\overline{B'C'}$) は平行となることに注意．

3. 直角変位図から，各部材の部材角を簡単に計算することができる．たとえば，BC 材の部材角を計算する公式は $R_{BC} = 1 - \overline{B'C'}/\overline{BC}$ である．

6.1 直角変位図

図 6.1

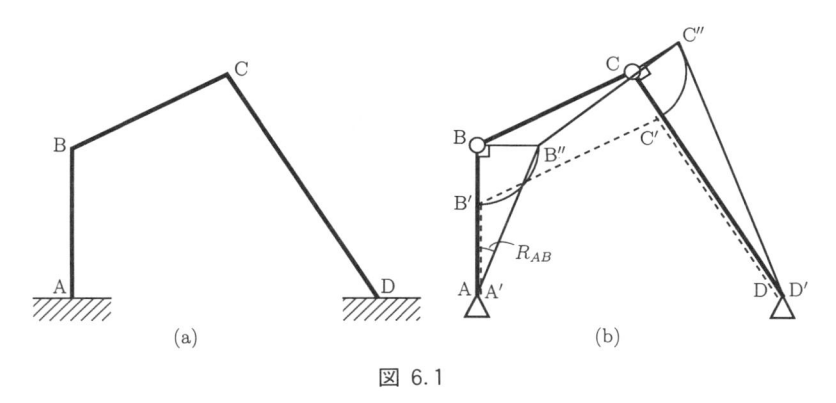

[**例題 6.1**] 図 6.2(a) に示す骨組の直角変位図を求めよ。

(**解答**) 部材 AB の部材角 R_{AB} を 1 としてみよう。$R_{AB} = \overline{BB''}/\overline{AB}$ であるから，$R_{AB} = 1$ ということは，$\overline{BB''} = \overline{AB}$ である。したがって，B 点は図 6.2(b) の B″点に移動する。B″点を B 点のまわりに，時計まわりに直角に回転すると，直角変位点 B′は A 点に一致する。$\overline{BC}//\overline{B'C'}$，$\overline{CD}//\overline{C'D'}$ でなくてはならないから，C′点が求まり，直角変位図は点線のようになる。

BC, CD 部材の部材角は，

$$R_{BC} = 1 - \frac{\overline{B'C'}}{\overline{BC}} = 1 - \frac{3}{2} = -\frac{1}{2}$$

$$R_{CD} = 1 - \frac{\overline{C'D'}}{\overline{CD}} = 1 - \frac{1}{2} = \frac{1}{2}$$

図 6.2

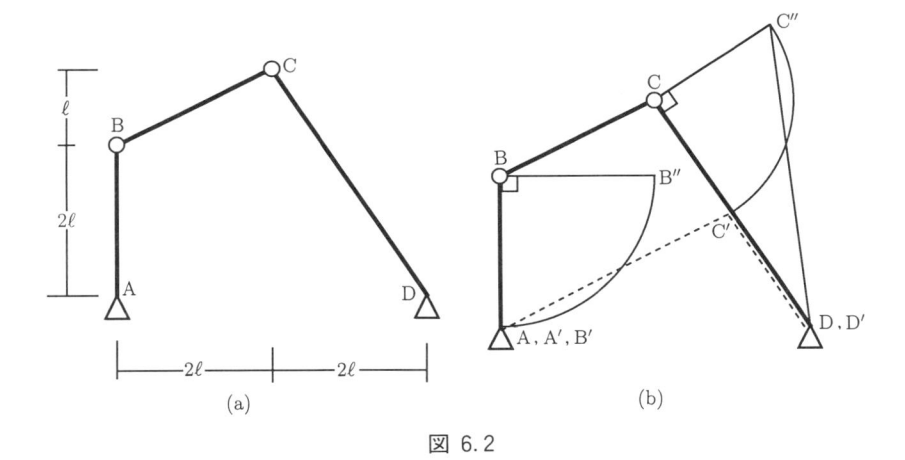

[**例題 6.2**] 図 6.3(a) に示した山形ラーメンが中央線 L に関して対称および逆対称変形をするときの直角変位図を求めよ。

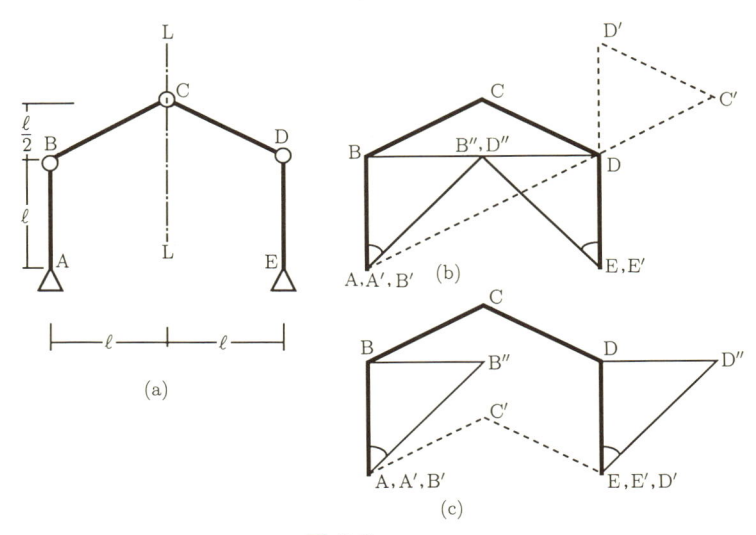

図 6.3

(解答) まず,対称変形をするときの直角変位図を求める。対称変形であるから,部材 AB, DE にそれぞれ部材角 1,-1 を与える(図 6.3(b))。D 点の移動点 D″ を D 点まわりに時計まわりに直角に回転させると直角変位点は右上の D′ 点になる。$\overline{BC}//\overline{B'C'}$,$\overline{CD}//\overline{C'D'}$ でなくてはならないから,C′ 点が求まり,直角変位図は点線のようになる。

次に逆対称変形をするときの直角変位図を求める。逆対称変形であるから,部材 AB, DE にともに部材角 1 を与える(図 6.3(c))。B″, D″ 点をそれぞれ B, D 点まわりに時計まわりに直角に回転させると直角変位点 B′, D′ は A,E に重なる。この場合も平行線の性質より,C′ 点が求まる。直角変位図は点線のようになる。

[演習問題 6.1] 図 6.4〜図 6.10 に示した骨組において,部材 AB の部材角を 1 とした場合の直角変位図を求めよ。また,そのときの各部材の部材角の大きさを求めよ。

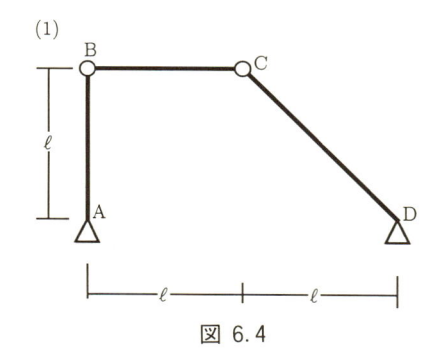

図 6.4

6.1 直角変位図

(2)

図 6.5

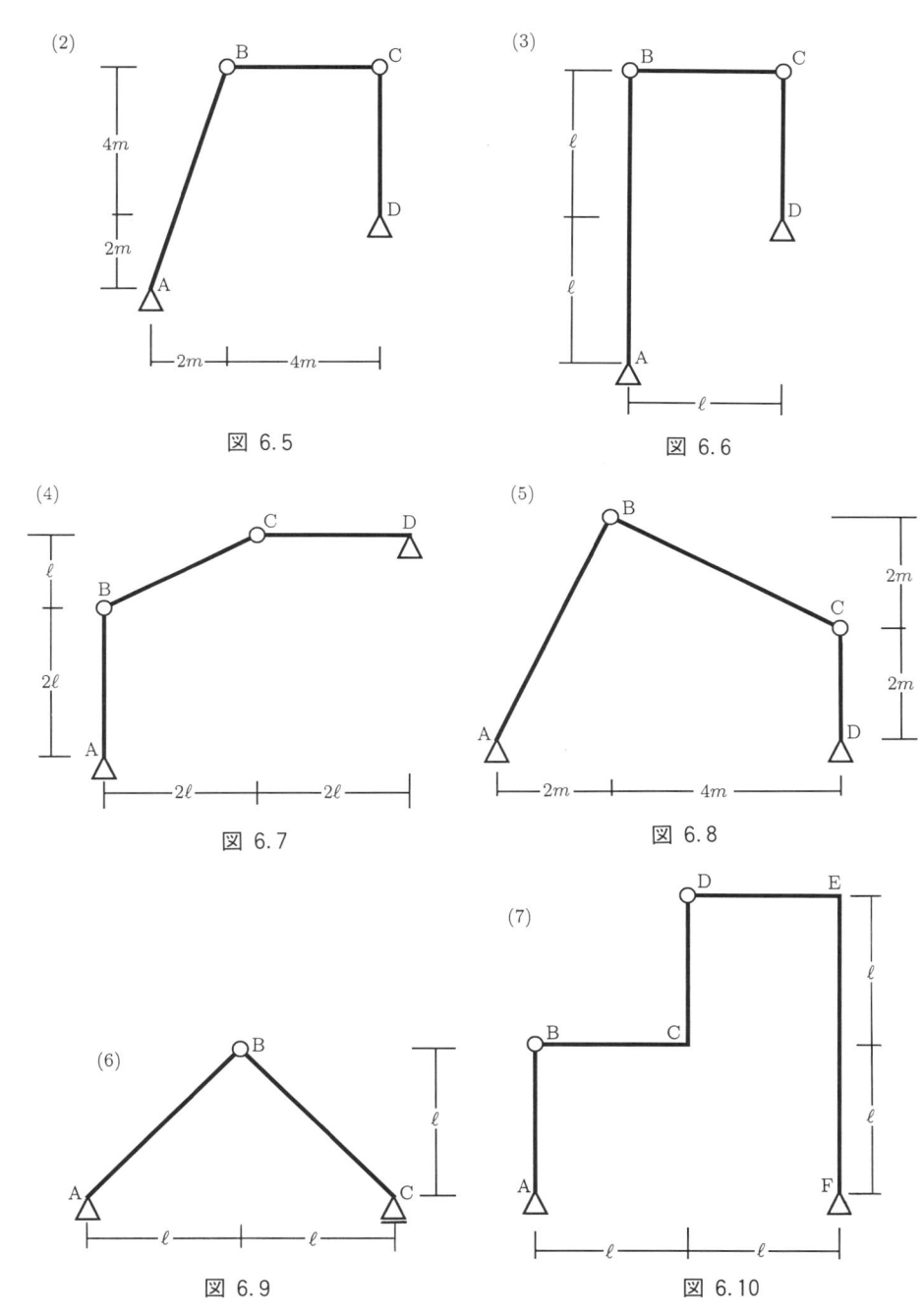

(3)

図 6.6

(4)

図 6.7

(5)

図 6.8

(6)

図 6.9

(7)

図 6.10

[**演習問題 6.2**]　図 6.11，6.12 に示した骨組が中央線 L に関して対称な変形をするときの直角変位図を求めよ。

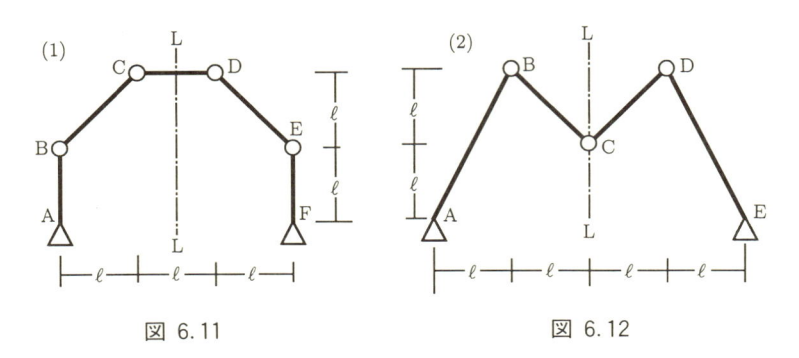

図 6.11

図 6.12

6.2　仮想仕事の原理

6.2.1　剛体の仮想仕事の原理

剛体につり合った力が作用しているとき，この剛体の任意の可能な変位 (仮想変位) に対してこれらの力のなす仕事はゼロである (図 6.13)。

$$\Sigma P_i \delta_i = 0$$

ここに，P_i はつり合った力，δ_i は可能な剛体変位である。

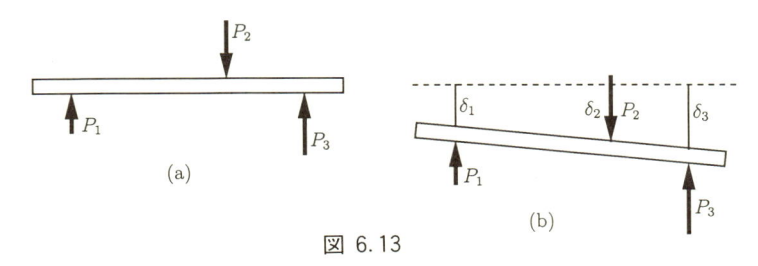

図 6.13

6.2.2　変形する物体の仮想仕事の原理

つり合った力が作用して物体の内部に応力が生じているとき，この物体の任意の可能な変形 (仮想変位と仮想ひずみ) に対して，外力 (荷重) が仮想変位に対してなす仕事と内力 (応力) が仮想ひずみに対してなす仕事は等しい (図 6.14)。

はりの場合はこの原理は次式のように表現される。

6.2 仮想仕事の原理

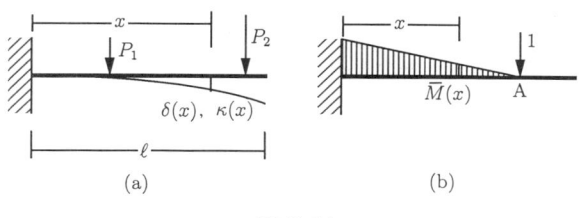

図 6.14

$$\Sigma \bar{P}_i \delta_i + \Sigma \bar{M}_j \theta_j = \int \bar{M}_x \kappa_x dx + \int \bar{N}_x \varepsilon dx \tag{6.1}$$

ここに，$\bar{P}_i, \bar{M}_j$ はつり合った力で $\bar{M}_x, \bar{N}_x$ はそのつり合った力によってはりの内部に生じる曲げモーメント，軸力である。また，δ_i, θ_j は可能な変位，回転角で，κ_x, ε_x はその可能な変位においてはりの内部に生ずる曲率，軸ひずみである。

(a) はりのたわみの計算式

(6.1) 式の中のはりの曲率 κ は，はりの曲げモーメント M と曲げ剛性 EI により次式で表される。

$$\kappa = \frac{M}{EI} \tag{6.2}$$

したがって，はりの任意点のたわみ δ は次式で計算することができる。

$$\delta = \int \frac{M_x \bar{M}_x}{EI} dx \tag{6.3}$$

ここに，M_x は実際に作用している荷重による曲げモーメント分布，$\bar{M}_x$ はたわみを求めたい点に求めたい方向に単位荷重を与えたときの曲げモーメント分布である。

(b) 軸力だけが生ずる構造物の変位計算式

(6.1) 式の中のはりの軸ひずみ ε は，はりの軸方向力 N と軸剛性 EA により次式で表される。

$$\varepsilon = \frac{N}{EA} \tag{6.4}$$

したがって，任意点の変位 δ は次式で計算することができる。

$$\delta = \int \frac{N_x \bar{N}_x}{EA} dx \tag{6.5}$$

ここに，N_x は実際に作用している荷重による軸方向力分布，$\bar{N}_x$ は変位をを求めたい点に求めたい方向に単位荷重を与えたときの軸方向力分布である。

(c) 積分計算法

(6.3) 式の積分計算は，一般に厄介である。この積分は，$\bar{M}_x$ が線形分布であることを利用して，次式により簡単に計算することができる（図 6.15）。

$$\int M_x \bar{M}_x dx = \int M_x dx \cdot \bar{M}_{(x_G)} \tag{6.6}$$

すなわち，左辺の積分は，積分区間内の M_x 分布の面積に，M_x 分布の重心位置における $\bar{M}$ の大きさ $\bar{M}(x_G)$ をかけることにより計算される。

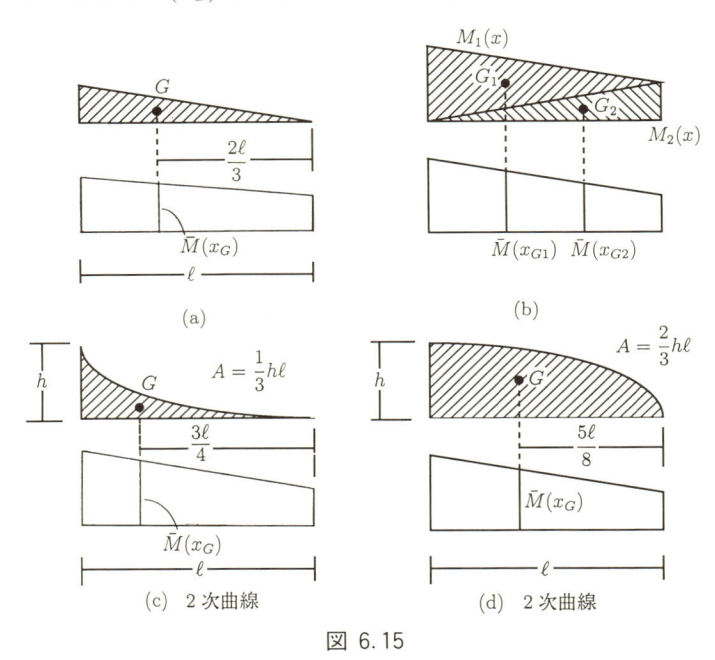

図 6.15

[例題 6.3] 図 6.16(a) の骨組のつなぎ材 AC の軸方向力を，剛体の仮想仕事の原理を用いて求めよ。

(解答) まず，支点の反力を求める（図 6.16(b)）。次に，つなぎ材 AC をとり去り，そのかわりに A,C 点に，向い合った力 N を作用させる。図 6.16(b) に示した骨組は，各部材は剛体変形のみ生ずるので，剛体の仮想仕事の原理が適用できる。この骨組に作用している力，すなわち，外力，N，反力は，つり合っていなくてはならない。いま，図 6.16(c) のような可能な変位を与える。B 点の水平変位が δ のとき，C 点の AC 方向の変位は $\delta/\sqrt{2}$ となる。A,D 点は変位しないので，剛体の仮想仕事の原理より，

$$P\delta - N\frac{\delta}{\sqrt{2}} = 0$$

6.2 仮想仕事の原理

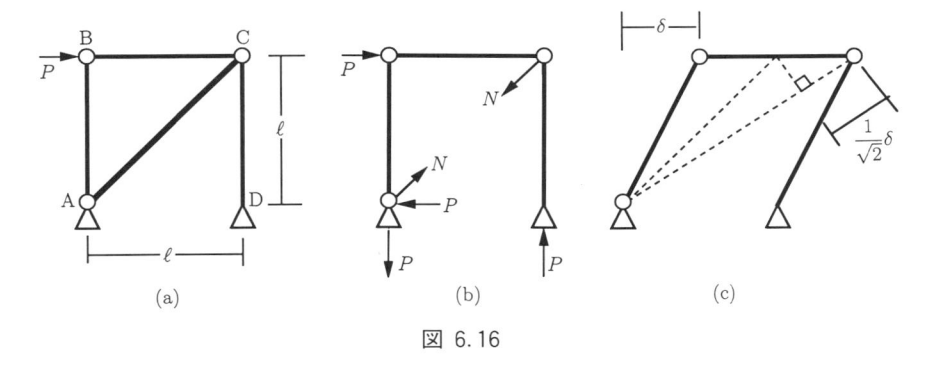

図 6.16

この式を解くと，つなぎ材の軸力が求まり，$N = \sqrt{2}P$ となる。

[例題 6.4] 変形する物体の仮想仕事の原理を用いて，図 6.17(a) に示す片持ばりの先端のたわみと先端の回転角を計算せよ。ただし，EI は一定とする。

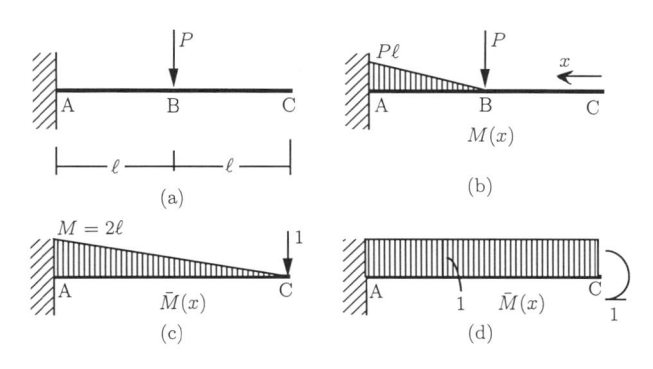

図 6.17

(解答) 自由端から固定端に向かって x 軸をとる。
荷重 P による曲げモーメントは次式で表される (6.17(b))。

$$-M(x) = P(x - \ell), \qquad (\ell \leq x \leq 2\ell)$$

まず，先端のたわみを求めるには，先端に単位の大きさの荷重を作用させる (図 6.17(c))。この単位荷重時のはりの曲げモーメント分布は，

$$-\bar{M}(x) = 1 \cdot x, \qquad (\ell \leq x \leq 2\ell)$$

で表される。したがって，先端の実際の変位 (仮想変位) を δ とすれば，仮想仕事の原理より，次のように計算される。

$$\delta = \int_\ell^{2\ell} \frac{P(x-\ell) \cdot x}{EI} dx = \frac{P}{EI}\left[\frac{1}{3}x^3 - \frac{1}{2}x^2\ell\right]_\ell^{2\ell} = \frac{5}{6}\frac{P\ell^3}{EI}$$

この積分計算をまともに実行するかわりに，(6.6) 式の計算式を用いると次のように計算される．

$$\delta = \frac{1}{EI} \cdot \ell \cdot P\ell \cdot \frac{1}{2} \times \left(\frac{2}{3} \cdot 2\ell + \frac{1}{3}\ell\right) = \frac{5}{6}\frac{P\ell^3}{EI}$$

　　　　　　　Mの面積　　重心位置の$\bar{M}$の値

同様にして，先端の回転角を求めるには，先端に単位の大きさのモーメントを作用させる(図 6.17(d))．このモーメント作用時のはりの曲げモーメント分布は $\bar{M}_x = 1$ である．したがって，先端の回転角 (仮想変位) を θ とすれば，

$$\theta = \int_\ell^{2\ell} \frac{Px \cdot 1}{EI} dx$$

この式を計算すると，先端の回転角が求まり，$\theta = P\ell^2/2EI$ となる．

[演習問題 6.3]　図 6.18 ～ 6.20 に示す骨組のつなぎ材の軸方向力を求めよ．ただし，EI は一定とする．

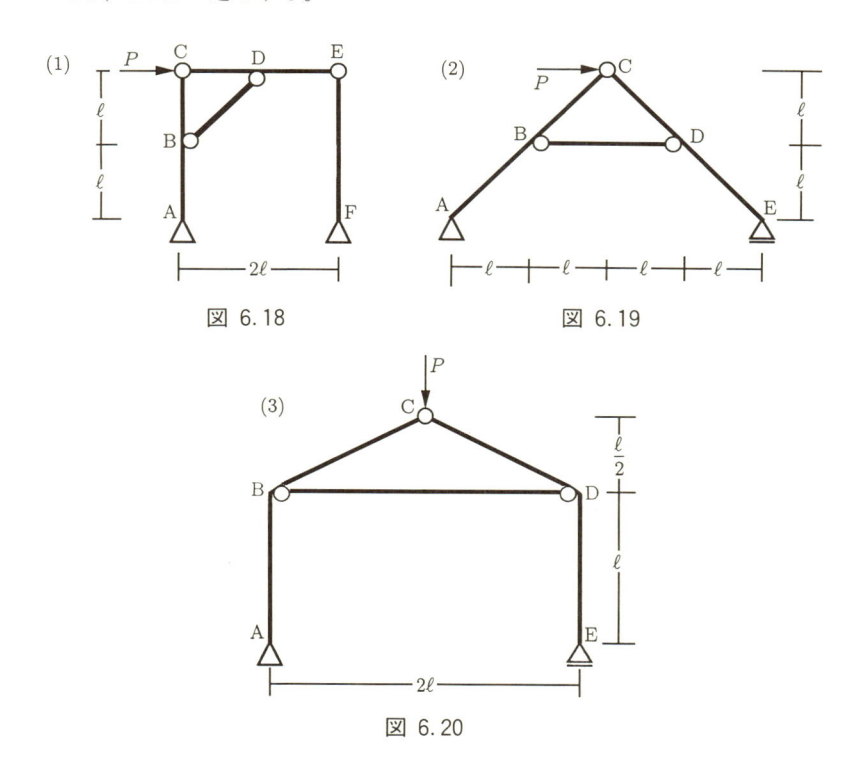

図 6.18

図 6.19

図 6.20

[演習問題 6.4]　(1) 図 6.21 の C 点のたわみと回転角を求めよ．ただし，EI は一定とする．

6.2 仮想仕事の原理

(2) 図 6.22 の荷重点のたわみと C 点の回転角を求めよ。ただし，EI は一定とする。

(3) 図 6.23 の荷重点の水平方向変位を求めよ。ただし，EA は一定とする。

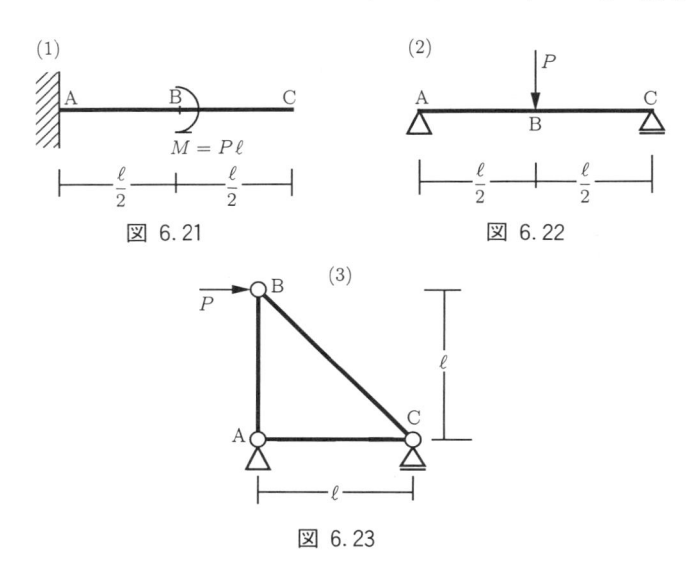

(1)

図 6.21　$M = P\ell$

(2)

図 6.22

(3)

図 6.23

7

静定構造物の変形（仮想仕事法）

　本章は，不静定構造物の応力解析を行うための準備として，静定構造物の変形について考える。ここでは仮想仕事法を用いた場合の計算法について説明する。
　仮想仕事法による変位計算式は次式で与えられる。

1. 変位（たわみ）の計算式：

$$\delta = \int \frac{M_x \bar{M}_x}{EI} dx \cdots はり・骨組 \tag{7.1}$$

　ここに，$(M_x/EI)dx$ は，実荷重による dx 区間における傾きを表し（図7.1(a)），$\bar{M}_x$ は，単位荷重 $\bar{P}=1$ による曲げモーメントである。

$$\delta = \Sigma \int \frac{N_x \bar{N}_x}{EA} dx \cdots トラス \tag{7.2}$$

　ここに，$(N_x/AE)dx$ は，実荷重による dx 区間における伸縮量を表し（図7.1(b)），$\bar{N}_x$ は，単位荷重 $\bar{P}=1$ による x 点の軸方向力である。

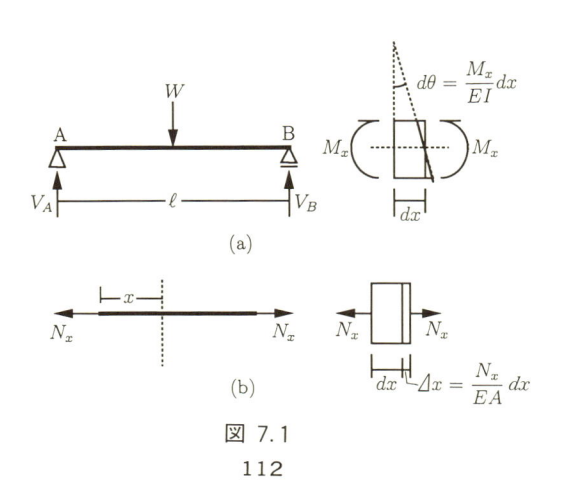

図 7.1

7.1 静定ばりの変形   113

2. たわみ角の計算式：

$$\theta = \int \frac{M_x \bar{M}_x}{EI} dx \cdots \text{はり・骨組} \tag{7.3}$$

ここに，$(M_x/EI)dx$ は，実荷重による dx 区間における傾きを表し，$\bar{M}_x$ は，単位モーメント $\bar{M}=1$ による x 点の曲げモーメントである。

7.1 静定ばりの変形

仮想仕事法を用いて静定ばりの変形を求めるための手順は次のとおりである。

1. 実荷重による曲げモーメント M_x を求める。
2. ある点のたわみ δ を求めたい場合はその点に単位荷重 $\bar{P}=1$ を与え，たわみ角 θ を求めたい場合にはその点に単位モーメント $\bar{M}=1$ を与え，曲げモーメント $\bar{M}_x$ を求める。
3. このようにして求めた $M_x, \bar{M}_x$ を，たわみ δ またはたわみ角 θ を求める (7.1) 式または (7.3) 式に代入して計算する。

[例題 7.1] 図 7.2(a) に示す片持ばりの A 点のたわみ δ_A およびたわみ角 θ_A を求めよ。

(解答)

1. 実荷重による曲げモーメントは，図 7.2(a) に示すように $M_x = -Px$ である。
2. A 点に単位荷重 $\bar{P}=1$ を与えた場合の曲げモーメントは，$\bar{M}_x = -x$ である (図 7.2(b))。
   また，A 点に単位モーメント $\bar{M}=1$ を与えた場合の曲げモーメントは，$\bar{M}_x = 1$ である (図 7.2(c))。
3. たわみ δ_A は (7.1) 式より，

$$\delta_A = \int_0^\ell \frac{M_x \bar{M}_x}{EI} dx = \int_0^\ell \frac{(-Px)(-x)}{EI} dx = \frac{P\ell^3}{3EI}$$

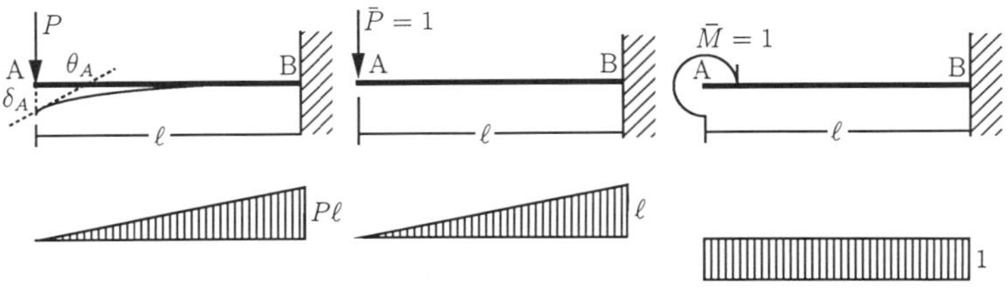

(a) M 図　　(b) $\bar{M}$ 図　　(c) $\bar{M}$ 図

図 7.2

符号が正であるので A 点の変位は下向きである。または，6.2 節で説明した積分計算法を用いると，次のように簡単に求めることができる。

$$\delta_A = \int_0^\ell \frac{M_x dx \cdot \bar{M}_x(x_G)}{EI} = \frac{1}{EI} \cdot \frac{-P\ell^2}{2} \cdot \frac{-2}{3} \cdot \ell = \frac{P\ell^3}{3EI}$$

4. たわみ角 θ_A の計算は，(7.3) 式より，

$$\theta_A = \int_0^\ell \frac{M_x \bar{M}_x}{EI} dx = \int_0^\ell \frac{(-Px) \cdot 1}{EI} dx = -\frac{P\ell^2}{2EI}$$

符号が負であるので A 点のたわみ角は反時計まわりである。または，積分計算法を用いて求めると，

$$\theta_A = \int_0^\ell \frac{M_x dx \cdot \bar{M}_x(x_G)}{EI} = \frac{1}{EI} \cdot (-P\ell) \cdot \frac{\ell}{2} \cdot 1 = -\frac{P\ell^2}{2EI}$$

[例題 7.2] 図 7.3(a) に示す単純ばりの C 点のたわみ δ_C およびたわみ角 θ_A を求めよ。

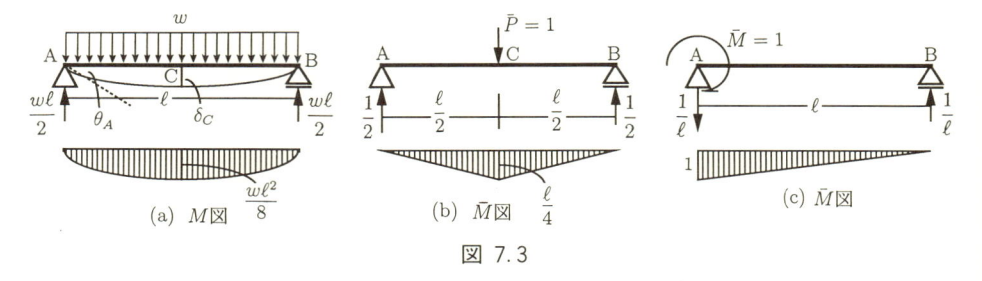

図 7.3

(解答)

1. 実荷重による曲げモーメントは，次式で表される (図 7.3(a))。

$$M_x = \frac{w\ell}{2}x - \frac{w}{2}x^2$$

2. C 点に単位荷重 $\bar{P}=1$ を与えた場合の曲げモーメントは，次式で表される (図 7.3(b))。

$$\bar{M}_x = \frac{x}{2} \qquad \left(0 \leq x \leq \frac{\ell}{2}\right)$$

また，A 点に単位モーメント $\bar{M}=1$ を与えた場合の曲げモーメントは，次式で表される (図 7.3(c))。

$$\bar{M}_x = 1 - \frac{x}{\ell}$$

3. たわみ　は，次のようにして計算される。

$$\delta_C = 2\int_0^{\frac{\ell}{2}} \frac{M_x \bar{M}_x}{EI} dx = 2\int_0^{\frac{\ell}{2}} \frac{1}{EI}\left(\frac{w\ell x}{2} - \frac{wx^2}{2}\right)\frac{x}{2} dx = \frac{5w\ell^4}{384EI}$$

7.1 静定ばりの変形

または，

$$\delta_C = 2\frac{1}{EI}\int_0^{\frac{\ell}{2}} M_x dx \cdot \bar{M}_x(x_G) = 2\frac{1}{EI} \cdot \frac{2}{3} \cdot \frac{w\ell^2}{8} \cdot \frac{\ell}{2} \cdot \frac{\ell}{4} \cdot \frac{5}{8} = \frac{5w\ell^4}{384EI}$$

符号が正であるのでA点の変位は下向きである。
たわみ角 θ_A は，次式で計算される。

$$\theta_A = \int_0^\ell \frac{M_x \bar{M}_x}{EI} dx = \int_0^\ell \frac{1}{EI}\left(\frac{w\ell x}{2} - \frac{wx^2}{2}\right)\left(1 - \frac{x}{\ell}\right) dx = \frac{w\ell^3}{24EI}$$

または，

$$\theta_A = \frac{1}{EI}\int_0^\ell M_x dx \cdot \bar{M}_x(x_G) = \frac{1}{EI}\frac{w\ell^2}{8} \cdot \ell \cdot \frac{2}{3} \cdot \frac{1}{2} = \frac{w\ell^3}{24EI}$$

符号が正であるのでA点のたわみ角は時計まわりである。

[演習問題 7.1] 図 7.4 〜 7.8 に示すはりの指示した点のたわみまたはたわみ角を求めよ。ただし，EI は一定とする。

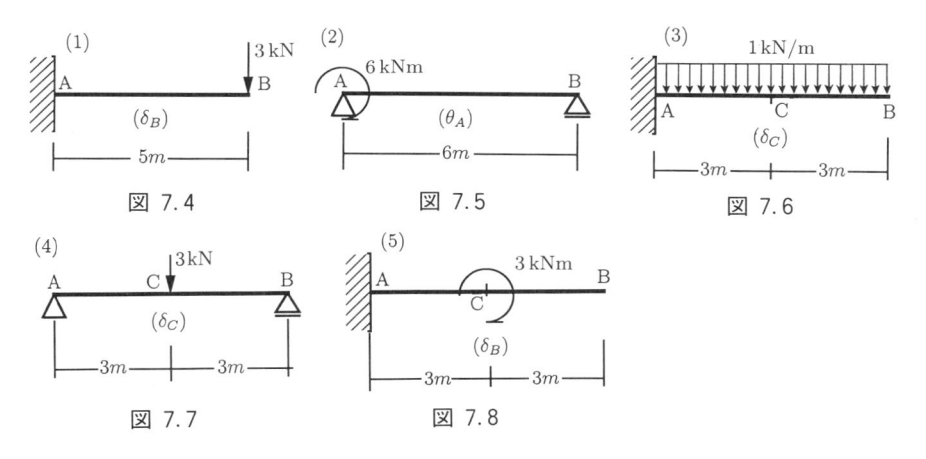

図 7.4　図 7.5　図 7.6
図 7.7　図 7.8

[演習問題 7.2] 図 7.9 〜 7.11 に示すはりの指示した点のたわみを求めよ。ただし，EI は一定とする。

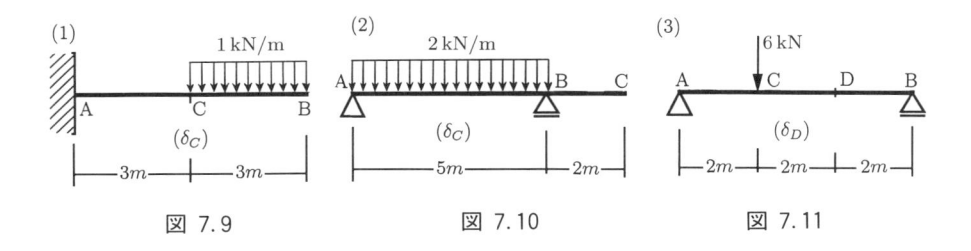

図 7.9　図 7.10　図 7.11

[演習問題 7.3]　図 7.12 ～ 7.14 に示すはりの指示した点のたわみを求めよ。ただし，(2),(3) の EI は一定とする。

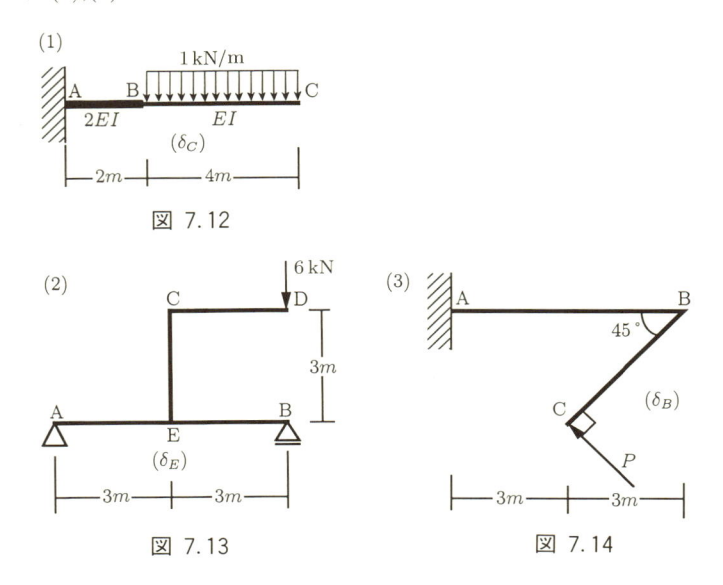

(1)

図 7.12

(2)

図 7.13

(3)

図 7.14

7.2　静定ラーメンの変形

仮想仕事法を用いて静定ラーメンの変形を求めるための手順は次のとおりである。

1. 実荷重によりラーメンに生じる曲げモーメント M_x を求める。

2. ある点のある方向の変位を求める場合にはその点のその方向に単位荷重 $\bar{P}=1$ を与え，たわみ角を求める場合にはその点に単位モーメント $\bar{M}=1$ を与えて，曲げモーメント $\bar{M}_x$ を求める。

3. このようにして求めた $M_x, \bar{M}_x$ を，(7.1) 式または (7.3) 式に代入して積分計算を行う。

[例題 7.3]　図 7.15(a) に示す片持ばり型静定ラーメンの A 点のたわみ δ_A (水平変位) およびたわみ角 θ_A を求めよ。

(解答)

1. 実荷重による曲げモーメントは次式で表される (図 7.15(a))。
$$AB間 \quad M_x = -Px, \quad BC間 \quad M_x = -Pa$$

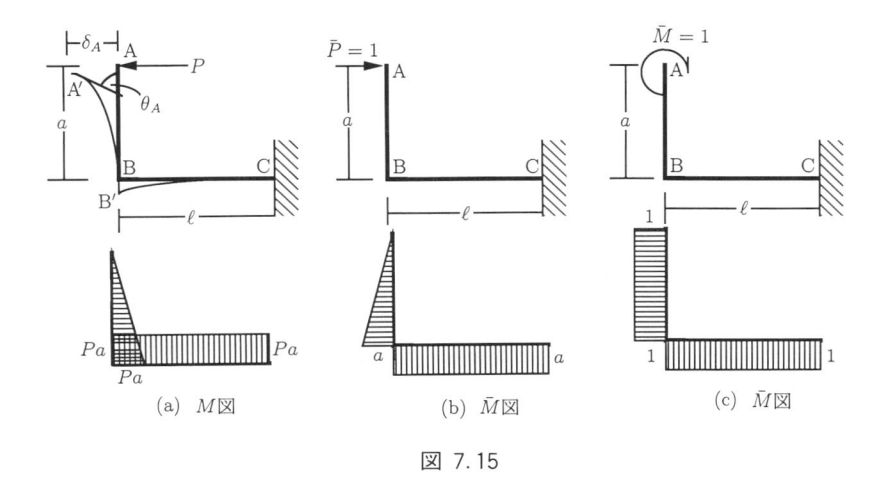

7.2 静定ラーメンの変形

(a) M図 (b) $\bar{M}$図 (c) $\bar{M}$図

図 7.15

2. A点に水平方向右向きに単位荷重$\bar{P} = 1$を与えた場合の曲げモーメント（図7.15(b)）。
   AB間　　$\bar{M}_x = x$,　　BC間　　$\bar{M}_x = a$
   A点に単位モーメント$\bar{M} = 1$を与えた場合の曲げモーメント（図7.15(c)）。
   AB間　　$\bar{M}_x = 1$　　BC間　　$\bar{M}_x = 1$

3. たわみδ_Aは，次のようにして計算される。

$$\delta_A = \int \frac{M_x \bar{M}_x}{EI} dx = \int_0^a \frac{-Px \cdot x}{EI} dx + \int_0^\ell \frac{-Pa \cdot a}{EI} dx = -\left(\frac{a}{3} + \ell\right) \frac{Pa^2}{EI}$$

符号が負であるのでA点の変位は左向きである。
たわみ角θ_Aは，次式で計算される。

$$\theta_A = \int \frac{M_x \bar{M}_x}{EI} dx = \int_0^a \frac{-Px \cdot 1}{EI} dx + \int_0^\ell \frac{-Pa \cdot 1}{EI} dx = -\left(\frac{a}{2} + \ell\right) \frac{Pa}{EI}$$

符号が負であるのでA点のたわみ角は反時計まわりである。

[例題 7.4]　図7.16(a)に示す単純ばり型静定ラーメンのD点のたわみδ_D（水平変位）およびたわみ角θ_Dを求めよ。

(解答)

1. 実荷重による曲げモーメントは次式で表される（図7.16(a)）。
   AB間:$M_x = Px$,　　BC間:$M_x = P(\ell - x)$,　　CD間:$M_x = 0$

2. D点に右向きに，単位荷重$\bar{P} = 1$を与えた場合の曲げモーメントは次式で表される（図7.16(b)）。
   AB間:$\bar{M}_x = x$,　　BC間:$\bar{M}_x = \ell$,　　CD間:$\bar{M}_x = x$
   D点に単位モーメント$\bar{M} = 1$を与えた場合の曲げモーメントは次式で表される（図7.16(c)）。
   AB間:$\bar{M}_x = 0$,　　BC間:$\bar{M}_x = -\dfrac{x}{\ell}$,　　CD間:$\bar{M}_x = -1$

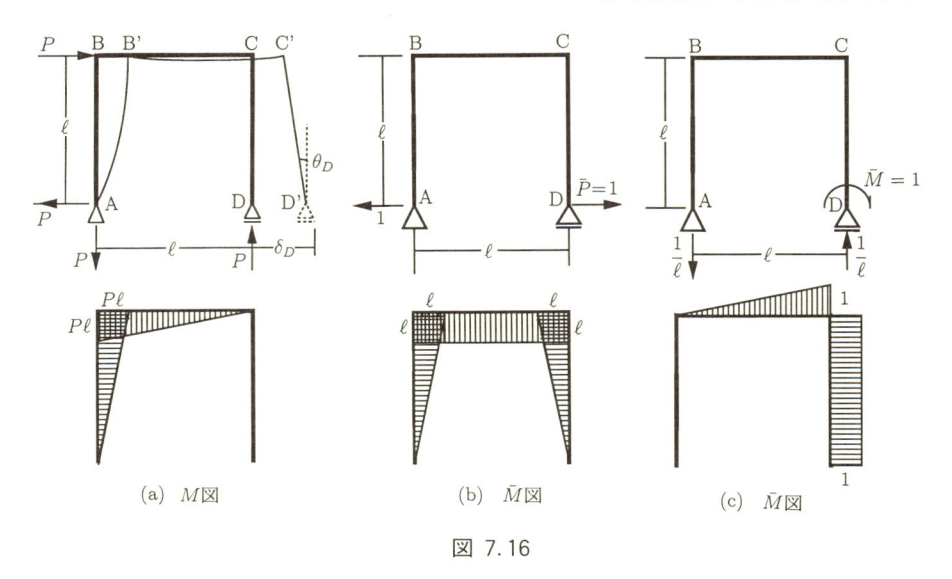

7 静定構造物の変形（仮想仕事法）

(a) M図　　(b) $\bar{M}$図　　(c) $\bar{M}$図

図 7.16

3. たわみ θ_D は次のようにして計算される。

$$\delta_D = \int \frac{M_x \bar{M}_x}{EI} dx = \int_0^\ell \frac{(Px)(x)}{EI} dx + \int_0^\ell \frac{P(\ell-x)\ell}{EI} dx + \int_0^\ell \frac{0 \cdot (\ell-x)}{EI} dx = \frac{5P\ell^3}{6EI}$$

符号が正であるのでD点の変位は右向きである。
たわみ角 θ_D は次式で計算される。

$$\theta_D = \int \frac{M_x \bar{M}_x}{EI} dx = \int_0^\ell \frac{Px \cdot 0}{EI} dx + \int_0^\ell \frac{P(\ell-x)(-x)}{\ell EI} dx + \int_0^\ell \frac{0 \cdot (-1)}{EI} dx = \frac{-P\ell^2}{6EI}$$

符号が負であるのでD点のたわみ角は反時計まわりである。

[演習問題 7.4]　図 7.17 〜 7.20 に示すラーメンの指示した点の変位を求めよ。
ただし，添字 V は鉛直，添字 H は水平を表わし，EI は一定とする。

(1)　　　　　　　　　　　　　　(2)

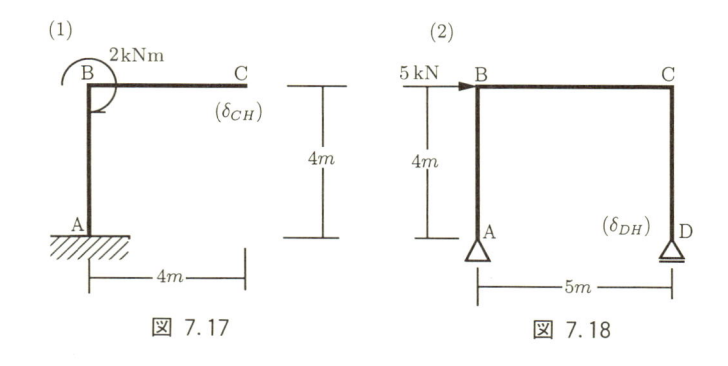

図 7.17　　　　　　　　　　　図 7.18

7.2 静定ラーメンの変形   119

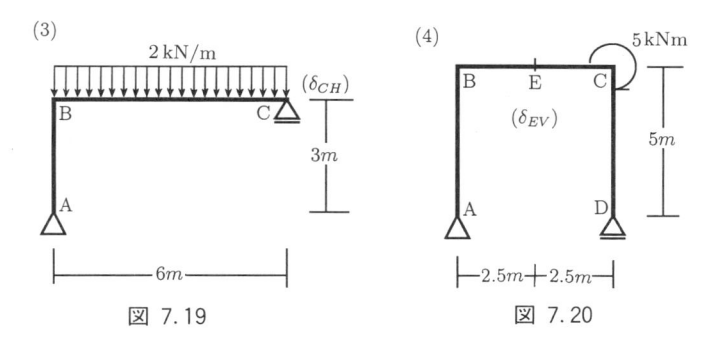

(3) 図 7.19

(4) 図 7.20

[演習問題 7.5] 図 7.21 ~ 7.24 に示すラーメンの指示した点の変位を求めよ。ただし、EI は一定とする。

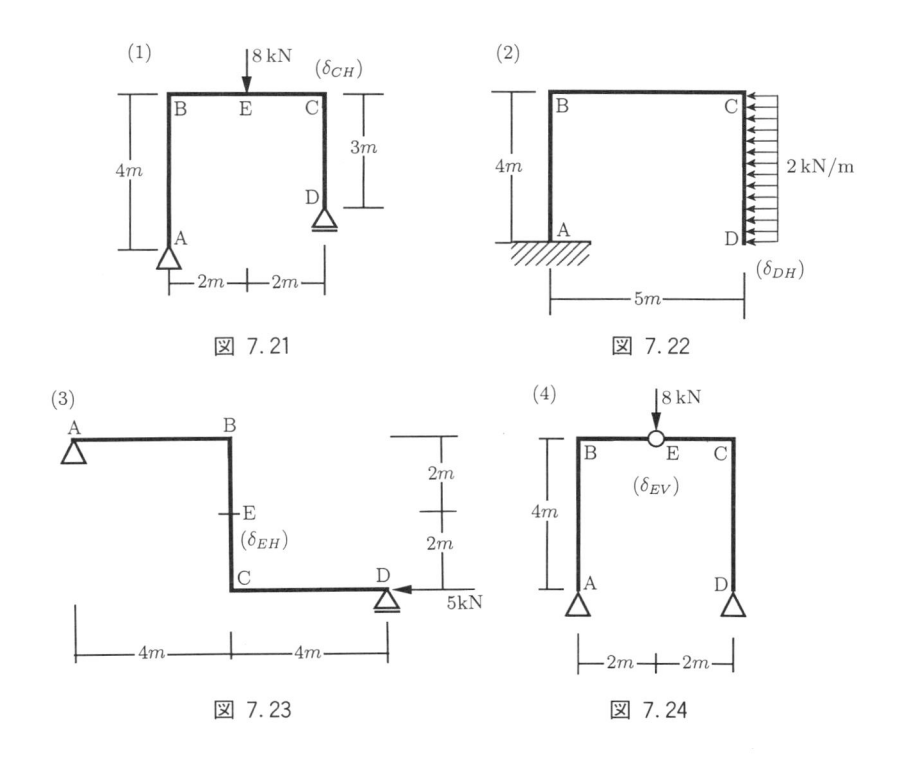

(1) 図 7.21

(2) 図 7.22

(3) 図 7.23

(4) 図 7.24

[演習問題 7.6] 図 7.25 ~ 7.27 に示すラーメンの指示した点の変位を求めよ。ただし、EI は一定とする。

(1)

図 7.25

(2)

図 7.26

(3)

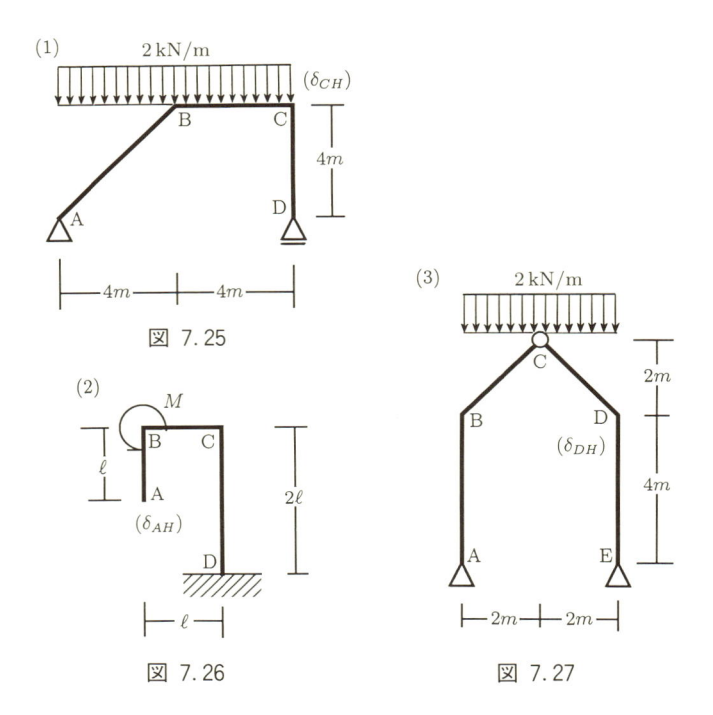

図 7.27

7.3 静定トラスの変形

仮想仕事法を適用して静定トラスの変形を求める手順は次のとおりである。なお，トラスの場合には任意の節点の鉛直あるいは水平変位のみを求める。

1. まず，実荷重による各部材の軸方向力 N を求める。

2. 次に，変位を求める節点の求める方向に単位荷重 $\bar{P}=1$ を与え，そのときの各部材の軸方向力 $\bar{N}$ を求める。

3. このようにして求めた $N, \bar{N}$ を，静定トラスの変位δを求める (7.2) 式に代入して計算を行う。

[例題 7.5] 図 7.28(a) に示す片持トラスの A 点の鉛直方向変位δ_A を求めよ。

(解答)

1. 実荷重によるトラス部材の軸方向力を数式解法により求めると，図 7.28(a) のようになる。

2. A 点に鉛直下方に単位荷重 $\bar{P}=1$ を作用させたときのトラス部材の軸方向力を同様

7.3 静定トラスの変形

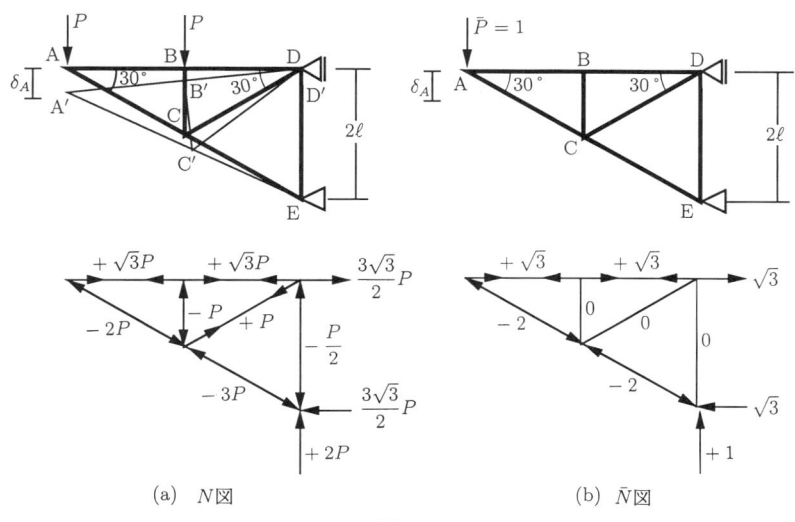

図 7.28

(a) N図

(b) $\bar{N}$図

表 7.1

部材名	ℓ	N	$\bar{N}$	$N\bar{N}\ell$
AB	$\sqrt{3}\ell$	$+\sqrt{3}P$	$+\sqrt{3}$	$3\sqrt{3}P\ell$
AC	2ℓ	$-2P$	-2	$8P\ell$
BC	ℓ	$-P$	0	0
BD	$\sqrt{3}\ell$	$+\sqrt{3}P$	$+\sqrt{3}$	$3\sqrt{3}P\ell$
CD	2ℓ	$+P$	0	0
CE	2ℓ	$-3P$	-2	$12P\ell$
DE	2ℓ	$-P/2$	0	0
$\Sigma N\bar{N}\ell$	$(20+6\sqrt{3})P\ell$			

にして求めると，図7.28(b)のようになる。

3. A点の鉛直方向変位δ_Aは，表7.1によって計算される．これより，求めるたわみδ_Aは次のようになる．

$$\delta_A = (20+6\sqrt{3})\frac{P\ell}{EA}$$

[**例題 7.6**]　図 7.29(a) に示す単純ばり型トラスの C 点の鉛直方向変位 δ_C を求めよ。

(解答)
1. 実荷重によるトラス部材の軸方向力を求めると，図 7.29(a) のようになる。
2. C 点に鉛直下方に単位荷重 $\bar{P}=1$ を作用させたときのトラス部材の軸方向力を同様にして求めると図 7.29(b) のようになる。
3. C 点の鉛直変位 δ_C は，表 7.2 によって計算される。

$$\delta_C = \frac{(2+\sqrt{2})P\ell}{EA}$$

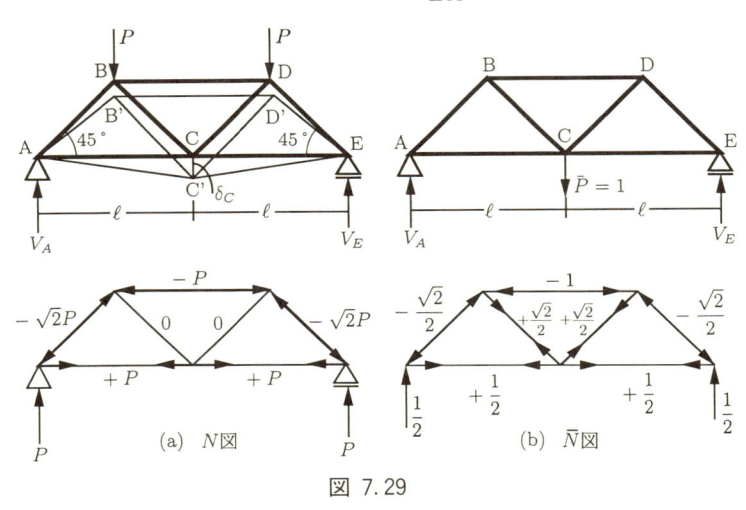

図 7.29

表 7.2

部材名	ℓ	N	$\bar{N}$	$N\bar{N}\ell$
A B	$\sqrt{2}\ell/2$	$-\sqrt{2}P$	$-\sqrt{2}/2$	$\sqrt{2}P\ell/2$
A C	ℓ	$+P$	$+1/2$	$P\ell/2$
B C	$\sqrt{2}\ell/2$	0	$+\sqrt{2}/2$	0
B D	ℓ	$-P$	-1	$P\ell$
C D	$\sqrt{2}\ell/2$	0	$+\sqrt{2}/2$	0
C E	ℓ	$+P$	$+1/2$	$P\ell/2$
D E	$\sqrt{2}\ell/2$	$-\sqrt{2}P$	$-\sqrt{2}/2$	$\sqrt{2}P\ell/2$
$\Sigma N\bar{N}\ell$		$(2+\sqrt{2})P\ell$		

7.3 静定トラスの変形

[演習問題 7.7] 図 7.30 ～ 7.32 に示すトラスの指示した点の鉛直変位を求めよ。ただし，EA は一定とする。

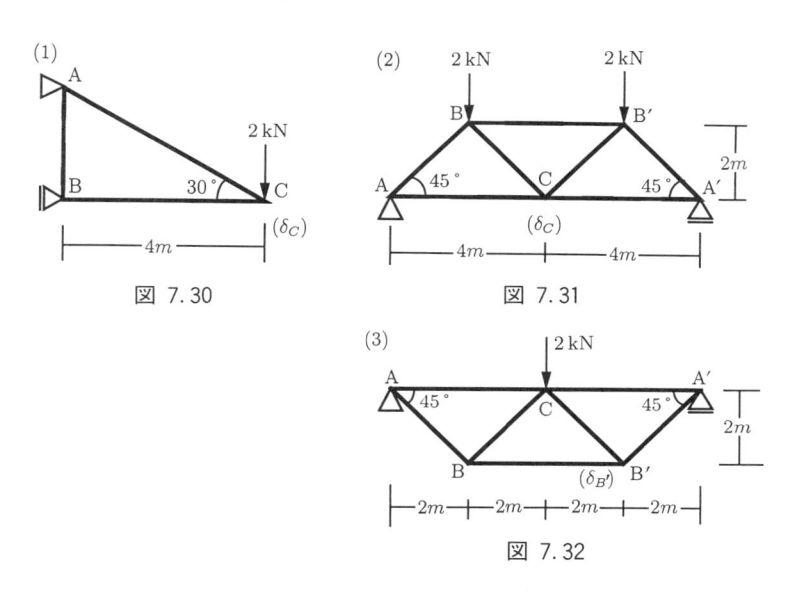

(1)

図 7.30

(2)

図 7.31

(3)

図 7.32

[演習問題 7.8] 図 7.33, 7.34 に示すトラスの指示した点の鉛直変位を求めよ。ただし，EA は一定とする。

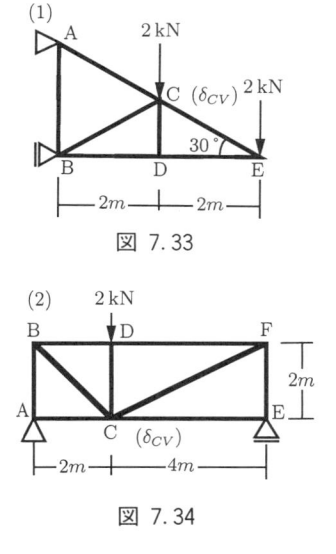

(1)

図 7.33

(2)

図 7.34

[**演習問題 7.9**]　図 7.35, 7.36 に示すトラスの指示した点の変位を求めよ。ただし，EA は一定とする。

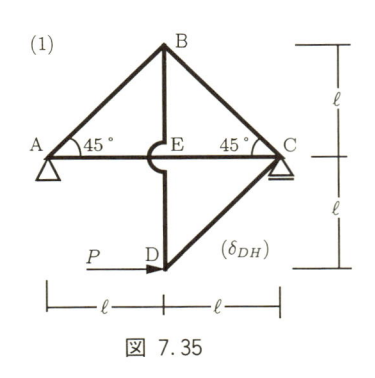

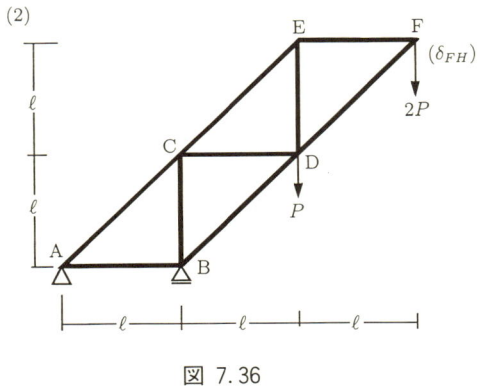

(1)

図 7.35

(2)

図 7.36

8

不静定構造物の応力（仮想仕事法）

　不静定構造物の解法として仮想仕事法は最も一般的なものである。曲げモーメント，せん断力，軸方向力を同時に受ける場合も有効であるが，ここでははりやラーメンについては曲げモーメント，トラスについては軸方向力のみを取り扱うことにする。

8.1 不静定ばり，ラーメンの応力

8.1.1 一次の不静定ばり，ラーメンの解法

　静定構造物の場合，支点におけるつり合い，$\Sigma X = 0, \Sigma Y = 0, \Sigma M = 0$ などのつり合い式から反力を求め，構造物の応力を求めた。
　不静定構造物を解く場合，一時的に応力が容易に得られる静定構造物に改造し，改造した部分を未知の応力 X_1 に置きかえる。改造した静定構造物を静定基本形，置きかえた未知応力を不静定力という。静定基本形として単純ばり型と片持ばり型のはり，ラーメンが考えられる。置きかえた未知応力は前節で求めた変形を導入して解く。これは，$X_1 = 1$ で計算して後で X_1 倍する。すなわち，静定基本形の，荷重による変形（δ_{10}, θ_{10}）と不静定力による変形（δ_{11}, θ_{11}）から，重ね合わせの原理を用い，改造した部分の変形が0となる力を求める。
　図 8.1(a) の場合，
(a) ローラー支点は鉛直方向に変形しない（図 8.1(b)）。

$$\delta_{10} + \delta_{11} X_1 = 0 \tag{8.1}$$

または，
(b) 固定端にはたわみ角は生じない（図 8.1(c)）。

$$\theta_{10} + \theta_{11} X_1 = 0 \tag{8.2}$$

図 8.1

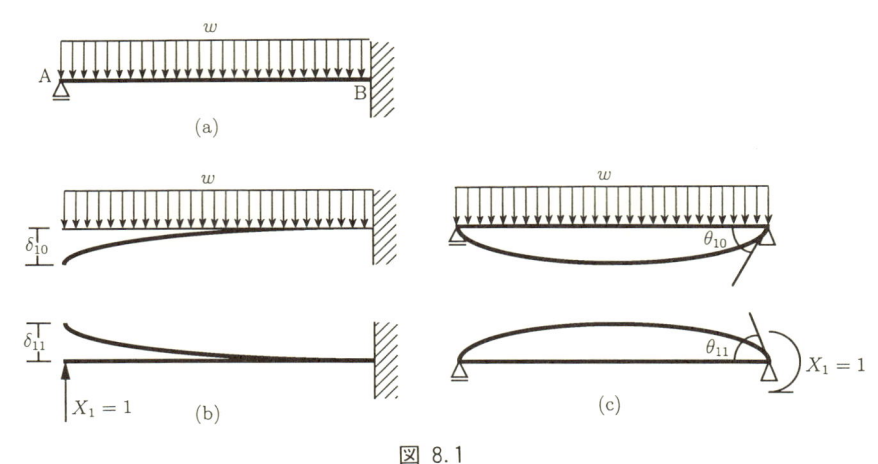

これを変形の適合条件という。はりを例にとって説明したが，ラーメン，トラスの場合も解法原理は同じである。

[例題 8.1]　図 8.2(a) の一次の不静定ばりの M 図を求めよ。

(解答)　静定基本形を片持ばりとして実荷重による曲げモーメントを求める (M_0 図，図 8.2(b))。

不静定力 $X_1 = 1$ として曲げモーメントを求める (M_1 図，図 8.2(c))。ここに，A 支点の鉛直方向の反力を X_1 と仮定している。

$$M_{0x} = -\frac{w}{2}x^2, \qquad M_{1x} = x$$

$$\delta_{10} = \int \frac{M_0 M_1}{EI} dx = \frac{1}{EI} \int_0^l \left(-\frac{wx^2}{2}\right) x\,dx = -\frac{wl^4}{8EI}$$

$$\delta_{11} = \int \frac{M_1 M_1}{EI} dx = \frac{1}{EI} \int_0^l x^2 dx = \frac{l^3}{3EI}$$

δ_{10}, δ_{11} とも上方への変形を仮定している。δ_{11} は単位の力が作用した場合の変形で X_1 の

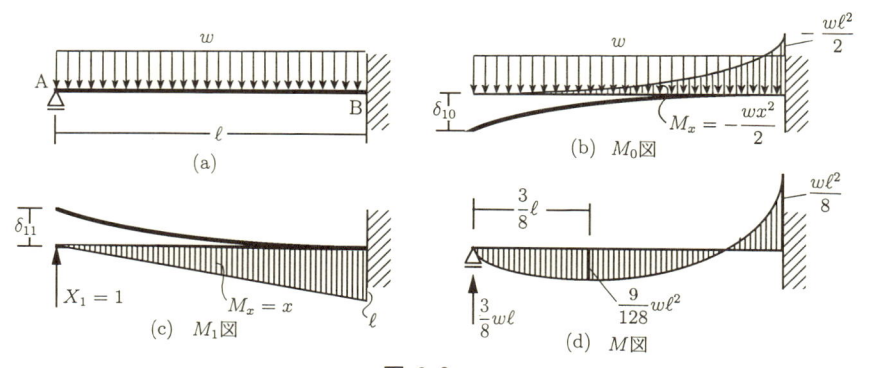

図 8.2

8.1 不静定ばり, ラーメンの応力

力が作用した場合はこれを X_1 倍すればよい。

支点 A では鉛直方向に変形は生じないから, (8.1) 式より,

$$X_1 = -\frac{\delta_{10}}{\delta_{11}} = -\frac{-wl^4}{8EI} \cdot \frac{3EI}{l^3} = \frac{3}{8} \cdot wl$$

符号が正であるから X_1 は仮定した方向に作用している。この X_1 を用いて曲げモーメント図を求める (図 8.2(d))。

[例題 8.2] 図 8.3(a) のラーメンの M 図を求めよ。

(解答) D 支点をローラーとする静定基本形とし, D 支点に不静定力 $X_1 = 1$ を作用させる。

曲げモーメント図は M_0, M_1 図のようになる (図 8.3(b)(c))。

$$\delta_{10} = \frac{1}{EI} \cdot \frac{Pl^2}{8} \cdot l = \frac{Pl^3}{8EI}$$

$$\delta_{11} = \frac{1}{EI} \cdot \frac{l^2}{2} \cdot \frac{2l}{3} + \frac{1}{EI} \cdot l^2 \cdot l + \frac{1}{2EI} \cdot \frac{l^2}{2} \cdot \frac{2l}{3} = \frac{3l^3}{2EI}$$

$$X_1 = -\frac{\delta_{10}}{\delta_{11}} = -\frac{Pl^3}{8EI} \cdot \frac{2EI}{3l^3} = -\frac{P}{12}$$

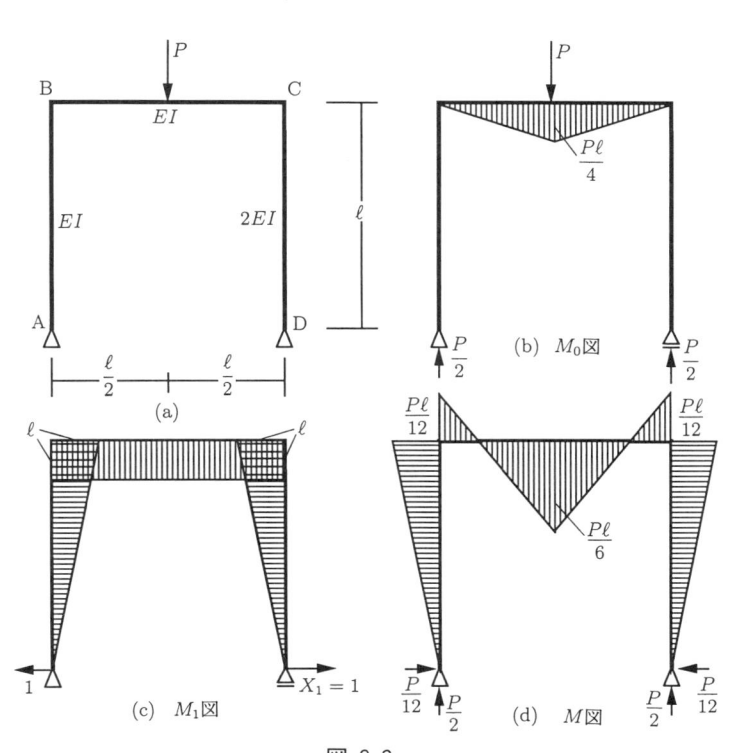

図 8.3

これより，$M = M_0 + M_1 X_1$ で各点の曲げモーメントを計算するか，求められた X_1 の値と M_0 の反力から曲げモーメントを計算する (図 8.3(d))。

8.1.2 高次の不静定ばり，ラーメンの解法

仮想仕事法により高次の不静定ばり，ラーメンの応力を求めるための手順を以下に示す。

1. 与えられた構造物を静定基本形と不静定力に分ける。不静定力は不静定次数の数だけある。

2. それぞれの不静定力の方向について適合条件式を求める。条件式は不静定力の数だけ成立する。

   不静定力が 1 個のときは，(8.1) 式または (8.2) 式で求める。
   不静定力が 2 個のときの変形の適合条件式は次式で示される。

$$\left.\begin{array}{l}\delta_{10} + \delta_{11} X_1 + \delta_{12} X_2 = 0 \\ \delta_{20} + \delta_{21} X_1 + \delta_{22} X_2 = 0\end{array}\right\} \quad (8.3)$$

$$\left.\begin{array}{l}\theta_{10} + \theta_{11} X_1 + \theta_{12} X_2 = 0 \\ \theta_{20} + \theta_{21} X_1 + \theta_{22} X_2 = 0\end{array}\right\} \quad (8.4)$$

   不静定力が n 個のときも同様に n 個の適合条件式となる。δ_{i0} は静定基本形に与えられた荷重が作用したときの変形で荷重項といい，δ_{ij} は，静定基本形に不静定力が作用した時の変形で性状係数という。たわみ角 θ を用いる場合同様である。

3. 荷重項 δ_{i0} および性状係数 δ_{ij} を求めるために，基本形に荷重および単位の不静定力がそれぞれ単独に作用したときの曲げモーメント図を求める。

4. 求めた基本形に対する曲げモーメント図から各種の δ (荷重項，性状係数) を計算する。

$$\delta_{i0} = \int \frac{M_i M_0}{EI} dx \qquad \delta_{ij} = \int \frac{M_i M_j}{EI} dx \quad (8.5)$$

5. 求めた δ を適合条件式に代入して，2. の不静定力 X_1 を未知数とする連立方程式を求める。

6. 連立方程式を解いて，不静定力 $X_1, X_2 \cdots$ を求める。

7. 曲げモーメントを次式で計算する。

$$M = M_0 + M_1 X_1 + M_2 X_2 + \cdots \cdots \quad (8.6)$$

8.1 不静定ばり，ラーメンの応力

[**例題 8.3**] 図 8.4(a) の二次の不静定ラーメンの M 図を求めよ．ただし，全材 EI とする．

(**解答**) 静定基本形を片持ばり型ラーメンとする．

A のピン支点を取り除き，不静定力 X_1(水平力)，X_2(鉛直力) と置きかえる．

静定基本形による曲げモーメントを M_0 図 (図 8.4(b))，$X_1 = 1$，$X_2 = 1$ による曲げモーメントをそれぞれ M_1，M_2 図とする (図 8.4(c)(d))．

変形を次のようにして求める (組み合わせる M 図が同じ側のとき正，反対側のとき負となる)．

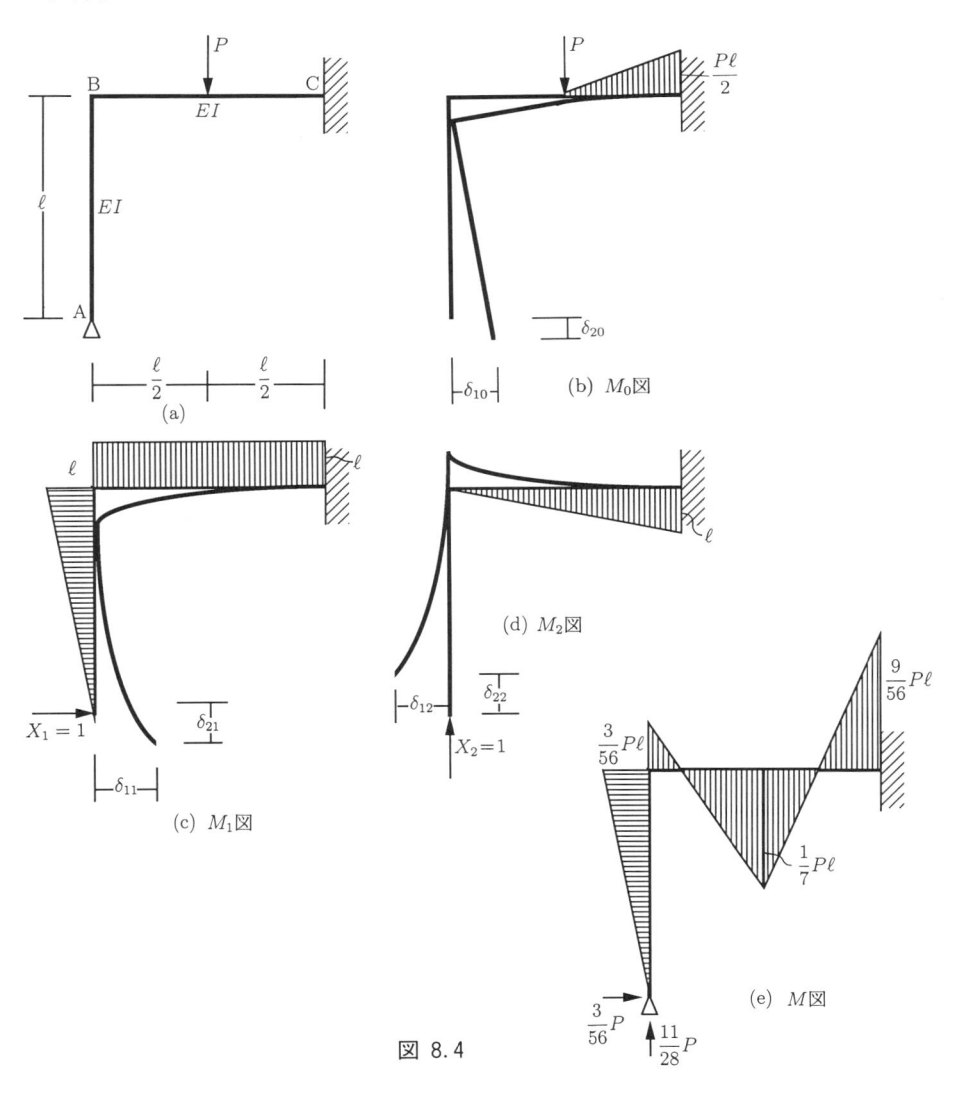

図 8.4

δ_{10}: 静定基本形に荷重が作用した場合の水平方向の変形
M_0図とM_1図を組み合わせて,

$$\delta_{10} = \int \frac{M_0 M_1}{EI} dx = \frac{1}{EI} \cdot \frac{Pl^2}{8} \cdot l = \frac{Pl^3}{8EI}$$

以下同様に,
δ_{20}: 静定基本形に荷重が作用した場合の鉛直方向の変形

$$\delta_{20} = \int \frac{M_0 M_2}{EI} dx = -\frac{1}{EI} \cdot \frac{Pl^2}{8} \cdot \frac{5l}{6} = -\frac{5Pl^3}{48EI}$$

δ_{11}: 不静定力X_1による水平方向の変形

$$\delta_{11} = \int \frac{M_1 M_1}{EI} dx = \frac{1}{EI} \cdot \frac{l^2}{2} \cdot \frac{2l}{3} + \frac{1}{EI} \cdot l^2 \cdot l = \frac{4l^3}{3EI}$$

δ_{12}: 不静定力 X 2による水平方向の変形

$$\delta_{12} = \int \frac{M_1 M_2}{EI} dx = -\frac{1}{EI} \cdot \frac{l^2}{2} \cdot l = -\frac{l^3}{2EI}$$

δ_{21}: 不静定力X_1による鉛直方向の変形
$$\delta_{21} = \delta_{12}$$
δ_{22}: 不静定力X_2による鉛直方向の変形

$$\delta_{22} = \int \frac{M_2 M_2}{EI} dx = \frac{1}{EI} \cdot \frac{l^2}{2} \cdot \frac{2l}{3} = \frac{l^3}{3EI}$$

それぞれの変形は,添字のM図の組合せに対応する. (8.3)式より,

$$\frac{Pl^3}{8EI} + \frac{4l^3}{3EI} X_1 - \frac{l^3}{2EI} X_2 = 0$$
$$-\frac{5Pl^3}{48EI} - \frac{l^3}{2EI} X_1 + \frac{l^3}{3EI} X_2 = 0$$

これを解いて,

$$X_1 = \frac{3}{56} P, \qquad X_2 = \frac{11}{28} P$$

これより,M図は図8.4(e)のようになる.

[**例題 8.4**] 図8.5(a)の二次の不静定ラーメンの曲げモーメント図を求めよ. ただし,全材EIとする.

(**解答**) 静定基本形を,Aをピン支点,Dをローラー支点とする単純ばり型ラーメンとし,M_0図を求める(図8.5(b)). 不静定力はA点にモーメント$X_1 = 1$を,D点に水平力$X_2 = 1$を作用させ,それぞれM_1,M_2図とする(図8.5(c)(d)).
M_0,M_1,M_2を組み合わせて荷重項,性状係数を次のように求める.

$$\theta_{10} = \int \frac{M_0 M_1}{EI} dx = -\frac{1}{EI} \cdot \frac{2}{3} \cdot 25 \cdot 5 \cdot 1 - \frac{1}{EI} \cdot 25 \cdot 6 \cdot \frac{1}{2} \cdot \frac{2}{3} = -\frac{400}{3EI}$$

$$\theta_{11} = \int \frac{M_1 M_1}{EI} dx = \frac{1}{EI} \cdot 1 \cdot 5 \cdot 1 + \frac{1}{EI} \cdot 1 \cdot 6 \cdot \frac{1}{2} \cdot \frac{2}{3} = \frac{7}{EI}$$

$$\theta_{12} = \int \frac{M_2 M_1}{EI} dx = -\frac{1}{EI} \cdot 1 \cdot 5 \cdot 5 \cdot \frac{1}{2} - \frac{1}{EI} \cdot 1 \cdot 6 \cdot \frac{1}{2} \cdot 5 = -\frac{55}{2EI}$$

8.1 不静定ばり，ラーメンの応力

$$\delta_{20} = \int \frac{M_0 M_2}{EI} dx = \frac{1}{EI} \cdot \frac{2}{3} \cdot 25 \cdot 5 \cdot 5 \cdot \frac{5}{8} + \frac{1}{EI} \cdot 25 \cdot 6 \cdot \frac{1}{2} \cdot 5 = \frac{7625}{12EI}$$

$$\delta_{21} = \theta_{12} = -\frac{55}{2EI}$$

$$\delta_{22} = \int \frac{M_2 M_2}{EI} dx = \frac{2}{EI} \cdot 5 \cdot 5 \cdot \frac{1}{2} \cdot 5 \cdot \frac{2}{3} + \frac{1}{EI} \cdot 5 \cdot 6 \cdot 5 = \frac{700}{3EI}$$

それぞれの変形は，添字の M 図の組合せに対応する。(8.3) 式，(8.4) 式より，

$$-\frac{400}{3EI} + \frac{7}{EI} X_1 - \frac{55}{2EI} X_2 = 0$$

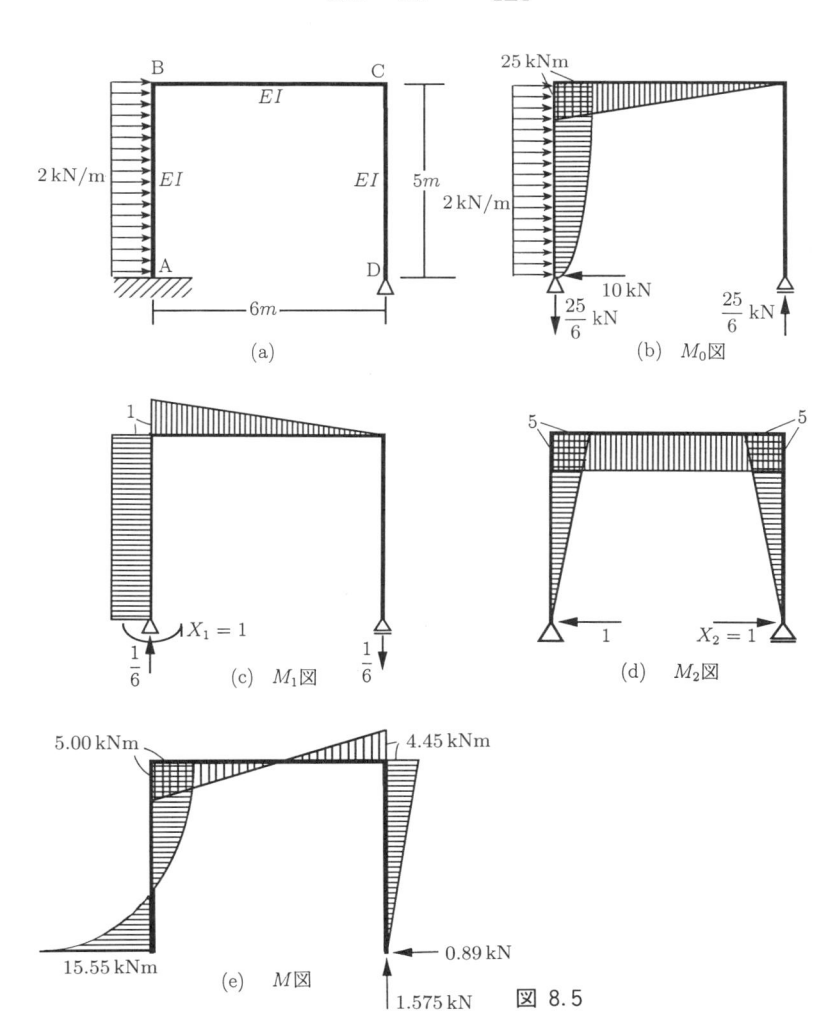

図 8.5

$$\frac{7625}{12EI} - \frac{55}{2EI}X_1 + \frac{700}{3EI}X_2 = 0$$

これを解いて， $X_1 = 15.5, \quad X_2 = -0.89$

これより，M図は図 8.5(e) のようになる。

8.1.3 対称，逆対称のはり，ラーメンの解法

応力および変形が対称あるいは逆対称となる構造物の場合には，静定基本形として構造的に対称な骨組を選べば，反力および曲げモーメントも対称あるいは逆対称となるので，不静定力の数が減少し簡単になる。

[**例題 8.5**] 図 8.6(a) の対称ラーメンの M 図を求めよ。ただし，全材 EI とする。

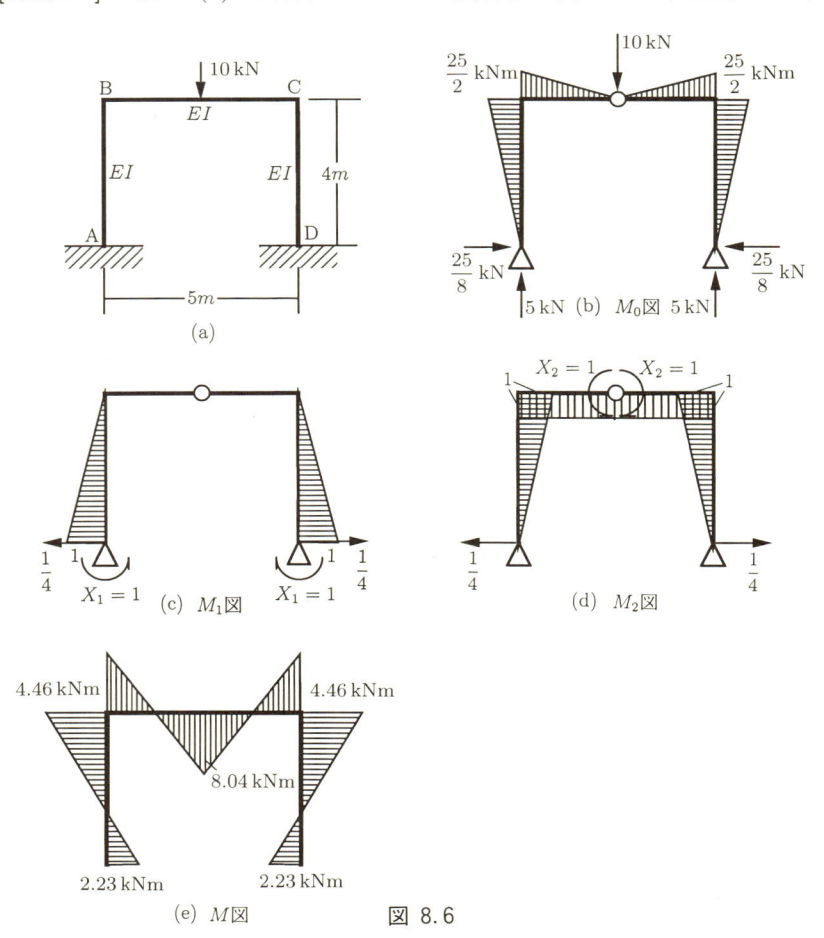

図 8.6

8.1 不静定ばり，ラーメンの応力

(解答) 静定基本形をはりの中央にピンを持つ三ヒンジラーメンとする．不静定力は柱脚のピン点と，はりの中央の対称なモーメント X_1 と X_2 となる．M_0，M_1，M_2 図を図 8.6(b)(c)(d) に示す．

これより，

$$\theta_{10} = \frac{2}{EI} \cdot \frac{25}{2} \cdot 4 \cdot \frac{1}{2} \cdot \frac{1}{3} = \frac{50}{3EI}$$

$$\theta_{11} = \frac{2}{EI} \cdot 1 \cdot 4 \cdot \frac{1}{2} \cdot \frac{2}{3} = \frac{8}{3EI}$$

$$\theta_{12} = -\frac{2}{EI} \cdot 1 \cdot 4 \cdot \frac{1}{2} \cdot \frac{1}{3} = -\frac{4}{3EI}$$

$$\theta_{20} = -\frac{2}{EI} \cdot \frac{25}{2} \cdot 4 \cdot \frac{1}{2} \cdot \frac{2}{3} - \frac{2}{EI} \cdot \frac{25}{2} \cdot \frac{5}{2} \cdot \frac{1}{2} \cdot 1 = -\frac{775}{12EI}$$

$$\theta_{21} = \theta_{12} = -\frac{4}{3EI}$$

$$\theta_{22} = \frac{2}{EI} \cdot 1 \cdot 4 \cdot \frac{1}{2} \cdot \frac{2}{3} + \frac{2}{EI} \cdot 1 \cdot \frac{5}{2} \cdot 1 = \frac{23}{3EI}$$

(8.4) 式を用いて，

$$\frac{50}{3EI} + \frac{8}{3EI}X_1 - \frac{4}{3EI}X_2 = 0$$

$$-\frac{775}{12EI} - \frac{4}{3EI}X_1 + \frac{23}{3EI}X_2 = 0$$

これを解いて， $X_1 = -2.232$, $X_2 = 8.036$

曲げモーメント図は図 8.6(e) のようになる．

[例題 8.6] 図 8.7(a) のラーメンの M 図を求めよ．ただし，全材 EI とする．

(解答) 静定基本形をはりの中央にピンを持つ三ヒンジラーメンとする．不静定力は柱脚のピン点に逆対称のモーメント X_1，はりの中央の対称なモーメント X_2 となる．M_0，M_1，M_2 図を図 8.7(b)(c)(d) に示す．

適合条件式は次のようになる．

$$\theta_{10} + \theta_{11}X_1 + \theta_{12}X_2 = 0$$

$$\theta_{20} + \theta_{21}X_1 + \theta_{22}X_2 = 0$$

このうち，$\theta_{20} = 0$，$\theta_{12} = \theta_{21} = 0$ であるから（対称な曲げモーメント図と逆対称の曲げモーメント図の組み合わせで打ち消し合う），$X_2 = 0$ となり，$\theta_{10} + \theta_{11}X_1 = 0$ の一次式となる．

$$\theta_{10} = -\frac{2}{EI} \cdot 20 \cdot 4 \cdot \frac{1}{2} \cdot 1 - \frac{2}{EI} \cdot 20 \cdot \frac{5}{2} \cdot \frac{1}{2} \cdot \frac{2}{3} = -\frac{340}{3EI}$$

$$\theta_{11} = \frac{2}{EI} \cdot 1 \cdot 4 \cdot 1 + \frac{2}{EI} \cdot 1 \cdot \frac{5}{2} \cdot \frac{1}{2} \cdot \frac{2}{3} = \frac{29}{3EI}$$

これより，

$$X_1 = -\frac{\theta_{10}}{\theta_{11}} = 11.72$$

$M = M_0 + M_1 X_1$ として図 8.7(e) の曲げモーメント図が求められる．

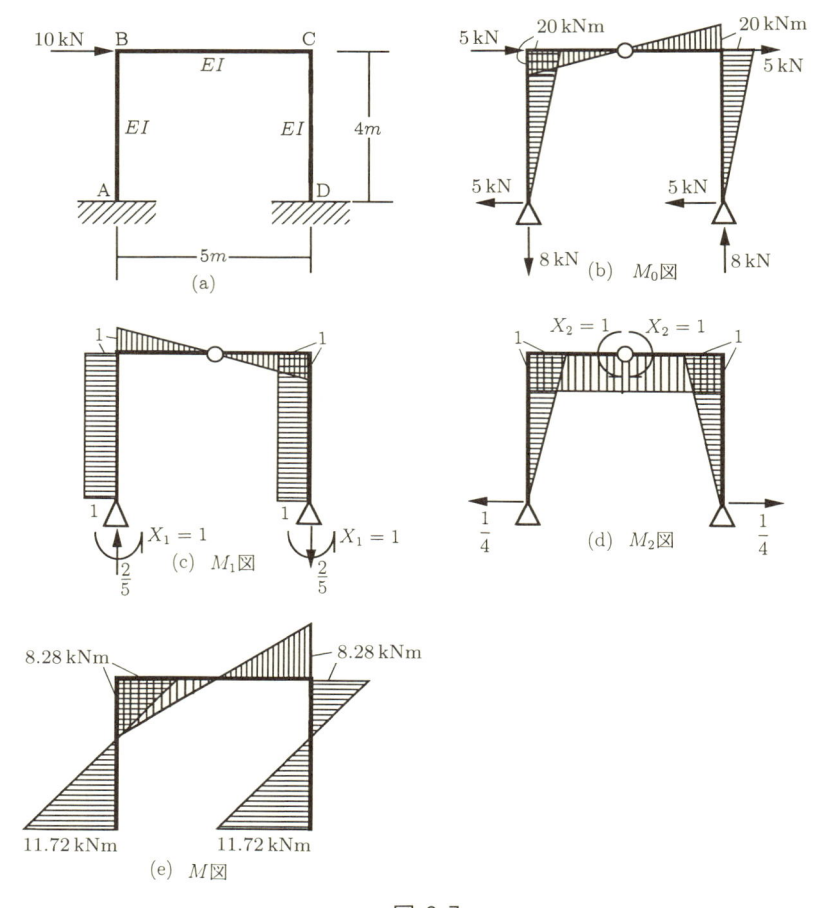

図 8.7

[演習問題 8.1]　図 8.8 〜 8.15 に示す不静定ばり，ラーメンの曲げモーメント図を求めよ。

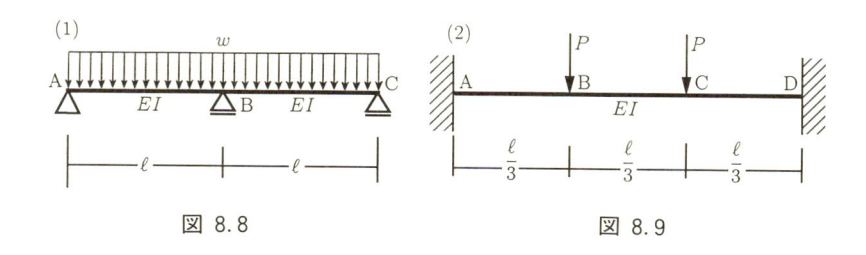

図 8.8

図 8.9

8.2 不静定トラスの応力

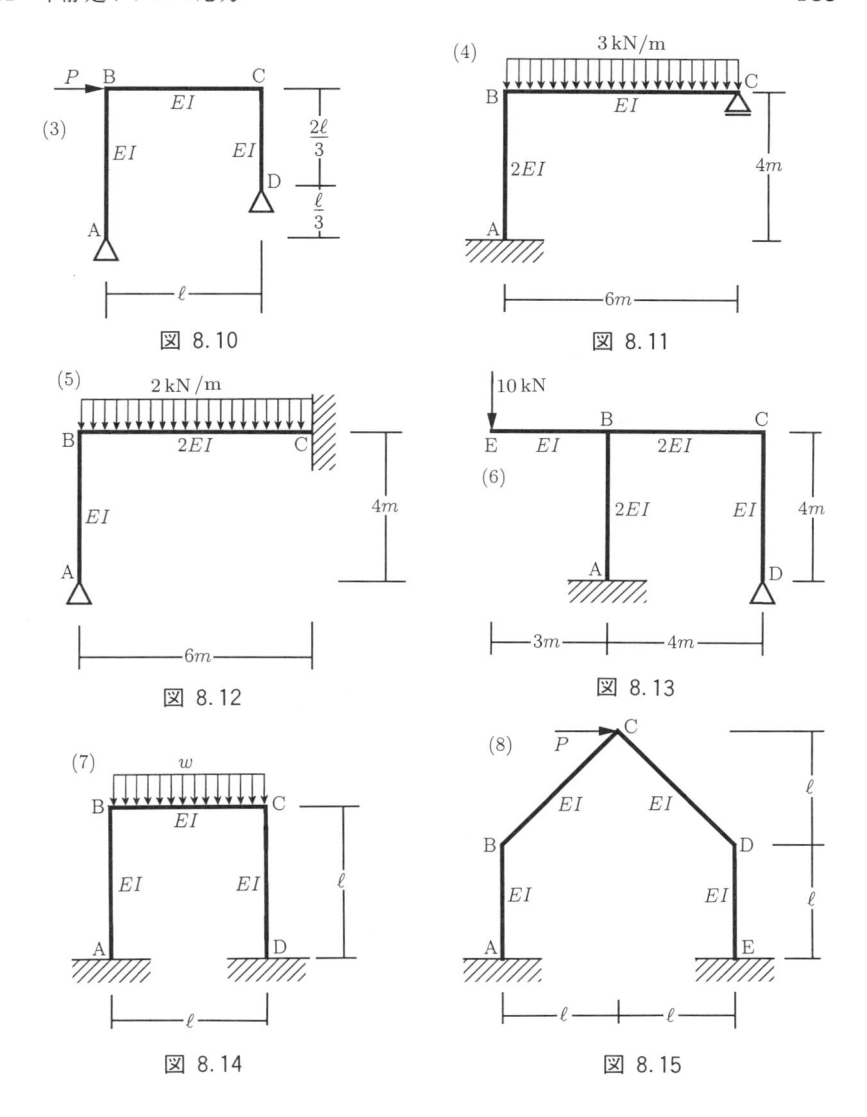

(3) 図8.10

(4) 図8.11

(5) 図8.12

(6) 図8.13

(7) 図8.14

(8) 図8.15

8.2 不静定トラスの応力

　不静定トラスには，力のつり合い条件式 $\Sigma X = 0$，　$\Sigma Y = 0$，　$\Sigma M = 0$ から反力を求められないものと，反力は力のつり合い条件式から求まるが，3個以上の未知応力が節点にあるため，部材応力が力のつり合い条件のみでは求められないものがある．前者を「外的に不静定」，後者を「内的に不静定」という．

不静定トラスの解法は，次の順序で表を作成して行う。

1. 静定基本形（静定トラス）と不静定力にわける。
2. それぞれの不静定力の方向について変形の適合条件式を求める（n 個の不静定力の場合，n 個の適合条件式）。
3. 静定基本形の外力による軸方向力 N_0，不静定力 X_1, X_2, ……による軸方向力 N_1, N_2, ……を求める。
4. 荷重項 δ_{i0}，性状係数 δ_{ij} を次式で求める。

$$\delta_{i0} = \Sigma \frac{N_0 N_i \ell}{EA}, \qquad \delta_{ij} = \Sigma \frac{N_i N_j \ell}{EA} \tag{8.7}$$

5. 求めた δ を適合条件式に代入し，不静定力 X_i を未知数とする連立方程式を作る。
6. 連立方程式を解いて不静定力 X_i を求め，$N_i X_i$ を計算する。
7. 求める軸方向力は，$N = N_0 + N_1 X_1 + N_2 X_2 + \cdots\cdots$ となる。

[**例題 8.7**] 図 8.16(a) に示す内的一次不静定トラスの応力を求めよ。ただし，全材 EA とする。

(**解答**) 計算は次に示すように表を用いて計算する（表 8.1）。

表 8.1

部材	ℓ/EA	N_0	N_1	δ_{10}	δ_{11}	$N_1 X_1$	N
AC	1	$+5/3 \cdot P$	0	0	0	0	$+1.667P$
CD	1	$+5/3 \cdot P$	$-1/\sqrt{2}$	$-5P/3\sqrt{2}$	$1/2$	$-0.167P$	$+1.5P$
BD	1	$+4/3 \cdot P$	0	0	0	0	$+1.33P$
EF	1	$-4/3 \cdot P$	$-1/\sqrt{2}$	$4P/3\sqrt{2}$	$1/2$	$-0.167P$	$-1.5P$
CE	1	0	$-1/\sqrt{2}$	0	$1/2$	$-0.167P$	$-0.167P$
DF	1	$+1/3 \cdot P$	$-1/\sqrt{2}$	$-P/3\sqrt{2}$	$1/2$	$-0.167P$	$+0.167P$
AE	$\sqrt{2}$	$-2\sqrt{2}/3 \cdot P$	0	0	0	0	$-0.943P$
DE	$\sqrt{2}$	$-\sqrt{2}/3 \cdot P$	$+1$	$-2P/3$	$\sqrt{2}$	$+0.236P$	$-0.236P$
BF	$\sqrt{2}$	$-4\sqrt{2}/3 \cdot P$	0	0	0	0	$-1.886P$
CF	$\sqrt{2}$	—	$+1$	0	$\sqrt{2}$	$+0.236P$	$+0.236P$

$\delta_{10} = -(2+\sqrt{2})/3 \cdot P \ell /EA \qquad \delta_{11} = (2+2\sqrt{2}) \cdot \ell /EA \qquad X_1 = 0.236P$

8.2 不静定トラスの応力

1. CF材を取り除き，基本形の静定トラスの応力 N_0 を求める（図 8.16(b)，表 N_0 欄）。
2. 取り除いた CF 材の材軸方向に不静定力 X_1 を与え，N_1 を求める。内力だけなので支点反力は 0 となり，斜材まわりにだけに応力が生じる（図 8.16(c)，表 N_1 欄）。
3. 各欄で $N_0 N_1 \ell / EA$，$N_1 N_1 \ell / EA$ を求め，最下欄に集計する。δ_{10} は外力による CF 方向の変形，δ_{11} は CF 方向の単位の外力による CF 方向の変形を示す。

$$\delta_{10} = -\left(\frac{2}{3} + \frac{\sqrt{2}}{3}\right)\frac{P\ell}{EA}, \qquad \delta_{11} = (2 + 2\sqrt{2})\frac{\ell}{EA}$$

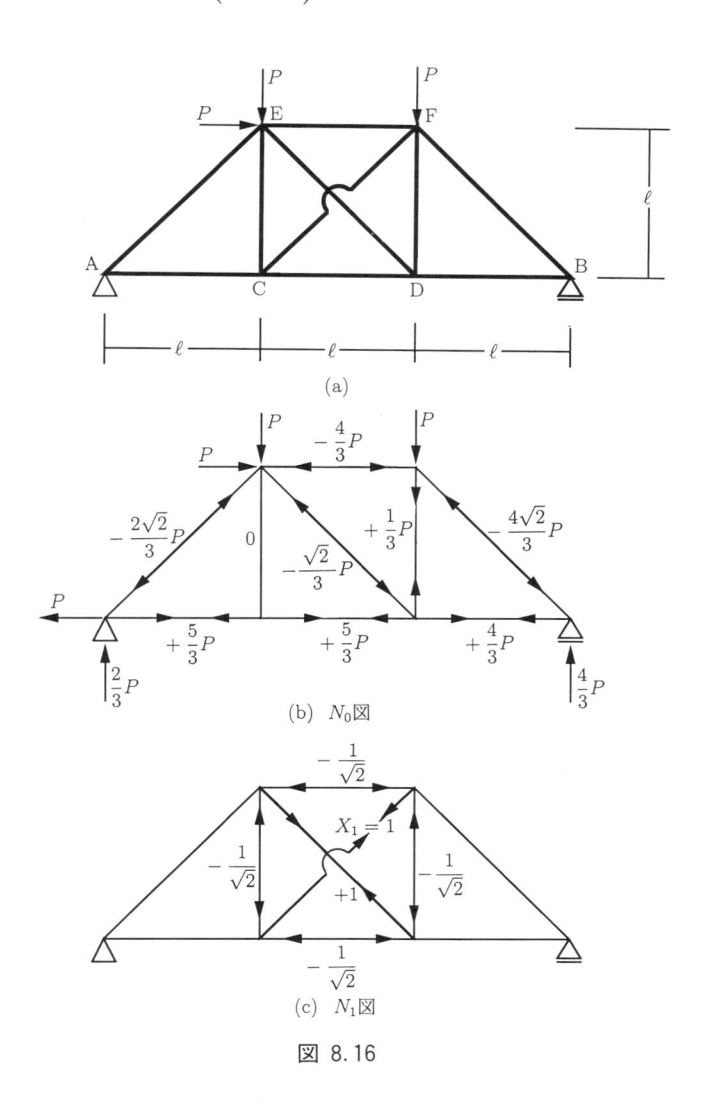

(a)

(b) N_0 図

(c) N_1 図

図 8.16

4. $\delta_{10} + \delta_{11}X_1 = 0$ より, $X_1 = -\delta_{10}/\delta_{11} = 1.138P/4.828 = 0.236P$

5. N_1 に X_1 を乗じて,各欄で $N_1 X_1$ を計算する.

6. これより,$N = N_0 + N_1 X_1$ として応力が求められる (表 8.1 の N 欄).

[例題 8.8] 図 8.17(a) に示す外的一次不静定トラスの応力を求めよ.ただし,全材 EA とする.

(解答) 静定基本形を片持ばり型トラスか単純ばり型トラスにとる.ここでは片持ばり型トラスとして解く.
次のように表を作成して計算する.

1. 静定基本形の外力による軸方向力を計算して,表 8.2 に記入する (図 8.17(b)).

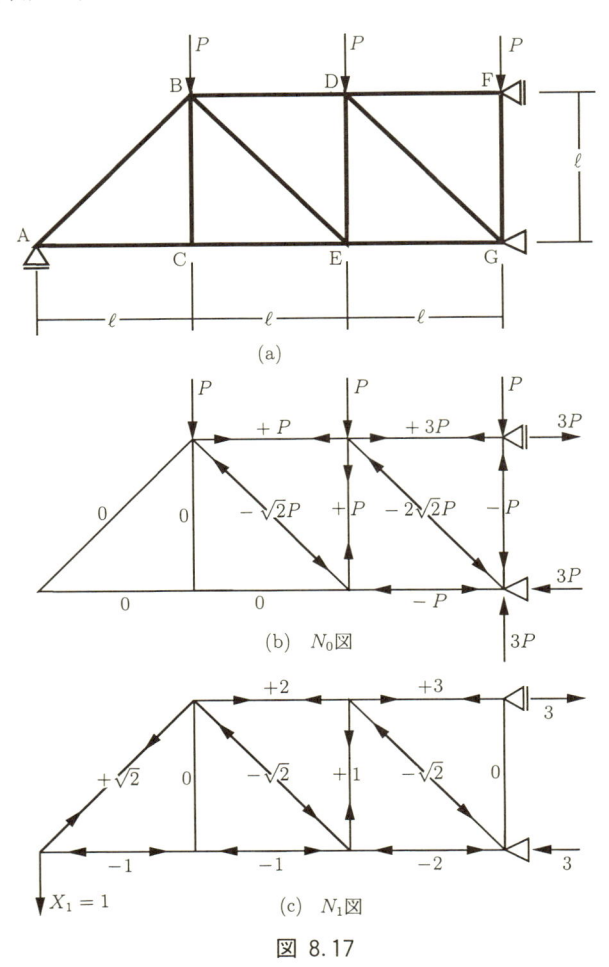

図 8.17

8.2 不静定トラスの応力

表 8.2

部材	ℓ/EA	N_0	N_1	δ_{10}	δ_{11}	$N_1 X_1$	N
A C	1	0	-1	0	1	+0.789P	+0.789P
C E	1	0	-1	0	1	+0.789P	+0.789P
E G	1	-P	-2	2P	4	+1.579P	+0.578P
B D	1	+P	+2	2P	4	-1.579P	-0.578P
D F	1	+3P	+3	9P	9	-2.368P	+0.632P
B C	1	0	0	0	0	0	0
D E	1	+P	+1	P	1	-0.789P	+0.211P
F G	1	-P	0	0	0	0	-P
A B	$\sqrt{2}$	0	$+\sqrt{2}$	0	$2\sqrt{2}$	-1.116P	-1.116P
B E	$\sqrt{2}$	$-\sqrt{2}P$	$-\sqrt{2}$	$2\sqrt{2}P$	$2\sqrt{2}$	+1.116P	-0.298P
D G	$\sqrt{2}$	$-2\sqrt{2}P$	$-\sqrt{2}$	$4\sqrt{2}P$	$2\sqrt{2}$	+1.116P	-1.712P

$\delta_{10} = 22.485 \cdot P\ell/EA$　　　$\delta_{11} = 28.485 \cdot \ell/EA$　　　$X_1 = -0.789P$

2. 取り除いた支点 A に下向きの力 $X_1 = 1$ を加える。これを表の N_1 欄に記入する (図 8.17(c))。

3. 以下, 同じ手順で δ_{10}, δ_{11} を求め集計し, $X_1 = -\delta_{10}/\delta_{11}$ を計算する。

$$\delta_{10} = (14 + 6\sqrt{2})\frac{P\ell}{EA} = \frac{22.485 P\ell}{EA}, \qquad \delta_{11} = (20 + 6\sqrt{2})\frac{\ell}{EA} = \frac{28.485\,\ell}{EA}$$

これより, $X_1 = -0.789P$

4. 求める応力 N は, $N = N_0 + N_1 X_1$ である。結果を表の N 欄に示す。

[例題 8.9] 図 8.18(a) に示す二次の不静定トラスの応力を求めよ。ただし, 全材 EA とする。

(解答) 外的一次, 内的一次の二次の不静定トラスであるから, 静定基本形にするために, 支点 B のローラーと BG 材を取り除き不静定力 X_1, X_2 に置きかえる。

静定基本形の外力による軸方向力を N_0, X_1 によるものを N_1, X_2 によるものを N_2 とする。

計算は表を作成して行う。表 8.3 に示すように $\delta_{10} \sim \delta_{22}$ を求める。δ_{ij} は N_i, N_j, ℓ/EA を乗じたものである。

B はローラー支点であるから, 鉛直方向に変位しない。BG 間の変形の総和は 0 であるから, 次の 2 つの連立方程式が得られる。

$$\frac{6.49P\ell}{EA} + \frac{3.66\ell}{EA}X_1 - \frac{1.14\ell}{EA}X_2 = 0$$
$$\frac{1.41P\ell}{EA} - \frac{1.14\ell}{EA}X_1 + \frac{4.83\ell}{EA}X_2 = 0$$

これらの値を表の下に示す。これより，$X_1 = -2.010P$, $X_2 = -0.767P$の値が求められ，次式で軸方向力 N が求められる。

$$N = N_0 + N_1 X_1 + N_2 X_2$$

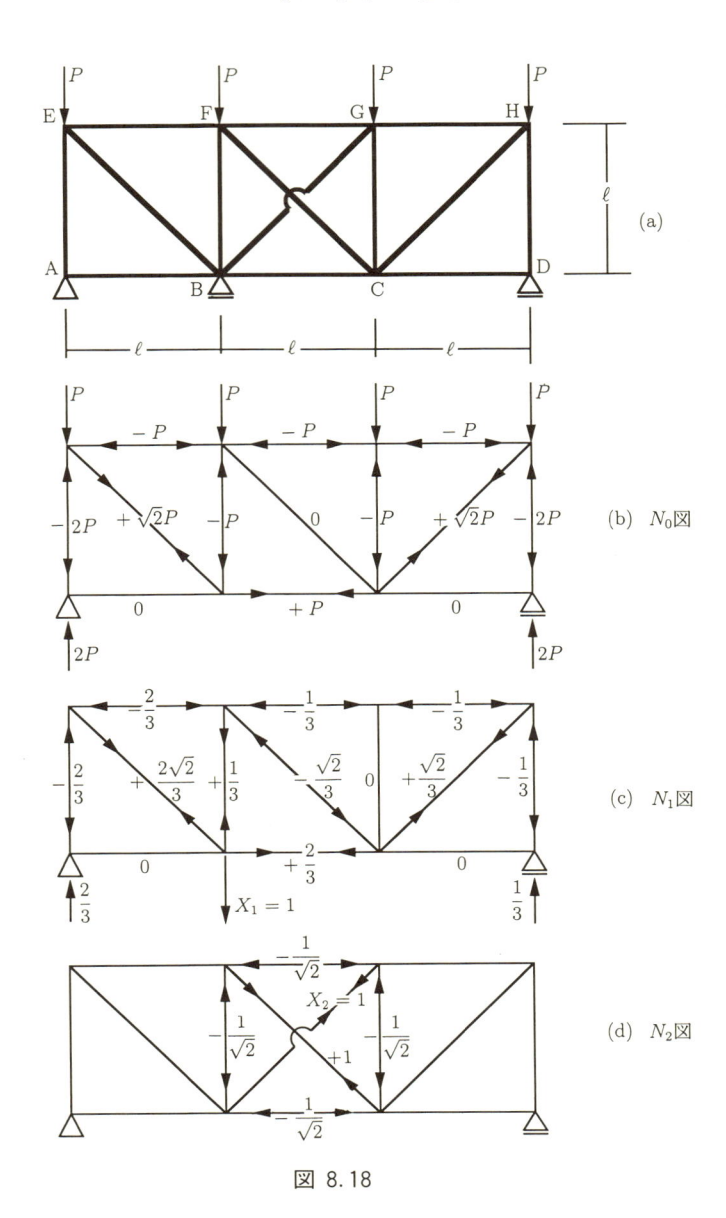

図 8.18

8.2 不静定トラスの応力

表 8.3

部材	ℓ/EA	N_0	N_1	N_2	δ_{10}	δ_{20}	δ_{11}	δ_{12}	δ_{22}	$N_1 X_1$	$N_2 X_2$	N
AB	1	0	0	0	0	0	0	0	0	0	0	0
BC	1	+P	+2/3	$-1/\sqrt{2}$	2P/3	$-P/\sqrt{2}$	4/9	$-\sqrt{2}/3$	1/2	-1.34P	+0.54P	+0.20P
CD	1	0	0	0	0	0	0	0	0	0	0	0
EF	1	-P	-2/3	0	2P/3	0	4/9	0	0	+1.34P	0	+0.34P
FG	1	-P	-1/3	$-1/\sqrt{2}$	P/3	$P/\sqrt{2}$	1/9	$\sqrt{2}/6$	1/2	+0.64P	+0.54P	+0.21P
GH	1	-P	-1/3	0	P/3	0	1/9	0	0	+0.67P	0	-0.33P
AE	1	-2P	-2/3	0	4P/3	0	4/9	0	0	+1.34P	0	-0.66P
BF	1	-P	+1/3	$-1/\sqrt{2}$	-P/3	$P/\sqrt{2}$	1/9	$-\sqrt{2}/6$	1/2	-0.67P	+0.54P	-1.13P
CG	1	-P	0	$-1/\sqrt{2}$	0	$P/\sqrt{2}$	0	0	1/2	0	+0.54P	-0.46P
DH	1	-2P	-1/3	0	2P/3	0	1/9	0	0	+0.67P	0	-1.33P
BE	$\sqrt{2}$	$+\sqrt{2}P$	$+2\sqrt{2}/3$	0	$4\sqrt{2}P/3$	0	$8\sqrt{2}/9$	0	0	-1.90P	0	-0.49P
BG	$\sqrt{2}$	−	−	+1	0	0	0	0	$\sqrt{2}$	0	-0.77P	-0.77P
CF	$\sqrt{2}$	0	$-\sqrt{2}/3$	+1	0	0	$2\sqrt{2}/9$	-2/3	$\sqrt{2}$	+0.95P	-0.77P	+0.18P
CH	$\sqrt{2}$	$+\sqrt{2}P$	$+\sqrt{2}/3$	0	$2\sqrt{2}P/3$	0	$2\sqrt{2}/9$	0	0	-0.95P	0	+0.46P

$\delta_{10}=6.49 \cdot P\ell/EA$　　$\delta_{20}=1.414 \cdot P\ell/EA$　　$\delta_{11}=3.663 \cdot \ell/EA$　　　$3.663 X_1 - 1.138 X_2 = -6.49 P$

$\delta_{12}=-1.138 \cdot \ell/EA$　　$\delta_{22}=4.828 \cdot \ell/EA$　　　　　　　　　　$-1.138 X_1 + 4.828 X_2 = -1.414 P$

右上の連立方程式を解いて　$X_1 = -2.010 P$　　$X_2 = -0.767 P$　　結果は上表右の N の値となる

[演習問題 8.2]　図 8.19 〜 8.22 に示す一次の不静定トラスの応力を求めよ。ただし，全材 EA とする。

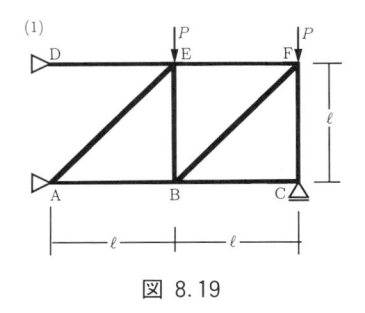

図 8.19

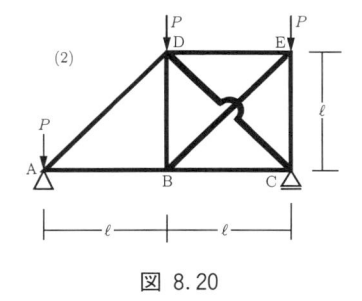

図 8.20

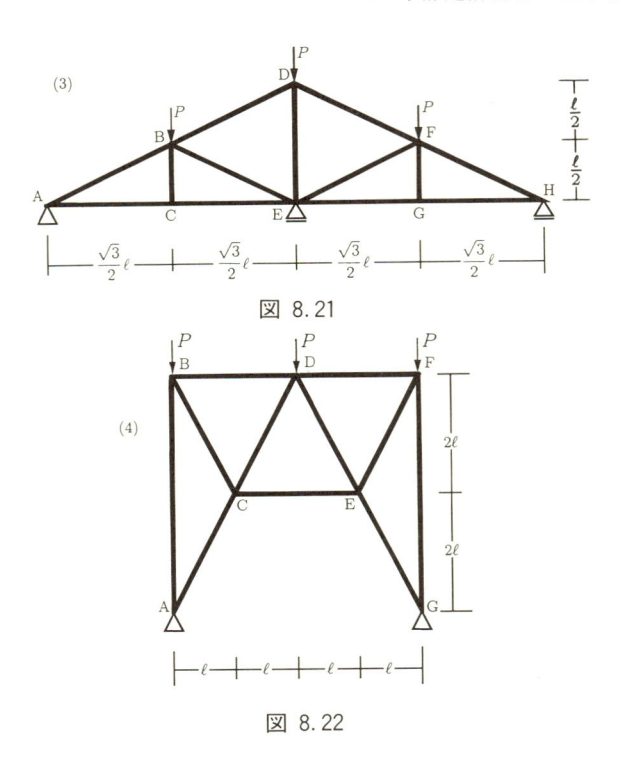

142   8 不静定構造物の応力(仮想仕事法)

(3)

図 8.21

(4)

図 8.22

[演習問題 8.3]　図 8.23, 8.24 に示す二次の不静定トラスの応力を求めよ。ただし，全材 EA とする。

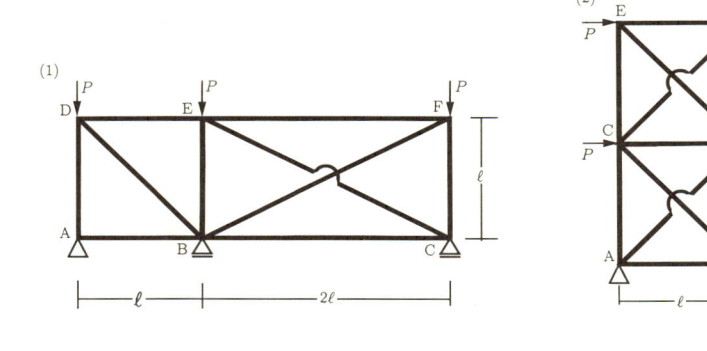

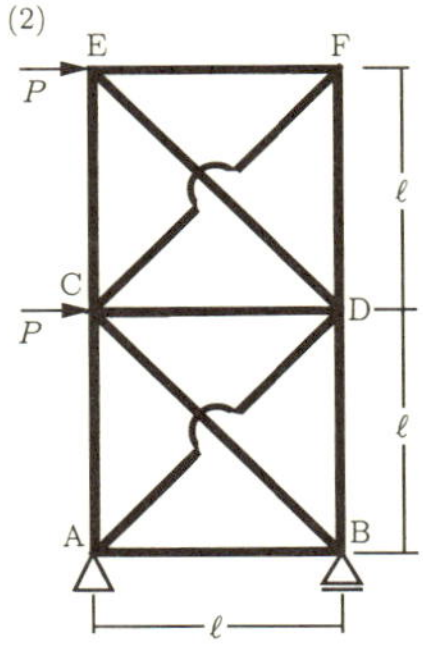

(1)

図 8.23

(2)

図 8.24

8.3 合成骨組,交叉ばり

合成骨組は静定ラーメン内につなぎ材が加わったものや異種や同種の静定ラーメンがつなぎ材でつながれたものなどがある。いずれもつなぎ材を不静定力 X_1 としてまず X_1 を求め，これと外力から静定基本形の応力を求めればよい。また，交叉ばりはつなぎ材が省略されたものと考えて，2つのはりの交叉点の変形が等しいと考えて求めればよい。

[例題 8.10] 図 8.25(a) に示す合成骨組の曲げモーメント図を求めよ。ただし，つなぎ材の変形は無視できるものとする。

(解答) つなぎ材を取り除いた骨組を静定基本形とし，外力による曲げモーメント図を求める（図 8.25(b), M_0図）。
静定基本形に，取り除いたつなぎ材の応力を X_1 として，$X_1 = 1$ による曲げモーメント図を求める（図 8.25(c), M_1図）。このとき X_1 は内力であるので一対の応力として与える。

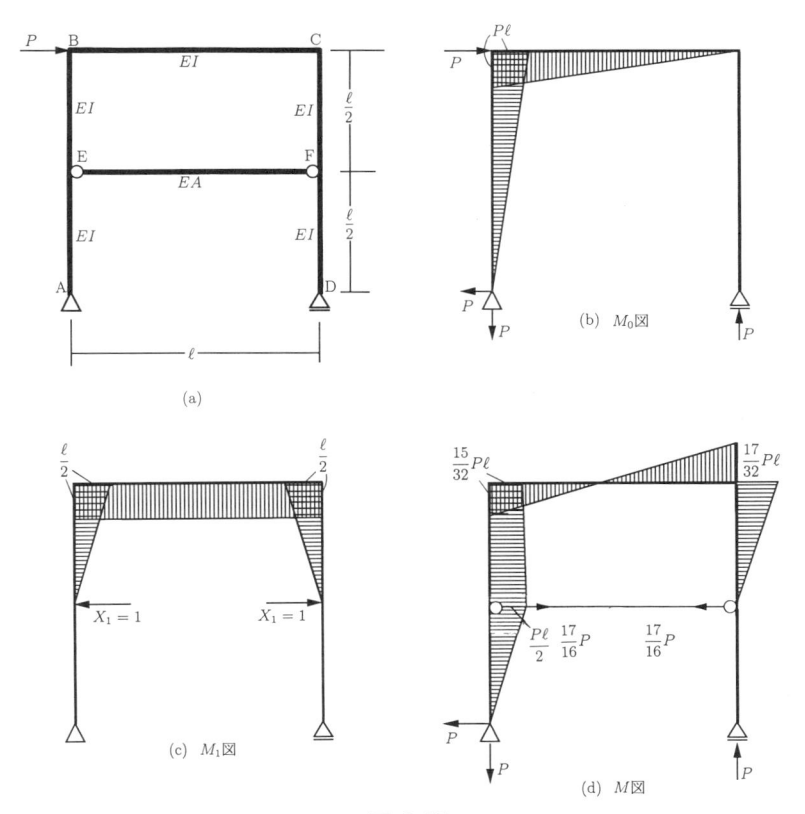

図 8.25

外力による EF 間の変形 δ_{10} は次のようになる。

$$\delta_{10} = \frac{1}{EI} \cdot \frac{\ell^2}{8} \cdot \frac{5P\ell}{6} + \frac{1}{EI} \cdot \frac{\ell^2}{2} \cdot \frac{P\ell}{2} = \frac{17P\ell^3}{48EI}$$

つなぎ材 $X_1 = 1$ による EF 間の変形 δ_{11} は次のようになる。

$$\delta_{11} = \frac{1}{EI} \cdot \frac{\ell^2}{8} \cdot \frac{\ell}{3} \cdot 2 + \frac{1}{EI} \cdot \frac{\ell^2}{2} \cdot \frac{\ell}{2} = \frac{\ell^3}{3EI}$$

$\delta_{10} + \delta_{11} X_1 = 0$ より，

$$X_1 = -\frac{17P\ell^3}{48EI} \cdot \frac{3EI}{\ell^3} = -\frac{17P}{16} \quad (X_1\text{は仮定した方向と反対})$$

静定基本形の反力と X_1 の値より曲げモーメントを計算すると，図 8.25(d) のようになる。

なお，つなぎ材の変形が無視できない場合にはつなぎ材の伸縮を考慮して，次式となる。

$$\delta_{10} + \delta_{11} X_1 - X_1 \ell / EA = 0$$

[例題 8.11] 図 8.26(a) に示す骨組の M 図を求めよ。

(解答) つなぎ材を取り除き，片持ばりと単純ばりの2つの静定基本形にわける。不静定力はつなぎ材の部分 X_1 である。変形は，片持ばりの外力による変形 δ_{D0}，X_1 による変形 $\delta_{D}1$ および単純ばりの X_1 による変形 $\delta_{C}1$ である（図 8.26(b)）。

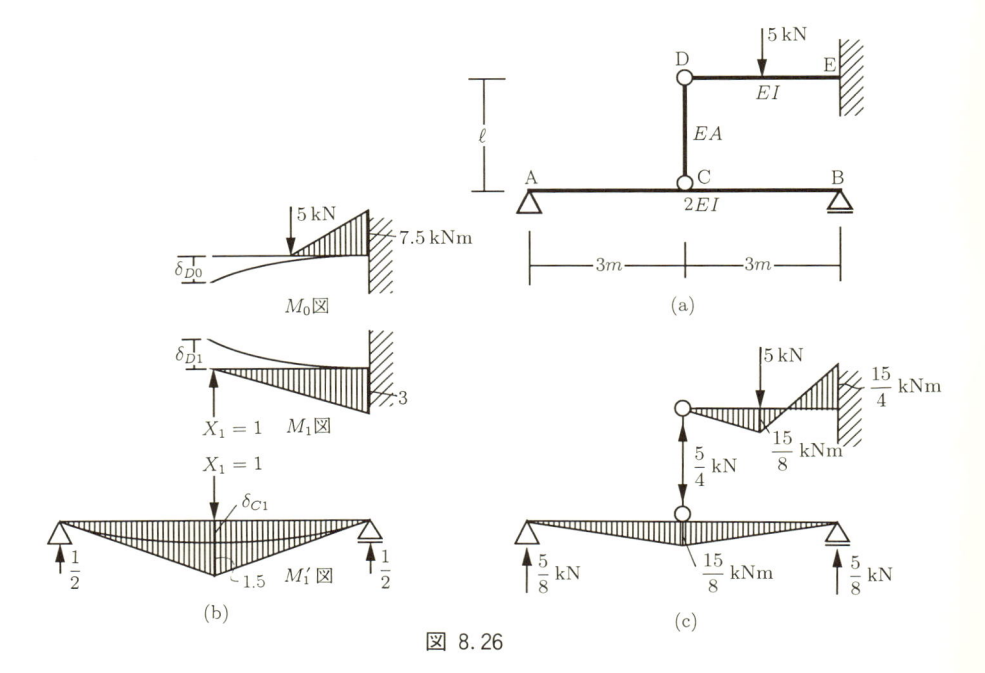

図 8.26

8.3 合成骨組，交叉ばり　　　　　　　　　　　　　　　　　　　　　　　　　　　145

δ_{D0} の変形は M_0 と M_1 を組み合わせて，$\delta_{D0} = -225/16EI$
δ_{D1} の変形は M_1 と M_1 を組み合わせて，$\delta_{D1} = 9/EI$
δ_{C1} の変形は M_1' と M_1' を組み合わせて，$\delta_{C1} = 9/4EI$
$\delta_{D0} + \delta_{D1} X_1 + \delta_{C1} X_1 = 0$ より，

$$-\frac{225}{16EI} + \frac{9X_1}{EI} + \frac{9X_1}{4EI} = 0, \qquad X_1 = \frac{225}{16EI} \cdot \frac{4EI}{45} = \frac{5}{4}$$

これより，曲げモーメント図は図 8.26(c) のようになる。
　なお，つなぎ材の変形を無視したが考慮する場合には，次式のつなぎ材の変形 δ を加える。

$$\delta = -X_1 \ell / EA$$

[**演習問題 8.4**]　　図 8.27, 8.28 に示す交叉ばりの M 図を求めよ。

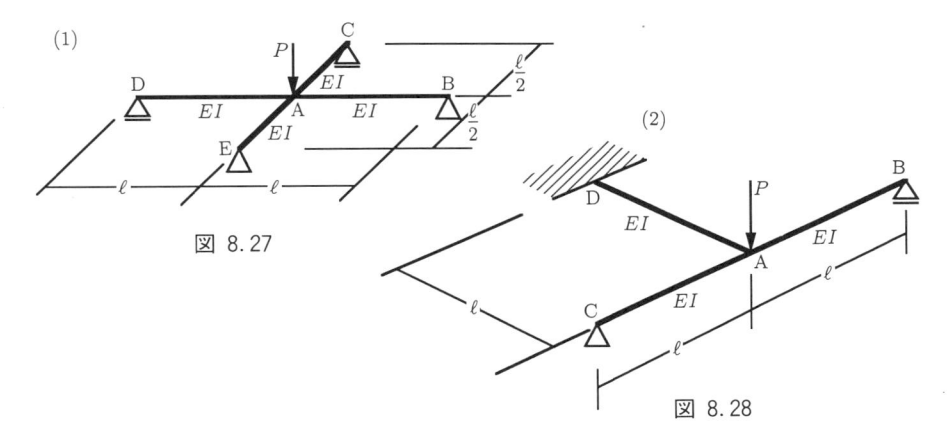

図 8.27

図 8.28

[**演習問題 8.5**]　　図 8.29, 8.30 に示す骨組の M 図を求めよ。

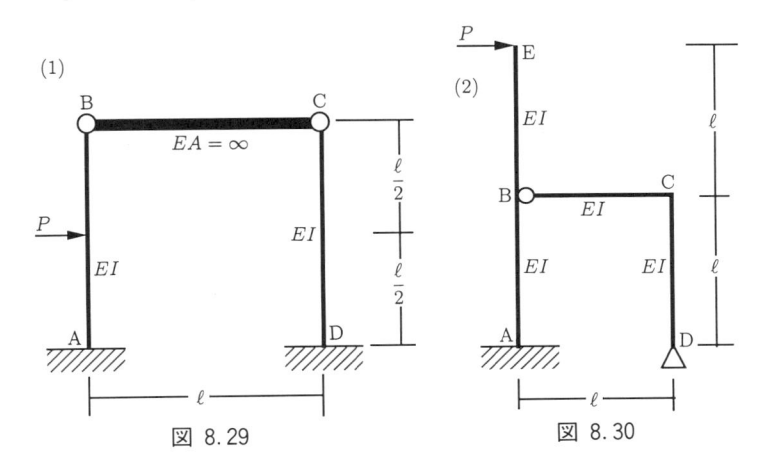

図 8.29

図 8.30

[**演習問題 8.6**]　図 8.31, 8.32 に示すつなぎ材の応力 X を求めよ。また、つなぎ材の変形が無視できる場合の M 図を求めよ。

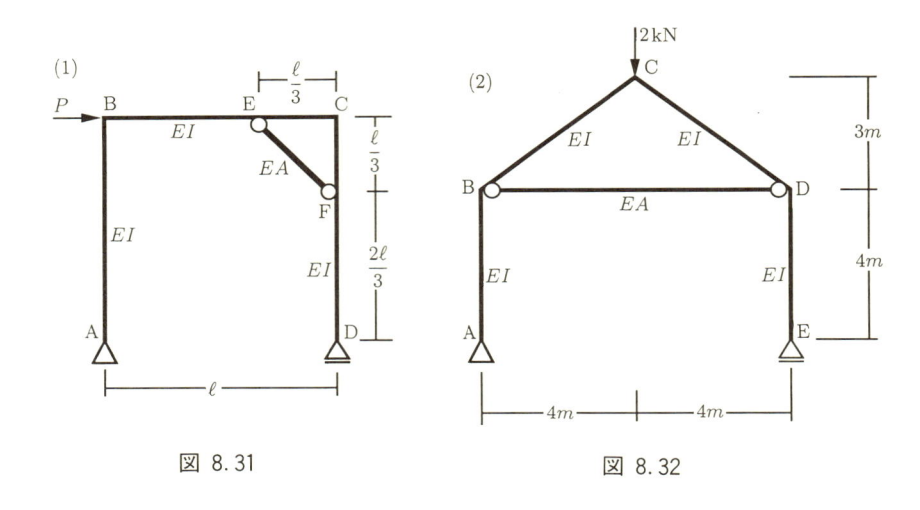

(1)

図 8.31

(2)

図 8.32

9

たわみ角法

たわみ角法は不静定ラーメンの一解法である。たわみ角法においては，まず，たわみ角法の基本式を用いて，未知の節点角および部材角を含む力のつり合い条件式（節点方程式および層方程式）を求める。この連立方程式を解いて節点角および部材角を求める。たわみ角法の基本式に節点角および部材角を代入すれば各部材の材端モーメントが求められ，最後に各部材の応力（曲げモーメント，せん断力，軸方向力）が計算される。この計算手順は変形法あるいは変位法と呼ばれる。

9.1 基本式

図 9.1 のような荷重が加わり変形してつり合い状態にある不静定ラーメンから任意の部材 AB を取り出す。A,B 両材端を剛節点とすれば，材端力は材端モーメント (M_{AB}, M_{BA}) 材端せん断力 (Q_{AB}, Q_{BA}) および材端軸方向力 (N_{AB}, N_{BA}) とな

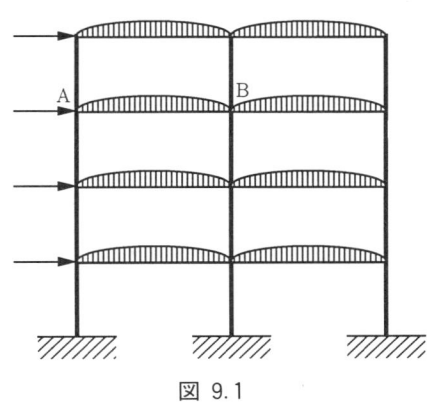

図 9.1

る。また，変形として両材端のたわみ角（または節点角）θ_A, θ_Bと部材角R_{AB}を考える。材端軸方向力N_{AB}, N_{BA}および材端せん断力Q_{AB}, Q_{BA}の符号はいままでの軸方向力およびせん断力の符号と同様である。しかし，材端モーメントM_{AB}, M_{BA}はいままでの曲げモーメントの符号とは異なり，時計まわりを正，反時計まわりを負とする。図9.2には材端力の正の向きが示されている。

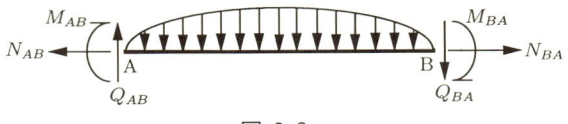

図 9.2

材端回転角（たわみ角）は材端と連結する節点の回転角に等しいので節点角θ_A, θ_Bと呼ばれる。また，変形後の部材の両端を結ぶ線が部材のもとの材軸方向となす回転角を部材角R_{AB}という。

$$R_{AB} = \frac{v_B - v_A}{\ell_{AB}} \tag{9.1}$$

ここに，v_A, v_Bは，材端（節点）A,Bの材軸と直角方向の変位，ℓ_{AB}は，部材ABの材長である。

節点角θ_A, θ_Bおよび部材角R_{AB}の符号は時計まわりを正とし，反時計まわりを負とする。図9.3には回転角の正の向きが示されている。

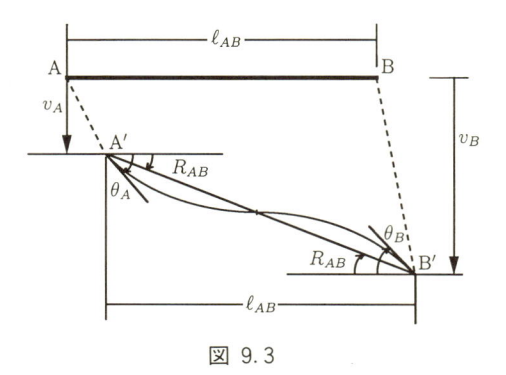

図 9.3

材端モーメントM_{AB}, M_{BA}と節点角θ_A, θ_B, 部材角R_{AB}および中間荷重との関係を表す式をたわみ角法の基本式とよぶ。たわみ角法の基本式を誘導するために節点角θ_A, θ_Bを図9.4のように3つの場合の回転角の総和と考える。

$$\theta_A = \alpha_A + \beta_A + R_{AB}$$
$$\theta_B = \alpha_B + \beta_B + R_{AB} \tag{9.2}$$

9.1 基本式

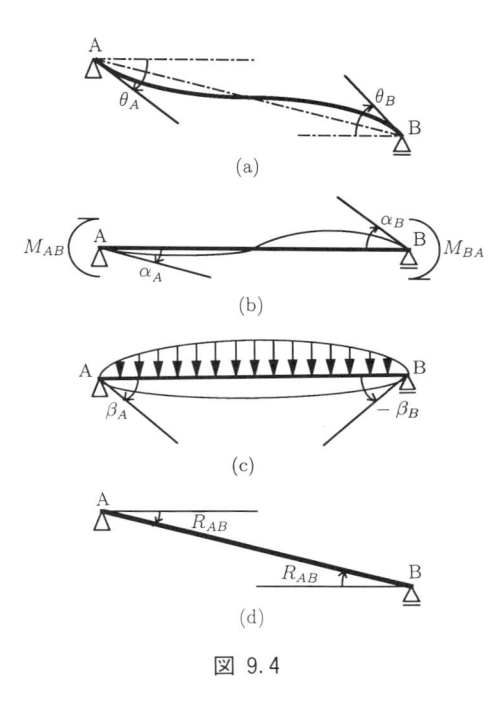

<図 9.4>

1. 材端モーメント M_{AB}, M_{BA} が作用する場合の材端回転角 α_A, α_B

材端モーメント M_{AB}, M_{BA} が別々に作用する場合について考える。モールの定理を適用すれば簡単に材端回転角を求められる。節点角 α_A, α_B は M_{AB}, M_{BA} が

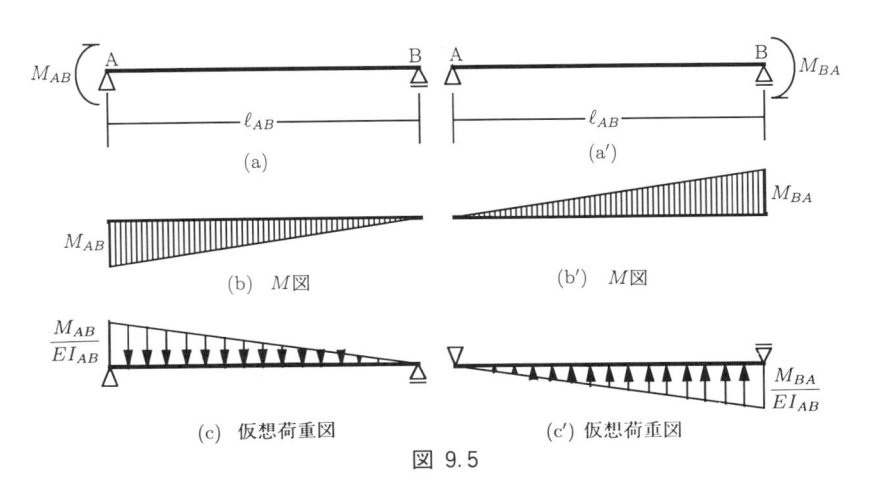

<図 9.5>

別々に作用した場合の材端回転角を求めた後に加え合わせれば求められる (図 9.5)。

$$\alpha_A = \frac{M_{AB}\ell_{AB}}{3EI_{AB}} - \frac{M_{BA}\ell_{AB}}{6EI_{AB}}$$
$$\alpha_B = -\frac{M_{AB}\ell_{AB}}{6EI_{AB}} + \frac{M_{BA}\ell_{AB}}{3EI_{AB}} \tag{9.3}$$

2. 中間荷重が作用する場合の材端回転角 β_A, β_B

図 9.6 のように仮想荷重の合力の大きさを F/EI_{AB} とし,荷重の重心を A 点から a,B 点から b の距離とすれば材端回転角 β_A, β_B は次のようになる。

$$\beta_A = \frac{b}{\ell_{AB}} \cdot \frac{F}{EI_{AB}}$$
$$\beta_B = -\frac{a}{\ell_{AB}} \cdot \frac{F}{EI_{AB}} \tag{9.4}$$

3. たわみ角法基本式

(9.3), (9.4) 式を (9.2) 式に代入すれば,節点角 θ_A, θ_B は次のように書き直される。

$$\theta_A = \alpha_A + \beta_A + R_{AB}$$
$$= \frac{M_{AB}\ell_{AB}}{3EI_{AB}} - \frac{M_{BA}\ell_{AB}}{6EI_{AB}} + \beta_A + R_{AB}$$

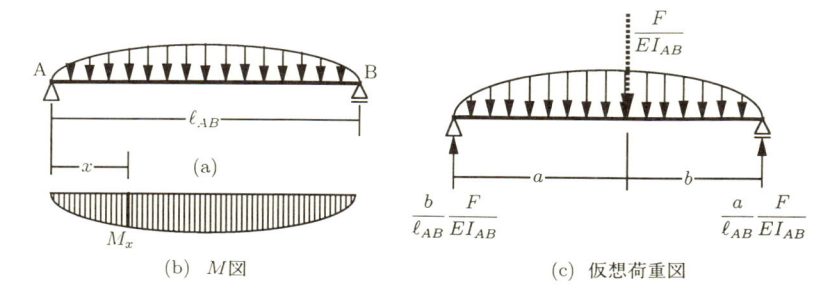

図 9.6

9.1 基本式

$$\theta_B = \alpha_B + \beta_B + R_{AB}$$
$$= -\frac{M_{AB}\ell_{AB}}{6EI_{AB}} + \frac{M_{BA}\ell_{AB}}{3EI_{AB}} + \beta_B + R_{AB} \tag{9.5}$$

(9.5) 式を用いて M_{AB}, M_{BA} を求めれば，次のようになる。

$$M_{AB} = 2EK_{AB}(2\theta_A + \theta_B - 3R_{AB}) + C_{AB}$$
$$M_{BA} = 2EK_{AB}(2\theta_B + \theta_A - 3R_{AB}) + C_{BA} \tag{9.6}$$

ただし，

$$K_{AB} = \frac{I_{AB}}{\ell_{AB}}, \quad C_{AB} = -\frac{2EI_{AB}}{\ell_{AB}} \cdot (2\beta_A + \beta_B), \quad C_{BA} = -\frac{2EI_{AB}}{\ell_{AB}} \cdot (2\beta_B + \beta_A)$$

K_{AB} は AB 材の剛度，C_{AB}, C_{BA} は荷重項（固定端モーメント）とよばれる。(9.6) 式をたわみ角法の基本式と呼ぶ。また，$K_{AB} = k_{AB}K_0$, $\varphi_A = 2EK_0\theta_A$, $\varphi_B = 2EK_0\theta_B$, $\psi_{AB} = -6EK_0R_{AB}$ を用いれば，たわみ角の基本式は次のように書き直される。ここに，k_{AB} は剛比，K_0 は標準剛度である。

$$M_{AB} = k_{AB}(2\varphi_A + \varphi_B + \psi_{AB}) + C_{AB}$$
$$M_{BA} = k_{AB}(2\varphi_B + \varphi_A + \psi_{AB}) + C_{BA} \tag{9.7}$$

また，B 端がピン支持の場合，$M_{BA} = 0$ を (9.6) 式に代入して θ_B を消去すれば，次式が得られる。

$$M_{AB} = EK_{AB}(3\theta_A - 3R_{AB}) + H_{AB}$$
$$M_{BA} = 0 \tag{9.8}$$

ここに、$H_{AB} = C_{AB} - C_{BA}/2$ である。また，(9.8) 式を書き直せば，次のようになる。

$$M_{AB} = k_{AB}\left(\frac{3}{2}\varphi_A + \frac{1}{2}\psi_{AB}\right) + H_{AB}$$
$$M_{BA} = 0 \tag{9.9}$$

[例題 9.1] 図 9.7(a) に示す不静定ばりの M 図，Q 図を求めよ。ただし，EI は一定とする。

(解答) たわみ角法の基本式 (9.6) に次の条件式を代入する。両材端は固定支持で回転も移動もできないので，

$$\theta_A = \theta_B = R_{AB} = 0$$

また，中央集中荷重の場合には，

$$C_{AB} = -\frac{P\ell}{8}, \qquad C_{BA} = \frac{P\ell}{8}$$

図 9.7 / 図 9.8 (省略)

したがって
$$M_{AB} = C_{AB} = -\frac{P\ell}{8}, \quad M_{BA} = C_{BA} = \frac{P\ell}{8}$$

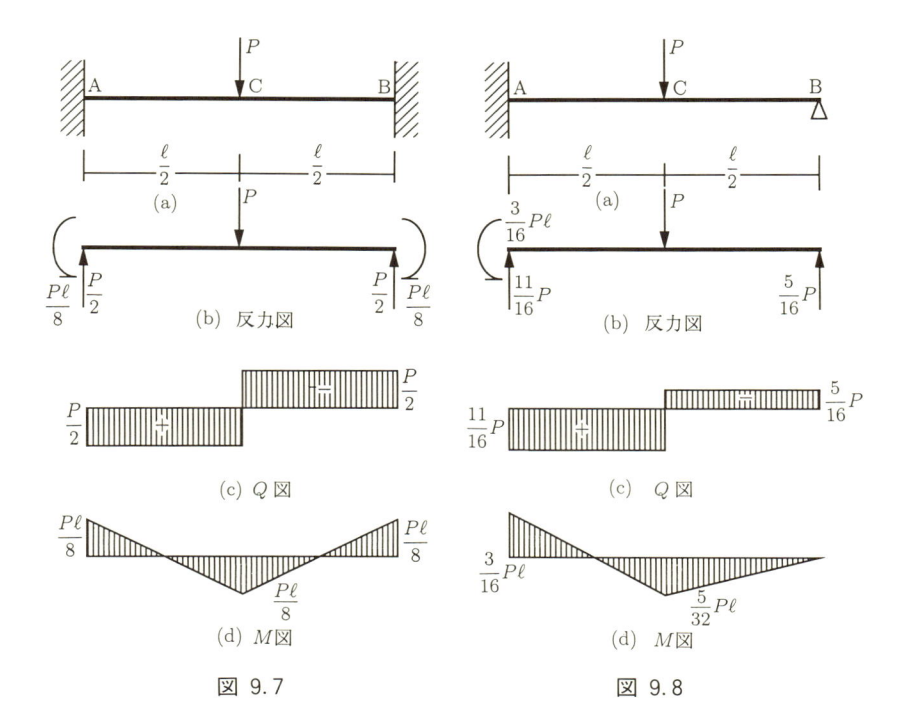

Q図, M図を描くと, 図 9.7(c),(d) のようになる.

[例題 9.2] 図 9.8(a) に示す不静定ばりの M図, Q図を求めよ. ただし, EIは一定とする.

(解答) B端がピン支持なのでたわみ角法の基本式 (9.8) を用いる. A端は固定支持なので, 次式が成立する.
$$\theta_A = R = 0$$

また, 中央集中荷重であるので,
$$H_{AB} = -\frac{3}{16}P\ell$$

したがって,
$$M_{AB} = H_{AB} = -\frac{3}{16}P\ell$$
$$M_{BA} = 0$$

Q図, M図を描くと, 図 9.8(c),(d) のようになる.

9.1 基本式

[**例題 9.3**] 図 9.9(a) に示す不静定ばりの M 図, Q 図を求めよ。ただし, EI は一定とする。

(**解答**) たわみ角法の基本式 (9.6) に次の条件を代入する。
両端は固定支持であるので,
$$\theta_A = \theta_B = 0$$
中間荷重は作用しないので,
$$C_{AB} = C_{BA} = 0$$
B 点が鉛直方向に δ だけ変位するので,
$$R = \delta/\ell$$
したがって,
$$M_{AB} = 2EK\left(-\frac{3\cdot\delta}{\ell}\right) = -\frac{6EK}{\ell}\cdot\delta$$
$$M_{BA} = 2EK\left(-\frac{3\cdot\delta}{\ell}\right) = -\frac{6EK}{\ell}\cdot\delta$$

Q 図, M 図を描くと, 図 9.9(c),(d) のようになる。

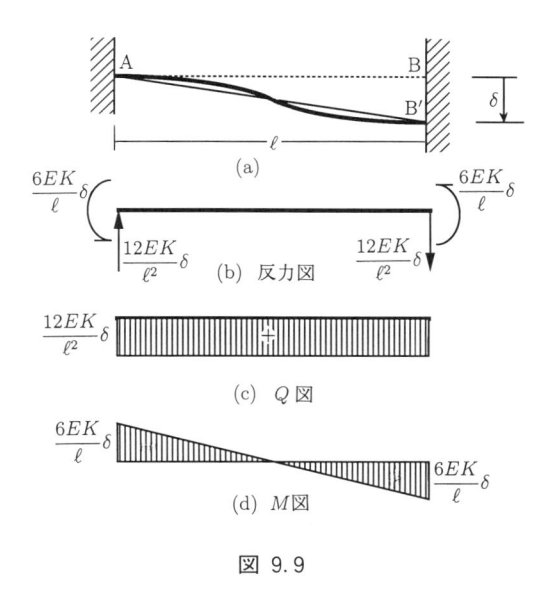

図 9.9

[**演習問題 9.1**] 図 9.10 ～ 9.15 のような不静定ばりの M 図, Q 図をたわみ角法を用いて求めよ。ただし, EI は一定とする。

(1) 図 9.10

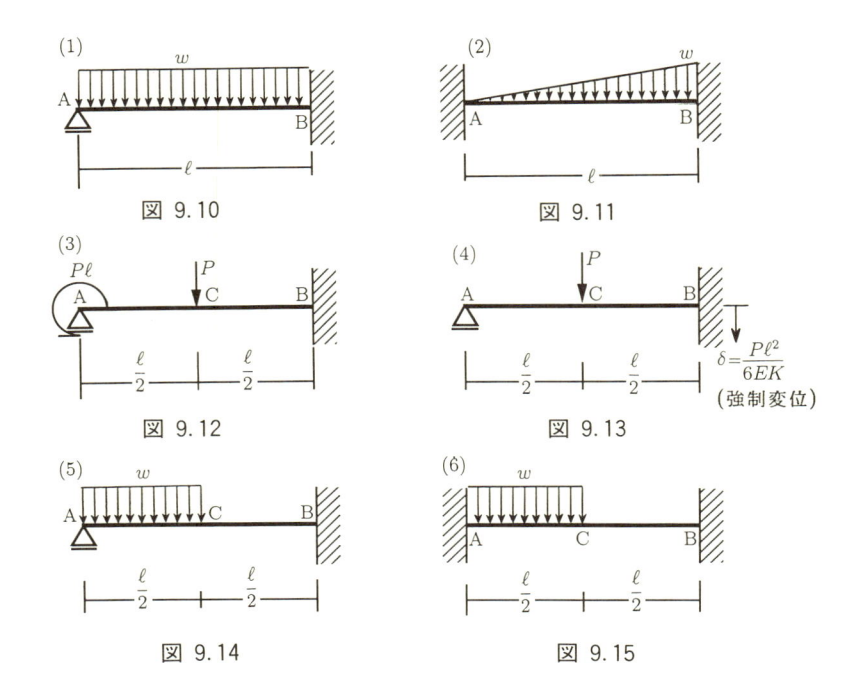

(2) 図 9.11

(3) 図 9.12

(4) 図 9.13 $\delta = \dfrac{P\ell^2}{6EK}$（強制変位）

(5) 図 9.14

(6) 図 9.15

9.2 節点が移動しない場合

節点が移動しないラーメンにおいては各部材の部材角は 0 となるので節点角のみを未知数として考慮すればよい。未知の節点角を求めるには対応する節点におけるモーメントのつり合い条件式すなわち節点方程式を用いればよい。

節点方程式

ある節点に連結される各部材のその節点側の材端モーメントの総和はその節点に作用する外力モーメントに等しい。

図 9.16(a) に示すラーメンの 0 点に関するモーメントのつり合い条件式は次のように表される。

$$\Sigma M_{0i} = M \tag{9.10}$$

ここに，M は外力モーメントで，$\Sigma M_{0i} = M_{01} + M_{02} + M_{03} + M_{04}$ である（図 9.16(b)）。また，節点に外力モーメントが作用しない場合には次式となる。

$$\Sigma M_{0i} = 0 \tag{9.11}$$

たわみ角法の基本式を適用して，材端モーメント $M_{01}, M_{02}, M_{03}, M_{04}$ を節点角で

9.2 節点が移動しない場合

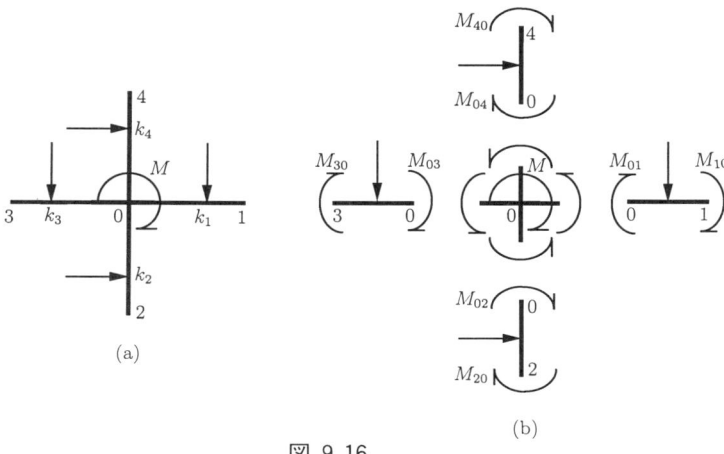

図 9.16

表せば，節点方程式 (9.10) は次のようになる。

$$2(k_1 + k_2 + k_3 + k_4)\varphi_0 + k_1\varphi_1 + k_2\varphi_2 + k_3\varphi_3 + k_4\varphi_4$$
$$= M - (C_{01} + C_{02} + C_{03} + C_{04}) \tag{9.12}$$

上式で示されるように，0点に関する節点方程式には，未知数として0点と0点に隣接する節点の節点角だけが含まれている。以下の例題において，図中の○数字は部材の剛比を示す。

[例題 9.4] 図 9.17(a) に示す連続ばりの M図, Q図を求めよ。

(解答) たわみ角法の基本式を適用して，各部材の材端モーメント式を求める。
$k_{12} = 1, \varphi_1 = \psi_{12} = 0, C_{12} = -P\ell/8, C_{21} = P\ell/8$ より，

$$M_{12} = \varphi_2 - P\ell/8$$
$$M_{21} = 2\varphi_2 + P\ell/8$$

$k_{23} = 1, \varphi_3 = \psi_{23} = 0, C_{23} = -2P\ell/8 = -P\ell/4, C_{32} = P\ell/4$ より，

$$M_{23} = 2\varphi_2 - P\ell/4$$
$$M_{32} = \varphi_2 + P\ell/4$$

外力モーメントは0なので，節点2における節点方程式は次式で表される。

$$M_{21} + M_{23} = 0, \qquad 4\varphi_2 = \frac{P\ell}{8}, \qquad \varphi_2 = \frac{P\ell}{32}$$

したがって，材端モーメントは次のように求められる。

$$M_{12} = \frac{P\ell}{32} - \frac{P\ell}{8} = -\frac{3}{32} \cdot P\ell$$

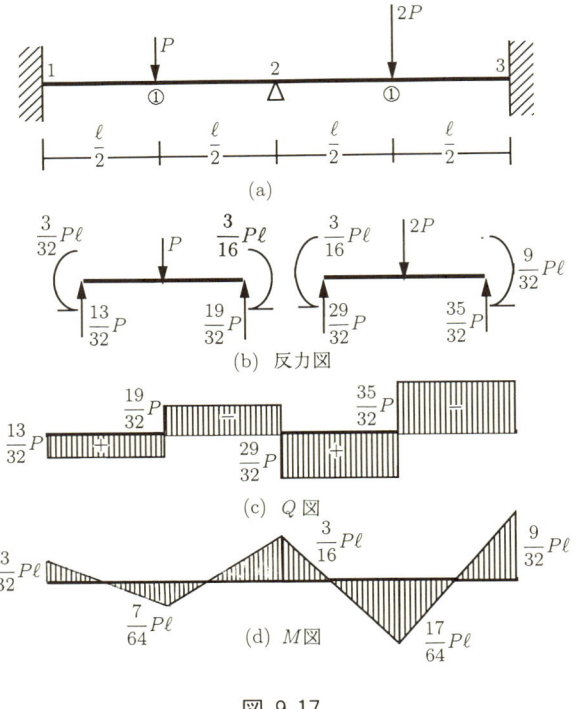

図 9.17

$$M_{21} = \frac{P\ell}{16} + \frac{P\ell}{8} = \frac{3}{16} \cdot P\ell$$
$$M_{23} = \frac{P\ell}{16} - \frac{P\ell}{4} = -\frac{3}{16} \cdot P\ell$$
$$M_{32} = \frac{P\ell}{32} + \frac{P\ell}{4} = \frac{9}{32} \cdot P\ell$$

Q 図, M 図を描くと, 図 9.17(c),(d) のようになる。

[例題 9.5] 図 9.18(a) に示すラーメンの M 図, Q 図, N 図を求めよ。

(解答) たわみ角法の基本式を適用する。
$k_{12} = 1, \varphi_1 = \psi_{12} = 0, C_{12} = C_{21} = 0$ より,

$$M_{12} = \varphi_2$$
$$M_{21} = 2\varphi_2$$

$k_{23} = 1, \varphi_3 = \psi_{23} = 0, C_{23} = -P\ell/8, C_{32} = P\ell/8$ より,

$$M_{23} = 2\varphi_2 - \frac{P\ell}{8}$$
$$M_{32} = \varphi_2 + \frac{P\ell}{8}$$

9.2 節点が移動しない場合

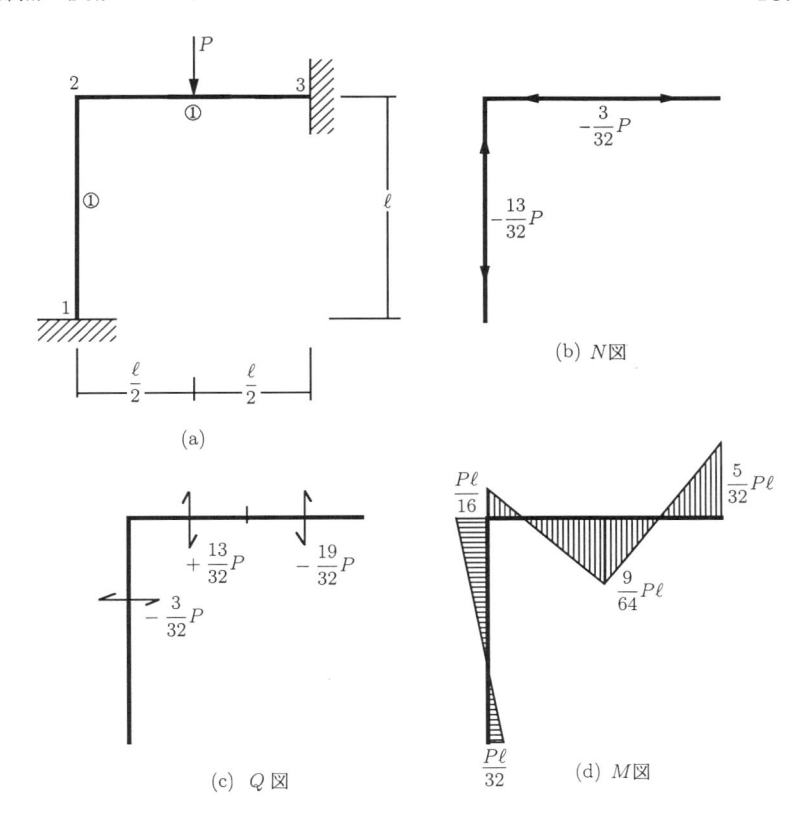

図 9.18

節点 2 における節点方程式

$$M_{21} + M_{23} = 0, \qquad 4\varphi_2 - \frac{P\ell}{8} = 0, \qquad \varphi_2 = \frac{P\ell}{32}$$

したがって，材端モーメントは次のように求められる．

$$M_{12} = \frac{P\ell}{32}$$
$$M_{21} = \frac{P\ell}{16}$$
$$M_{23} = \frac{P\ell}{16} - \frac{P\ell}{8} = -\frac{P\ell}{16}$$
$$M_{32} = \frac{P\ell}{32} + \frac{P\ell}{8} = \frac{5}{32} \cdot P\ell$$

N図，Q図，M図を描くと，図 9.18(b),(c),(d) のようになる．

[例題 9.6] 図 9.19(a) に示すラーメンの M 図を求めよ。

(解答) 対称ラーメンに対称荷重が作用する場合，ラーメンは対称変形する。

$$\theta_2 = -\theta_{2'} \quad (\varphi_2 = -\varphi_{2'})$$
$$\theta_3 = -\theta_{3'} \quad (\varphi_3 = -\varphi_{3'})$$

$k_{12} = 1, \varphi_1 = \psi_{12} = 0, C_{12} = C_{21} = 0$ より

$$M_{12} = \varphi_2$$
$$M_{21} = 2\varphi_2$$

$k_{23} = 1, \psi_{23} = 0, C_{23} = C_{32} = 0$ より

$$M_{23} = 2\varphi_2 + \varphi_3$$
$$M_{32} = 2\varphi_3 + \varphi_2$$

$k_{22'} = 1, \varphi_2 = -\varphi_{2'}, \psi_{22'} = 0, C_{22'} - P\ell/8, C_{2'2} = P\ell/8$ より

$$M_{22'} = 2\varphi_2 + \varphi_{2'} - P\ell/8 = \varphi_2 - P\ell/8$$
$$M_{2'2} = 2\varphi_{2'} + \varphi_2 + P\ell/8 = -\varphi_2 + P\ell/8 = -M_{22'}$$

$k_{33'} = 1, \varphi_3 = -\varphi_{3'}, \psi_{33'} = 0, C_{33'} = -P\ell/8, C_{3'3} = P\ell/8$ より

$$M_{33'} = 2\varphi_3 + \varphi_{3'} - P\ell/8 = \varphi_3 - P\ell/8$$
$$M_{3'3} = -M_{33'}$$

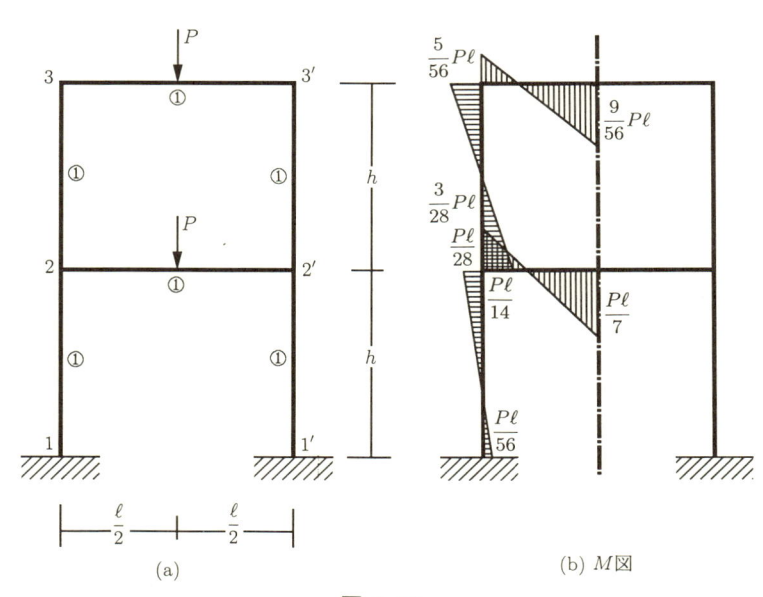

(a)

(b) M 図

図 9.19

9.2 節点が移動しない場合

節点 2，節点 3 における節点方程式

節点 2 　$M_{21} + M_{22'} + M_{23} = 0$ より
$$2\varphi_2 + \varphi_2 - P\ell/8 + 2\varphi_2 + \varphi_3 = 0, \qquad 5\varphi_2 + \varphi_3 = P\ell/8$$

節点 3 　$M_{32} + M_{33'} = 0$ より
$$2\varphi_3 + \varphi_2 + \varphi_3 - P\ell/8 = 0, \qquad \varphi_2 + 3\varphi_3 = P\ell/8$$

2 つの節点方程式を行列表示すれば次のようになる。
$$\begin{bmatrix} 5 & 1 \\ 1 & 3 \end{bmatrix} \begin{Bmatrix} \varphi_2 \\ \varphi_3 \end{Bmatrix} = \begin{Bmatrix} P\ell/8 \\ P\ell/8 \end{Bmatrix}$$

クラーメルの法則を適用して連立方程式の解を求める。

$$\varphi_2 = \frac{\begin{vmatrix} P\ell/8 & 1 \\ P\ell/8 & 3 \end{vmatrix}}{\begin{vmatrix} 5 & 1 \\ 1 & 3 \end{vmatrix}} = \frac{P\ell/4}{14} = \frac{P\ell}{56}, \qquad \varphi_3 = \frac{\begin{vmatrix} 5 & P\ell/8 \\ 1 & P\ell/8 \end{vmatrix}}{\begin{vmatrix} 5 & 1 \\ 1 & 3 \end{vmatrix}} = \frac{P\ell/2}{14} = \frac{P\ell}{28}$$

したがって、材端モーメントは次のように求められる。

$$M_{12} = P\ell/56$$
$$M_{21} = P\ell/28$$
$$M_{23} = 2P\ell/56 + P\ell/28 = P\ell/14$$
$$M_{32} = 2P\ell/28 + P\ell/56 = 5P\ell/56$$
$$M_{22'} = P\ell/56 - P\ell/8 = -3P\ell/28$$
$$M_{33'} = P\ell/28 - P\ell/8 = -5P\ell/56$$

曲げモーメント図を描けば，図 9.19(b) のようになる。

[**演習問題 9.2**] 　図 9.20 〜 9.25 に示すラーメンの M 図をたわみ角法を用いて求めよ。ただし、図中の○数字は部材の剛比を示す。

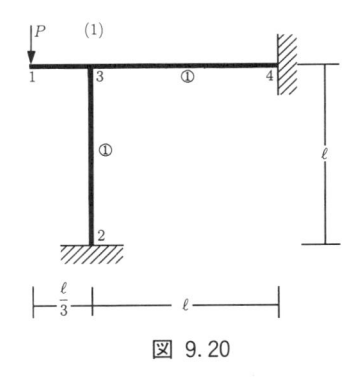

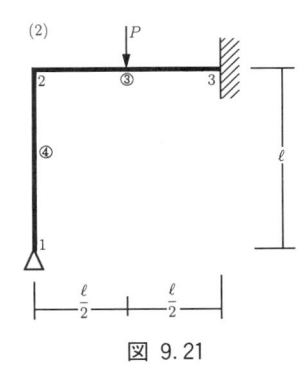

図 9.20

図 9.21

図 9.22

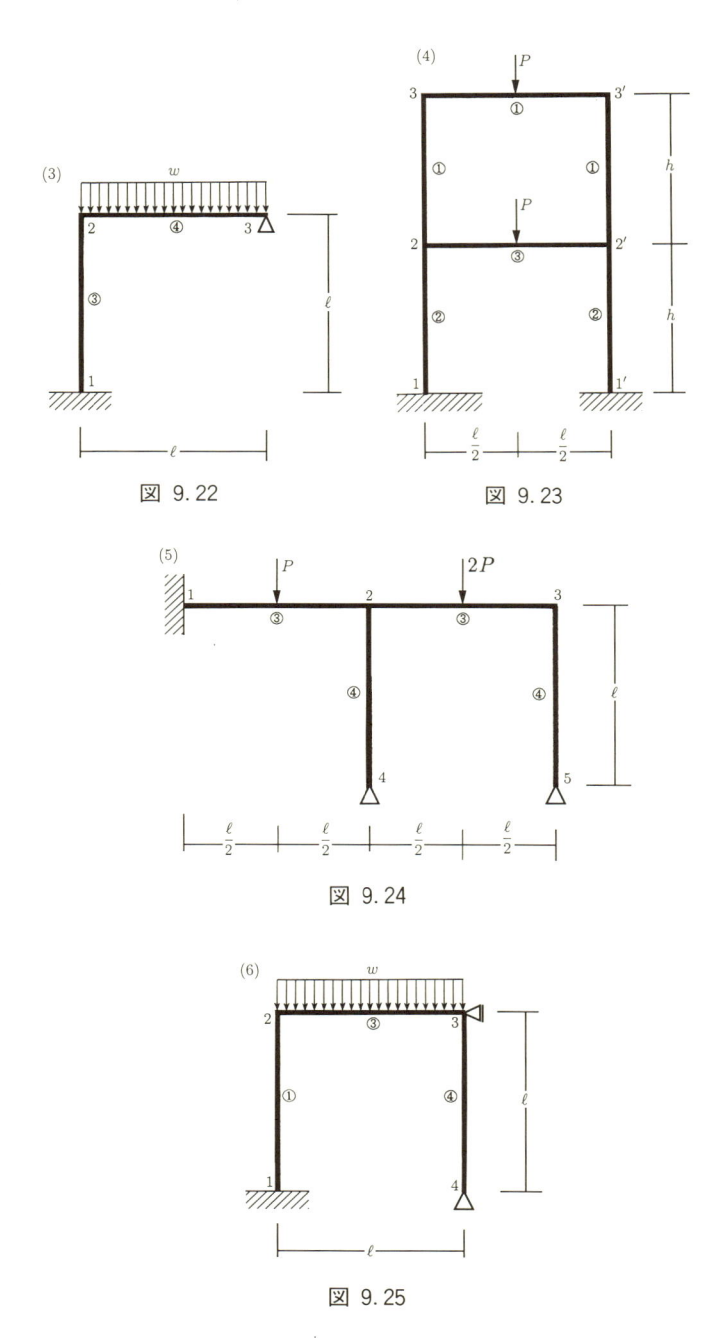

図 9.23

図 9.24

図 9.25

9.3 節点が移動する場合

節点が移動する場合には節点角のほかに部材角が未知数に加わる。長方形ラーメンでは一般にはりには部材角は起こらず,柱の部材角は各層ごとに共通であるから層の数に相当するだけの未知数が増すことになる。したがって条件式も層の数に相当するだけの層方程式を合わせ用いる必要が起こる。

層方程式

各層において外力によるせん断力と各柱のせん断力の総和は等しい。すなわち,i 層における層方程式は,次式で表される。(図 9.26)

$$\Sigma Q_{ij} = Q_i \tag{9.13}$$

ここに,Q_{ij} は i 層の j 番目の柱の上端せん断力,Q_i は i 層より上部に作用するせん断力の総和 (i 層の層せん断力) である。また,柱の上端せん断力は,次のように求められる。

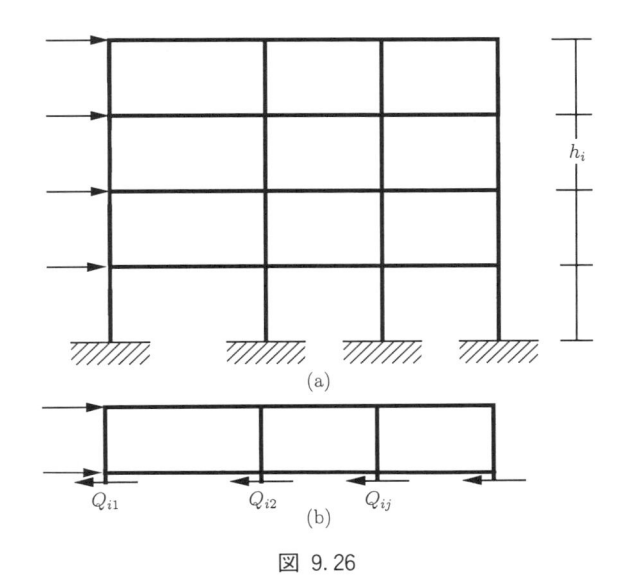

図 9.26

a) 柱に中間荷重が作用しない場合 (図 9.27)

$$Q_{ij} = -\frac{M_{ij}上 + M_{ij}下}{h_i} \tag{9.14}$$

ここに，M_{ij}上, M_{ij}下 は i 層 j 番目の柱の上端，下端の曲げモーメント，h_i は i 層の層高である。
(9.14) 式を (9.13) 式に代入すれば次式が得られる。

$$\Sigma(M_{ij}上 + M_{ij}下) + M_i = 0 \tag{9.15}$$

ここに，$M_i = Q_i \cdot h_i$ で i 層の層モーメントである。すなわち，(9.15) 式は，各層において，各柱の上下端の曲げモーメントの総和と層モーメントとの和は 0 になることを示している。

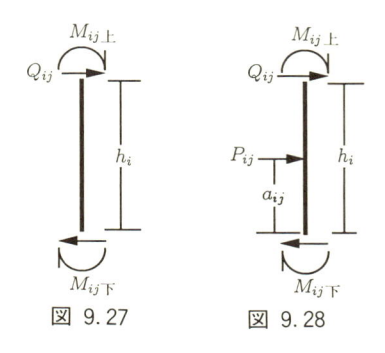

図 9.27　　図 9.28

b) 柱に中間荷重が作用する場合 (図 9.28)

$$Q_{ij} = -\frac{M_{ij}上 + M_{ij}下}{h_i} - \frac{P_{ij} \cdot a_{ij}}{h_i} \tag{9.16}$$

ここに，P_{ij}, a_{ij} は i 層 j 番目の柱に作用する中間荷重の大きさおよび柱下端から荷重までの距離を示している。

以下の例題において，図中の○数字は部材の剛比を示す。

[例題 9.7]　図 9.29(a) に示すラーメンの M 図を求めよ。

(解答)　対称ラーメンに水平力が作用する場合には，部材 22′ は逆対称変形部材になる。すなわち，

$$\theta_2 = \theta_{2'}, \quad (\varphi_2 = \varphi_{2'})$$

また，22′ 材の軸方向変位を無視しているので，節点 2, 2′ の水平変位は等しくなり，12 材と 1′2′ 材の部材角は等しい。

$$\psi_{12} = \psi_{1'2'} = \psi_I$$

たわみ角法の基本式より

$$M_{12} = \varphi_2 + \psi_I$$
$$M_{21} = 2\varphi_2 + \psi_I$$
$$M_{22'} = 2\varphi_2 + \varphi_{2'} = 3\varphi_2$$
$$M_{2'2} = 2\varphi_{2'} + \varphi_2 = 3\varphi_2$$

9.3 節点が移動する場合

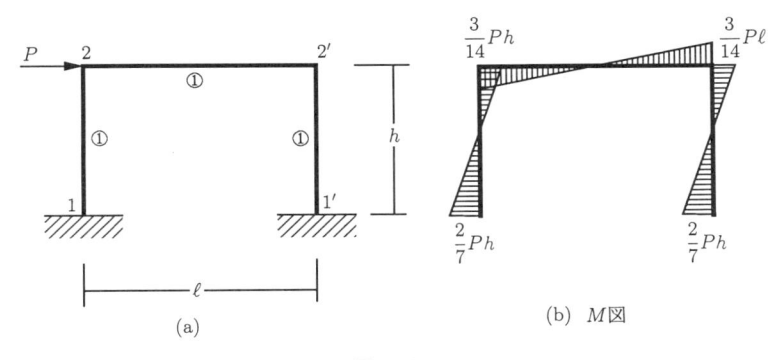

図 9.29

節点 2 における節点方程式
$$M_{21} + M_{22'} = 0$$
$$\therefore 2\varphi_2 + \psi_I + 3\varphi_2 = 0, \qquad 5\varphi_2 + \psi_I = 0$$

1 層における層方程式
$$(M_{12} + M_{21}) + (M_{1'2'} + M_{2'1'}) + Ph = 0$$
$$2(\varphi_2 + \psi_I + 2\varphi_2 + \psi_I) + Ph = 0$$
$$\varphi_2 + 2/3 \cdot \psi_I = -Ph/6$$

節点方程式と層方程式を行列表示すれば次のようになる。
$$\begin{bmatrix} 5 & 1 \\ 1 & 2/3 \end{bmatrix} \begin{Bmatrix} \varphi_2 \\ \psi_I \end{Bmatrix} = \begin{Bmatrix} 0 \\ -Ph/6 \end{Bmatrix}$$

この連立方程式の解を求めると次のようになる。
$$\varphi_2 = \frac{Ph}{14}, \qquad \psi_I = \frac{-5Ph}{14}$$

したがって，材端モーメントは次のように求められる。
$$M_{12} = \frac{Ph}{14} - \frac{5Ph}{14} = \frac{-2Ph}{7}$$
$$M_{21} = \frac{Ph}{7} - \frac{5Ph}{14} = -\frac{3Ph}{14}$$
$$M_{22'} = 3Ph/14, \quad M_{1'2'} = M_{12}, \quad M_{2'1'} = M_{21}, \quad M_{2'2} = M_{22'}$$

曲げモーメント図を描くと，図 9.29(b) のようになる。

[**例題 9.8**] 図 9.30(a) に示すラーメンの M 図を求めよ。

(**解答**) たわみ角法の基本式より
$$M_{12} = \varphi_2 + \psi_I$$
$$M_{21} = 2\varphi_2 + \psi_I$$

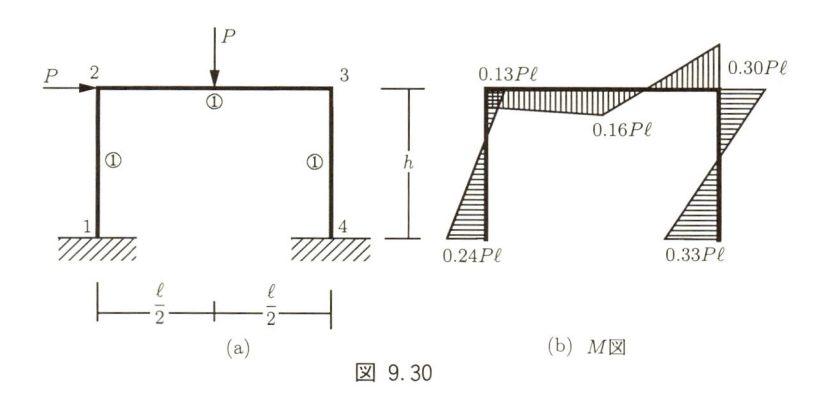

図 9.30

$$M_{23} = 2\varphi_2 + \varphi_3 - P\ell/8$$
$$M_{32} = 2\varphi_3 + \varphi_2 + P\ell/8$$
$$M_{34} = 2\varphi_3 + \psi_I$$
$$M_{43} = \varphi_3 + \psi_I$$

節点 2 における節点方程式
$$M_{21} + M_{23} = 0$$
$$\therefore 2\varphi_2 + \psi_I + 2\varphi_2 + \varphi_3 - P\ell/8 = 0, \quad 4\varphi_2 + \varphi_3 + \psi_I = P\ell/8$$

節点 3 における節点方程式
$$M_{32} + M_{34} = 0$$
$$\therefore 2\varphi_3 + \varphi_2 + P\ell/8 + 2\varphi_3 + \psi_I = 0, \quad \varphi_2 + 4\varphi_3 + \psi_I = -P\ell/8$$

1 層における層方程式
$$(M_{12} + M_{21}) + (M_{34} + M_{43}) + Ph = 0$$
$$\therefore 3\varphi_2 + 2\psi_I + 3\varphi_3 + 2\psi_I + Ph = 0, \quad \varphi_2 + \varphi_3 + 4\psi_I/3 = -Ph/3$$

節点方程式および層方程式を行列表示すれば次のようになる。

$$\begin{bmatrix} 4 & 1 & 1 \\ 1 & 4 & 1 \\ 1 & 1 & 4/3 \end{bmatrix} \begin{Bmatrix} \varphi_2 \\ \varphi_3 \\ \psi_I \end{Bmatrix} = \begin{Bmatrix} P\ell/8 \\ -P\ell/8 \\ -Ph/3 \end{Bmatrix}$$

クラーメルの法則を適用して連立方程式の解を求めると，

$$\varphi_2 = \frac{P\ell}{24} + \frac{Ph}{14}$$
$$\varphi_3 = \frac{-P\ell}{24} + \frac{Ph}{14}$$
$$\psi_I = \frac{-5Ph}{14}$$

9.3 節点が移動する場合

計算を簡単にするために $\ell = h$ とおけば，

$$\varphi_2 = \left(\frac{1}{24} + \frac{1}{14}\right)P\ell = \frac{19P\ell}{168}$$

$$\varphi_3 = \left(\frac{-1}{24} + \frac{1}{14}\right)P\ell = \frac{5P\ell}{168}$$

$$\psi_I = \frac{-5P\ell}{14}$$

材端モーメントは次のような値になる．

$$M_{12} = \frac{19P\ell}{168} - \frac{5P\ell}{14} = -\frac{41P\ell}{168} = -0.24P\ell$$

$$M_{21} = \frac{38P\ell}{168} - \frac{5P\ell}{14} = -\frac{11P\ell}{84} = -0.13P\ell$$

$$M_{23} = \frac{38P\ell}{168} + \frac{5P\ell}{168} - \frac{P\ell}{8} = \frac{11P\ell}{84} = 0.13P\ell$$

$$M_{32} = \frac{10P\ell}{168} + \frac{19P\ell}{168} + \frac{P\ell}{8} = \frac{25P\ell}{84} = 0.30P\ell$$

$$M_{34} = \frac{10P\ell}{168} - \frac{5P\ell}{14} = -\frac{25P\ell}{84} = -0.30P\ell$$

$$M_{43} = \frac{5P\ell}{168} - \frac{5P\ell}{14} = -\frac{55P\ell}{168} = -0.33P\ell$$

曲げモーメント図を描くと，図 9.30(b) のようになる．

[演習問題 9.3] 図 9.31 〜 9.36 に示す M 図をたわみ角法を用いて求めよ．ただし，○数字は部材の剛比を表す．

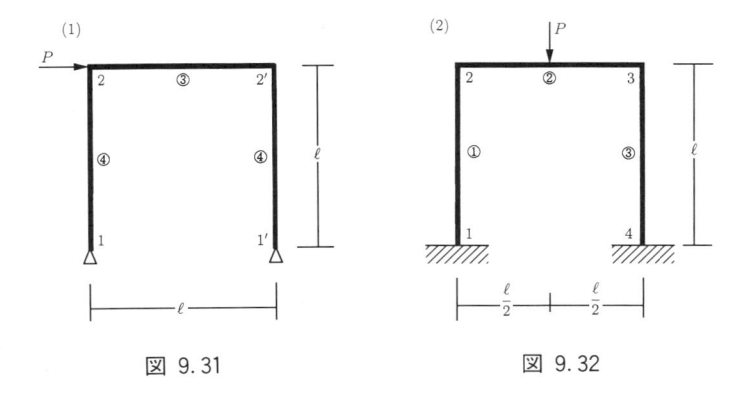

図 9.31

図 9.32

図 9.33

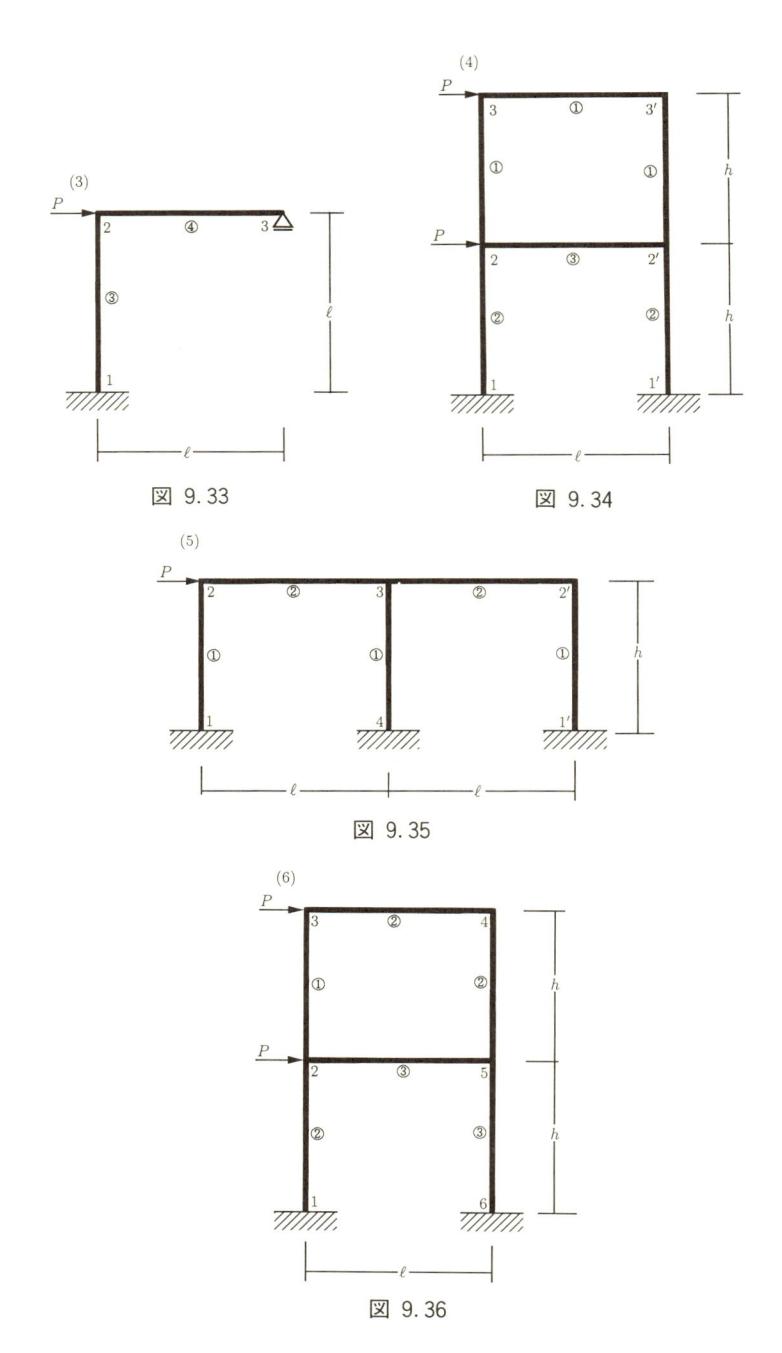

図 9.34

図 9.35

図 9.36

9.4 異形ラーメンの解法

たわみ角法で異形ラーメンを解く手順を以下に説明する (図 9.37(a))。

1. 与えられた骨組の節点をすべてピンと考えて直角変位図を描く。この直角変位図は独立部材角の数だけ描かなければならない。全部材の部材角を独立部材角を用いて表す。

2. 材端モーメントを未知節点角と未知独立部材角で表す。

3. 未知節点角の数だけ節点方程式を作る。また，未知部材角の数だけ仮想仕事式を作る。仮想仕事式は次式で組み立てられる (図 9.37(b))。

$$\Sigma(M_{IJ} + M_{JI})R_{IJ} + \Sigma P_i \delta_i = 0 \tag{9.17}$$

ここに，Σ は全部材についての総和を表し，i は荷重総数，M_{IJ}, M_{JI} は IJ 部材の材端モーメント，R_{IJ} は IJ 部材の部材角，$P_i \delta_i$ は直角変位図における直角変位点まわりの荷重のなすモーメントである。

4. 連立方程式を解き，未知節点角と未知部材角を求める。

5. この節点角と部材角から材端モーメントを計算する。

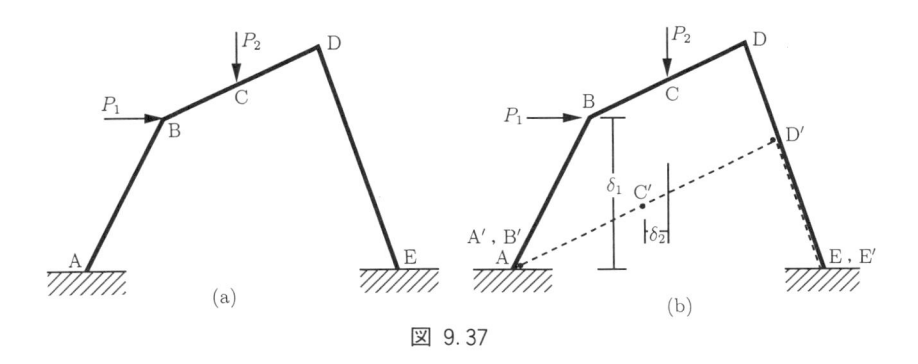

図 9.37

[例題 9.9] 図 9.38(a) に示す骨組に生ずる曲げモーメントを求める。○数字は部材の剛比を表す。

(解答) $R_{AB} = 1$ として直角変位図を描く (図 9.38(b))。この図より，

$$R_{BC} = 1 - \frac{\overline{B'C'}}{\overline{BC}} = 1 - 2 = -1, \qquad R_{CD} = 1 - \frac{\overline{C'D'}}{\overline{CD}} = 1 - 0 = 1$$

したがって，3 つの部材角の比は $R_{AB} : R_{BC} : R_{CD} = 1 : -1 : 1$ である。また，部材 AB の部材角を独立部材角に選び ψ とおけば，部材 BC と部材 CD の部材角は $-\psi, \psi$ で表される。節点 B と節点 C の節点角が未知であるので，これを φ_B, φ_C とおく。未知数は $\varphi_B, \varphi_C, \psi$ の 3 つである。

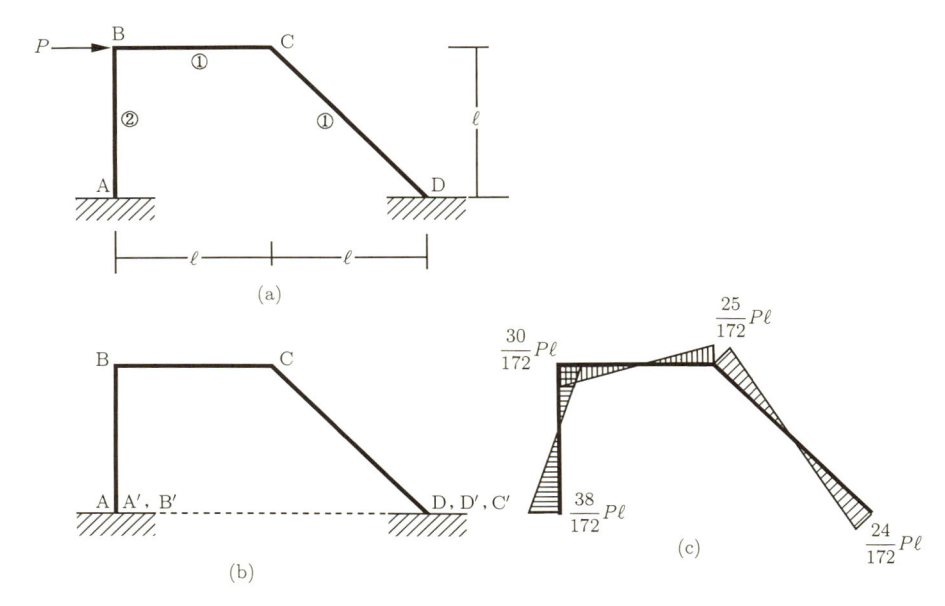

図 9.38

材端モーメント

$$M_{AB} = 2(\varphi_B + \psi)$$
$$M_{BA} = 2(2\varphi_B + \psi)$$
$$M_{BC} = 2\varphi_B + \varphi_C - \psi$$
$$M_{CB} = 2\varphi_C + \varphi_B - \psi$$
$$M_{CD} = 2\varphi_C + \psi$$
$$M_{DC} = \varphi_C + \psi$$

節点方程式

$$M_{BA} + M_{BC} = 0, \quad これより、\quad 6\varphi_B + \varphi_C + \psi = 0 \quad \cdots (1)$$
$$M_{CB} + M_{CD} = 0, \quad これより、\quad \varphi_B + 4\varphi_C = 0 \quad \cdots (2)$$

仮想仕事式

$$(M_{AB} + M_{BA}) \cdot 1 + (M_{BC} + M_{CB}) \cdot (-1) + (M_{CD} + M_{DC}) \cdot 1 + P\ell = 0$$

$$これより、3\varphi_B + 8\psi + P\ell = 0 \cdots (3)$$

(1),(2),(3) を行列表示すれば次のようになる。

$$\begin{bmatrix} 6 & 1 & 1 \\ 1 & 4 & 0 \\ 1 & 0 & \frac{8}{3} \end{bmatrix} \begin{Bmatrix} \varphi_B \\ \varphi_C \\ \psi \end{Bmatrix} = \begin{Bmatrix} 0 \\ 0 \\ -\frac{1}{3}P\ell \end{Bmatrix}$$

9.4 異形ラーメンの解法

これを解いて,
$$\varphi_B = \frac{4}{172}P\ell$$
$$\varphi_C = -\frac{1}{172}P\ell$$
$$\psi = -\frac{23}{172}P\ell$$

これを材端モーメントの式に代入すると,

$M_{AB} = -38/172P\ell, \quad M_{BA} = -30/172P\ell$
$M_{BC} = 30/172P\ell, \quad M_{CB} = 25/172P\ell$
$M_{CD} = -25/172P\ell, \quad M_{DC} = -24/172P\ell$

曲げモーメント図を描くと図 9.38(c) のようになる。

[**演習問題 9.4**]　図 9.39 ～ 9.46 に示す骨組の曲げモーメントを求めよ。○数字は部材の剛比を表す。

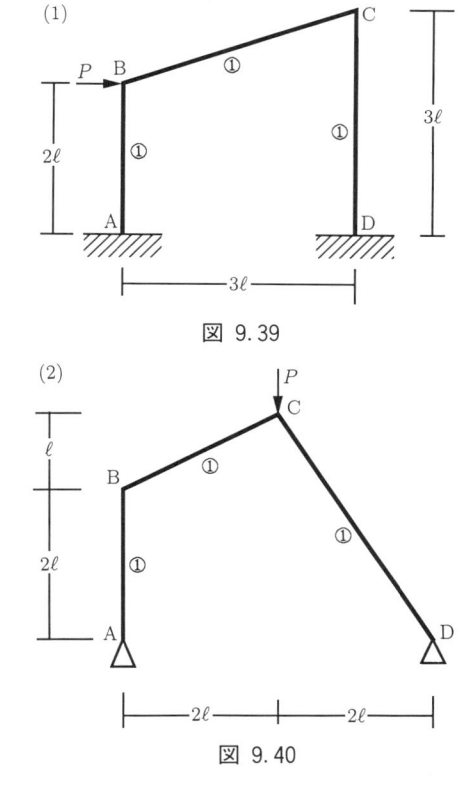

図 9.39

図 9.40

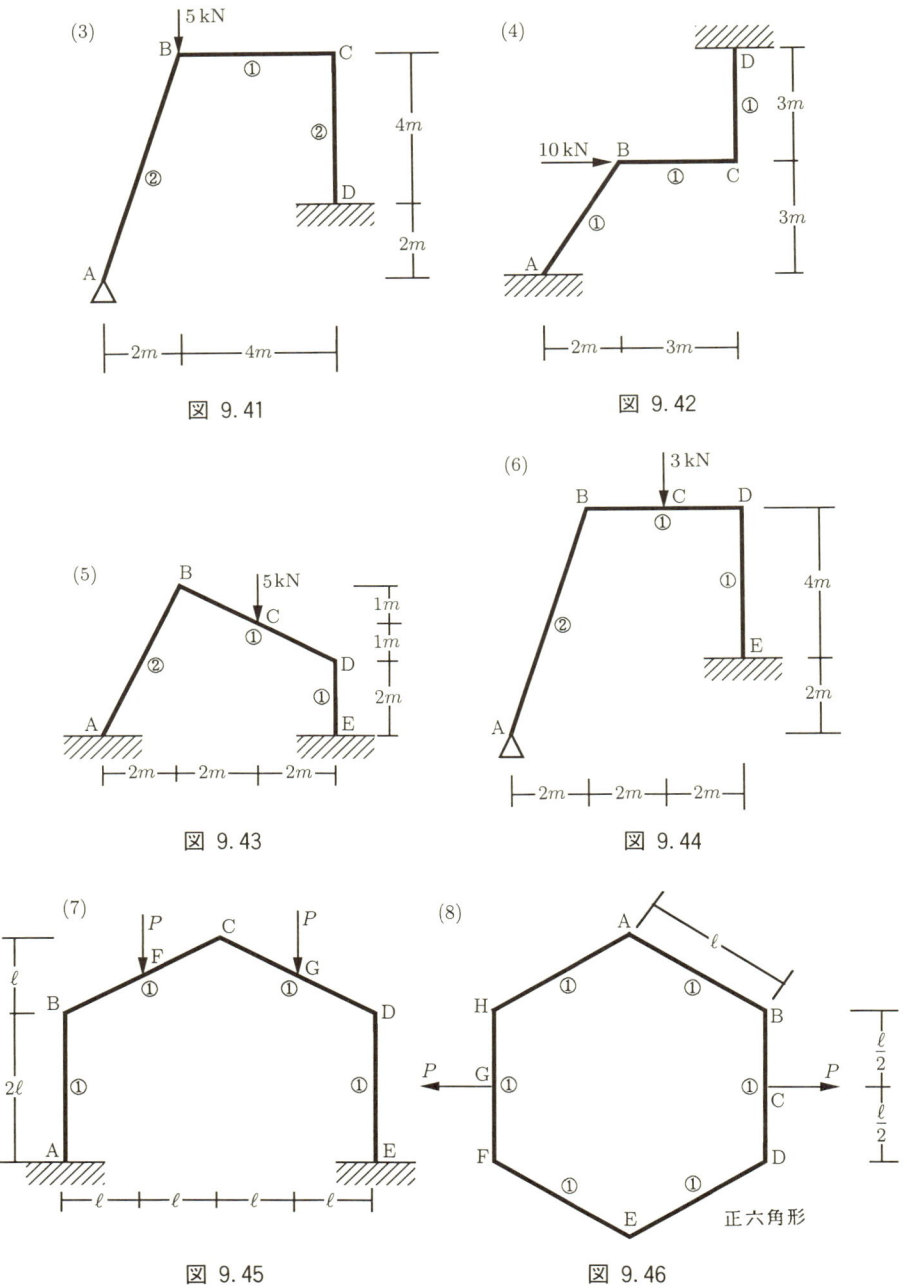

(3)

図 9.41

(4)

図 9.42

(5)

図 9.43

(6)

図 9.44

(7)

図 9.45

(8) 正六角形

図 9.46

10 固定法

たわみ角法を適用して不静定ラーメンを解くには節点角および部材角を未知数とする連立方程式を解かなければならない。連立方程式を解くことなく直接図上で計算を繰り返しながら精解値に近づけていく近似解法として固定法がある。ただし節点が移動する場合，すなわち部材角を生じる場合には固定法においても連立方程式を解かねばならない。

10.1 計算法

固定法の基本的計算法を説明するために，図 10.1(a) のようなラーメンを考える。

たわみ角法の基本式を適用して，各部材の材端モーメントを表す (図 10.1(b))。

$$M_{01} = k_1(2\varphi_0)$$

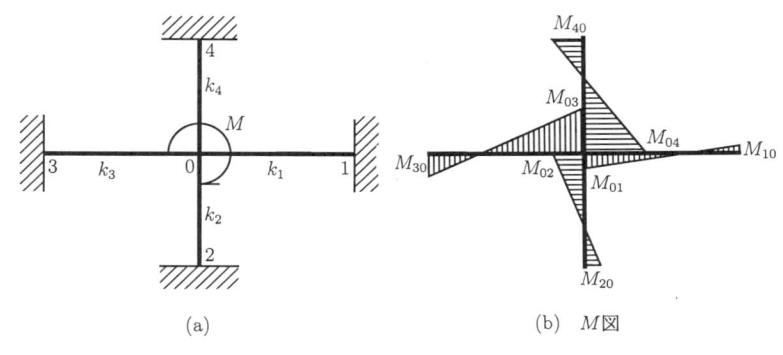

図 10.1

$$M_{10} = k_1(\varphi_0) = 0.5M_{01}$$
$$M_{02} = k_2(2\varphi_0)$$
$$M_{20} = k_2(\varphi_0) = 0.5M_{02}$$
$$M_{03} = k_3(2\varphi_0) \tag{10.1}$$
$$M_{30} = K_3(\varphi_0) = 0.5M_{03}$$
$$M_{04} = k_4(2\varphi_0)$$
$$M_{40} = k_4(\varphi_0) = 0.5M_{04}$$

節点 0 に外力 M が作用する場合，節点方程式は次のように表される．

$$M_{01} + M_{02} + M_{03} + M_{04} = M \tag{10.2}$$

$$k_1(2\varphi_0) + k_2(2\varphi_0) + k_3(2\varphi_0) + k_4(2\varphi_0) = M$$

$\Sigma k_{(0)} = k_1 + k_2 + k_3 + k_4$ を用いれば，$2\varphi_0$ は次式となる．

$$2\varphi_0 = \frac{M}{\Sigma k_{(0)}} \tag{10.3}$$

したがって，各部材の材端モーメントの値は次のように求められる．

$$\begin{aligned}
M_{01} &= \frac{k_1}{\Sigma k_{(0)}} M = D_{01}M, \quad M_{10} = \frac{M_{01}}{2} \\
M_{02} &= \frac{k_2}{\Sigma k_{(0)}} M = D_{02}M, \quad M_{20} = \frac{M_{02}}{2} \\
M_{03} &= \frac{k_3}{\Sigma k_{(0)}} M = D_{03}M, \quad M_{30} = \frac{M_{03}}{2} \\
M_{04} &= \frac{k_4}{\Sigma k_{(0)}} M = D_{04}M, \quad M_{40} = \frac{M_{04}}{2}
\end{aligned} \tag{10.4}$$

$D_{01} = k_1/\Sigma k_{(0)}, D_{02} = k_2/\Sigma k_{(0)}, D_{03} = k_3/\Sigma k_{(0)}, D_{04} = k_4/\Sigma k_{(0)}$

ここに，$D_{01}, D_{02}, D_{03}, D_{04}$ は分配率 (DF) と呼ばれ，$M_{01}, M_{02}, M_{03}, M_{04}$ は分配モーメント (D)，そして，$M_{10}, M_{20}, M_{30}, M_{40}$ は到達モーメント (C) と呼ばれる．

図 10.1(b) の曲げモーメント図で示すように，周辺部の部材端がすべて固定端の場合には，各部材の節点 0 側のモーメント（分配モーメント）は外力モーメント M を分配率によって比例配分した値になり，固定端のモーメント（到達モーメント）は分配モーメントの半分になる．

[**例題 10.1**] 図 10.2(a) のようなラーメンの M 図を求めよ．ただし，図中の○数字は部材の剛比を示す．

10.1 計算法

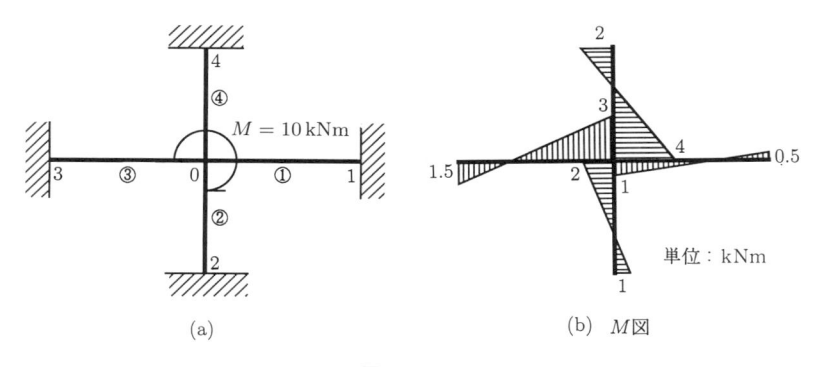

図 10.2

(**解答**) まず，分配率 (DF) を求める。
$\Sigma k_{(0)} = 1 + 2 + 3 + 4 = 10$ より

$$D_{01} = \frac{1}{10} = 0.1, \quad D_{02} = \frac{2}{10} = 0.2,$$
$$D_{03} = \frac{3}{10} = 0.3, \quad D_{04} = \frac{4}{10} = 0.4$$

次に分配モーメント (D)，および到達モーメント (C) を求める。

$$M_{01} = D_{01} = 0.1 \cdot 10 = 1\,\text{kNm}, \quad M_{10} = 0.5 M_{01} = 0.5\,\text{kNm}$$
$$M_{02} = D_{02} = 0.2 \cdot 10 = 2\,\text{kNm}, \quad M_{20} = 0.5 M_{02} = 1.0\,\text{kNm}$$
$$M_{03} = D_{03} = 0.3 \cdot 10 = 3\,\text{kNm}, \quad M_{30} = 0.5 M_{03} = 1.5\,\text{kNm}$$
$$M_{04} = D_{04} = 0.4 \cdot 10 = 4\,\text{kNm}, \quad M_{40} = 0.5 M_{04} = 2.0\,\text{kNm}$$

曲げモーメント図を描くと，図 10.2(b) のようになる。

次に，外力として節点に作用するモーメントだけでなく，部材に作用する中間荷重を考慮する場合について考える。図 10.3(a) のように 01 材と 03 材に中間荷重が作用している。中間荷重が作用すると節点 0 は節点角を生じる。固定法においては，まず節点 0 を拘束して節点角を生じさせないようにする。そのためには 01 材の材端において固定端モーメントに等しいモーメントが作用しなければならないし，また，03 材の材端にも同様のモーメントが作用しなければならない。したがって，節点 0 に節点角を生じさせないためには $M_0 = C_{01} + C_{03}$ のモーメントを作用させなければならない。M_0 は固定モーメントと呼ばれる（図 10.3(b)）。固定モーメントは節点 0 には作用していないので解除しなければならない。すなわち，固定モーメントの大きさに等しく，向きが逆方向になる解放モーメント $\bar{M}_0$ を節点 0 に作用させる（図 10.3(c)）。解放モーメント $\bar{M}_0$ が作用する場合の材端モーメントは分配モーメントと到達モーメントに等しくなり簡単に求められる。

図 10.3

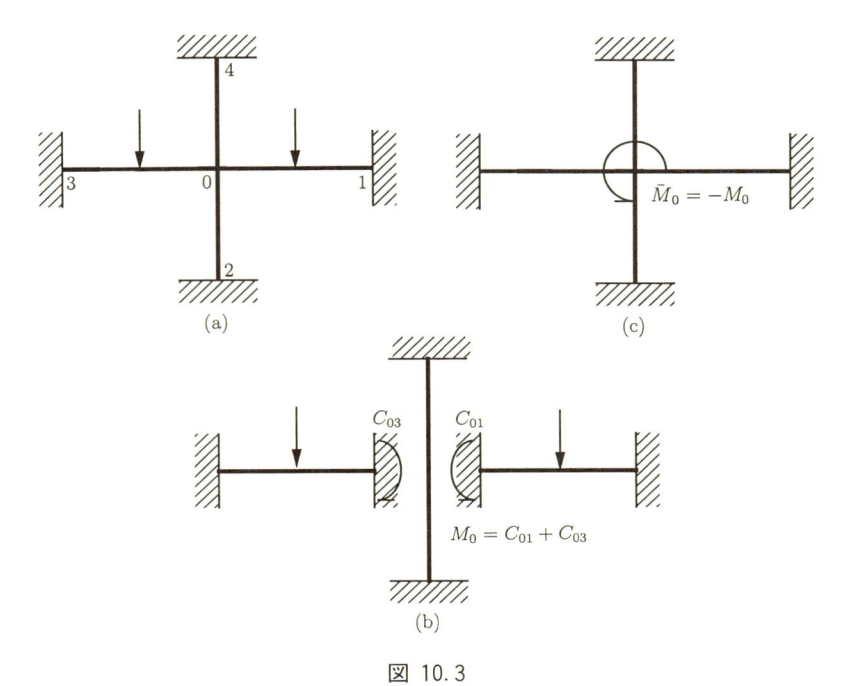

[**例題 10.2**] 図 10.4(a) に示すラーメンの M 図を求めよ。ただし，図中の○印の数字は部材の剛比を示す。

(**解答**)
1．分配率 (DF) の計算
$$\Sigma k_{(0)} = 1+1+1+1 = 4$$
$$D_{01} = D_{02} = D_{03} = D_{04} = 1/4 = 0.25$$

2．固定端モーメント (FEM) の計算
$$C_{01} = -\frac{2P\ell}{8} = -\frac{P\ell}{4} = -0.25P\ell$$
$$C_{10} = \frac{2P\ell}{8} = 0.25P\ell$$
$$C_{30} = -\frac{P\ell}{8} = -0.125P\ell$$
$$C_{03} = \frac{P\ell}{8} = 0.125P\ell$$

3．固定モーメント M_0，解放モーメント $\bar{M}_0$ の計算
$$M_0 = C_{01} + C_{03} = -0.25P\ell + 0.125P\ell = -0.125P\ell$$
$$\bar{M}_0 = -M_0 = 0.125P\ell$$

10.1 計算法

図 10.4

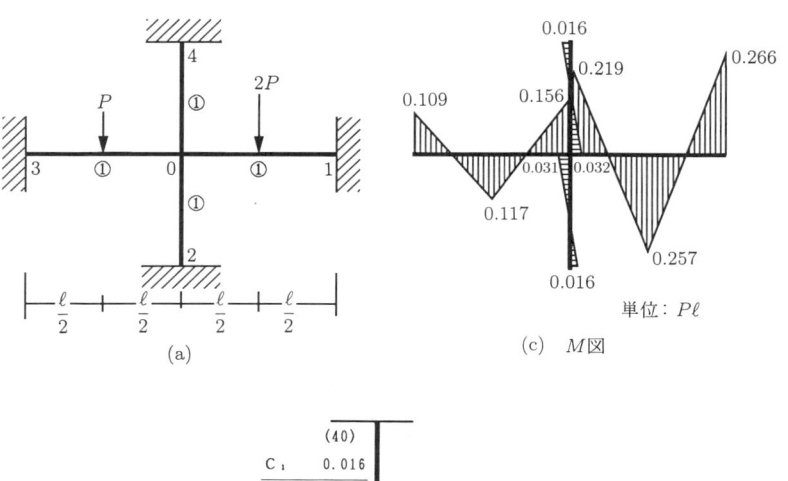

(a) 構造図

(c) M図 単位: $P\ell$

(b) 計算表

	(30)	(03)	(02)	(04)	(01)	M	(10)
DF	-	0.25	0.25	0.25	0.25		-
FEM	-0.125	0.125	0	0	-0.25	-0.125	0.25
D_1	0	0.031	0.031	0.032	0.031		0
C_1	0.016	0	0	0	0		0.016
Σ	-0.109	0.156	0.031	0.032	-0.219		0.266

(40): C_1 0.016, Σ 0.016

(20): C_1 0.016, Σ 0.016

単位: $P\ell$

4. 分配モーメント (D), 到達モーメント (C) の計算

解放モーメント $\bar{M}_0$ が作用したときの分配モーメントと到達モーメントを求める。

$$M_{01} = D_{01}\bar{M}_0 = 0.25 \cdot 0.125 P\ell = 0.031 P\ell$$
$$M_{10} = 0.5 M_{01} = 0.016 P\ell$$
$$M_{02} = D_{02}\bar{M}_0 = 0.25 \cdot 0.125 P\ell = 0.031 P\ell$$
$$M_{20} = 0.5 M_{02} = 0.016 P\ell$$
$$M_{03} = D_{03}\bar{M}_0 = 0.25 \cdot 0.125 P\ell = 0.031 P\ell$$
$$M_{30} = 0.5 M_{03} = 0.016 P\ell$$
$$M_{04} = D_{04}\bar{M}_0 = 0.25 \cdot 0.125 P\ell = 0.031 P\ell$$
$$M_{40} = 0.5 M_{04} = 0.016 P\ell$$

5．材端モーメントの計算

各部材の材端モーメントは，固定端モーメントに分配モーメントあるいは到達モーメントを加えることにより求められる。一般に固定法においては図上計算法により材端モーメントを求める（図 10.4(b)）。曲げモーメント図を描くと，図 10.4(c) のようになる。

固定法においては部材の一端は固定として取り扱われている。固定端でない部材の分配モーメントは，有効剛比を用いて固定端と同じ手順により計算できる。

1. **他端が固定の場合** (図 10.5)

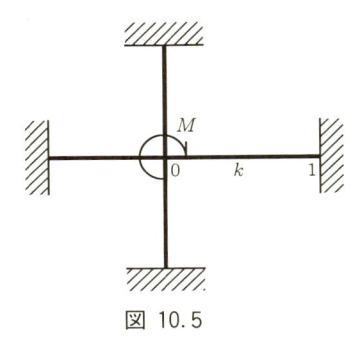

$$M_{01} = k(2\varphi_0)$$
$$M_{10} = k(\varphi_0) \tag{10.5}$$

図 10.5

2. **他端がピンの場合** (図 10.6)

$$M_{01} = k\left(2\varphi_0 - \frac{\varphi_0}{2}\right) = \frac{3k}{4} \cdot (2\varphi_0)$$
$$M_{10} = 0 \tag{10.6}$$

すなわち，ピン端の場合には有効剛比 $k_e = 3k/4$ を用いれば固定端の場合と同じ結果になる。

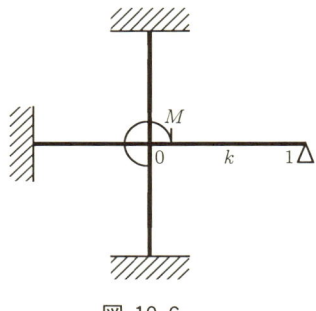

図 10.6

3. **対称変形部材** (図 10.7)

$$M_{00'} = k(2\varphi_0 + \varphi_{0'}) = k(2\varphi_0 - \varphi_0) = \frac{1}{2} \cdot k(2\varphi_0)$$

$$M_{0'0} = k(2\varphi_{0'} + \varphi_0) = k(2\varphi_{0'} - \varphi_{0'}) = \frac{1}{2} \cdot k(2\varphi_{0'}) = -M_{00'} \quad (10.7)$$

すなわち，対称変形部材では有効剛比 $k_e = k/2$ を用いれば固定端と同じ結果になる。

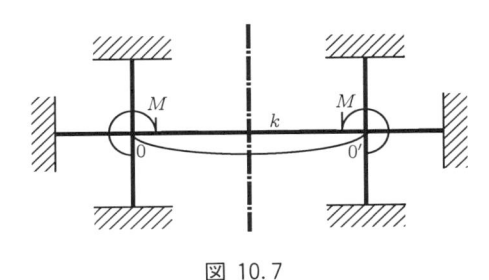

図 10.7

4. **逆対称部材** (図 10.8)

$$M_{00'} = k(2\varphi_0 + \varphi_{0'}) = k(2\varphi_0 + \varphi_0) = \frac{3}{2} \cdot k(2\varphi_0)$$

$$M_{0'0} = k(2\varphi_{0'} + \varphi_0) = k(2\varphi_{0'} + \varphi_{0'}) = \frac{3}{2} \cdot k(2\varphi_{0'}) = M_{00'} \quad (10.8)$$

すなわち，対称変形部材では有効剛比 $k_e = 3k/2$ を用いれば固定端の場合と同じ結果になる。

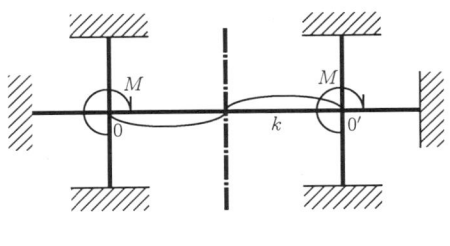

図 10.8

[**例題 10.3**]　図 10.9(a) のようなラーメンの M 図を求めよ。ただし，図中の○数字は剛比を示す。

(**解答**)　$22'$ 材は対称変形部材なので有効剛比 $ke = 0.5k = 1$ を用いる。

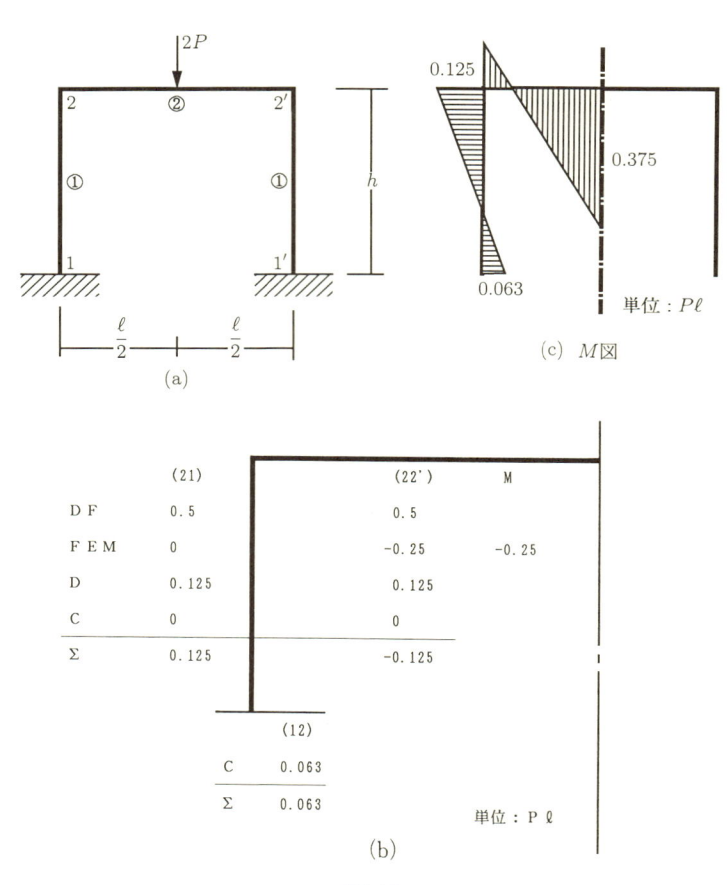

図 10.9

1. 分配率 (DF) の計算

$$\Sigma k_{(2)} = 1 + 1 = 2$$
$$D_{21} = D_{22'} = 1/2 = 0.5$$

2. 固定端モーメント (FEM) の計算

$$C_{22} = -\frac{2P\ell}{8} = -0.25P\ell$$

図上計算法 (図 10.9(b)) により求める。曲げモーメント図を描くと，図 10.9(c) のようになる。

[演習問題 10.1] 図 10.10 ～ 10.15 に示すラーメンの M 図を固定法を用いて求めよ。ただし，図中の○数字は部材剛比を示す。

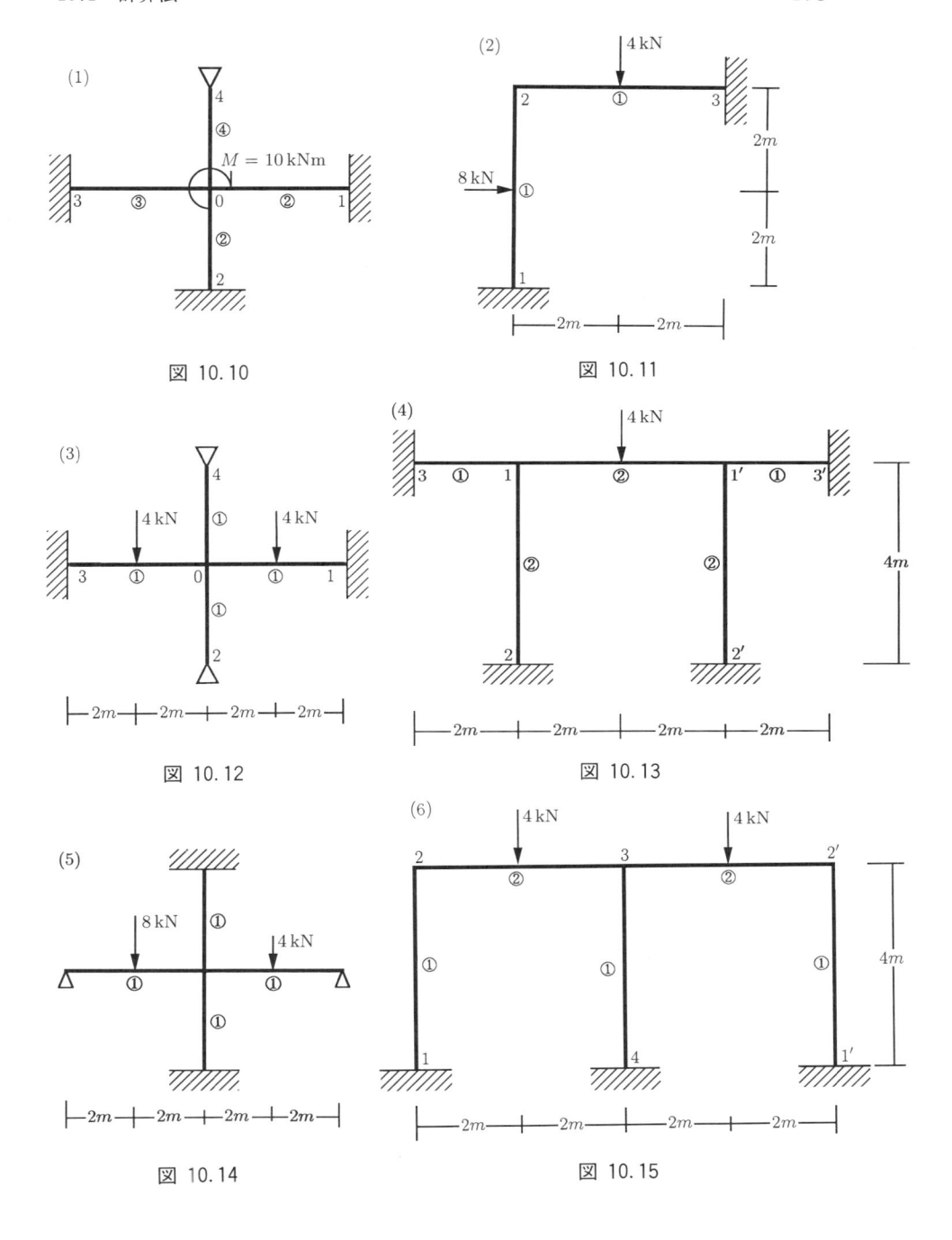

10.1 計算法

(1)

図 10.10

(2)

図 10.11

(3)

図 10.12

(4)

図 10.13

(5)

図 10.14

(6)

図 10.15

10.2 節点が移動しない場合

2つ以上の節点で節点角を生じる場合には，一つ一つの節点において固定モーメントを解放しなければならない．解放モーメントによる材端モーメントを求める際には解放する節点に集まる部材の他端は固定されているので新たな固定モーメントが生じることになる．したがって数回の固定モーメントの解放を行うことにより精度の高い解が得られる．

解法手順

1. (節点角を生じる) 各節点における分配率 (DF) を求める．
2. 中間荷重の作用する部材において固定端モーメント (FEM) を求める．
3. 各節点における第一次固定モーメント M_1 を求める．
4. 各節点に第一次解放モーメント ($\bar{M}_1$) を作用させて分配モーメント (D_1) および到達モーメント (C_1) を求める．
5. 各節点における第二次固定モーメント M_2 を到達モーメント (C_1) を総和して求める．
6. 各節点に第二次解放モーメント ($\bar{M}_2$) を作用させて分配モーメント (D_2) および到達モーメント (C_2) を求める．
7. このような計算を数回繰り返せば精度の高い材端モーメントを得ることができる．
8. 計算を終了する場合には分配モーメント D_n までを考える．ただし，固定端には到達モーメントを伝達させる．
9. 材端モーメントは次式で得られる．

$$M = FEM + D_1 + C_1 + D_2 + C_2 + \cdots + D_n \tag{10.9}$$

n=4 程度行えばほとんど誤差はなくなる．実用的な解を求める場合には n=2 で十分である．

以下の例題において，図中の○数字は部材剛比を示す．

[**例題 10.4**]　図 10.16(a) に示す 2 層ラーメンの M 図を求めよ．

　(解答)　22′材，33′材は対称変形部材なので，有効剛比 $k_e = k/2$ を用いる．
　　22′材の有効剛比　　$k_e = 0.5 \cdot 2 = 1.0$
　　33′材の有効剛比　　$k_e = 0.5 \cdot 2 = 1.0$

1．分配率 (DF) の計算

$D_{21} = 2/4 = 0.5, \quad D_{22} = 1/4 = 0.25, \quad D_{23} = 1/4 = 0.25, \quad D_{32} = 1/2 = 0.5,$
$D_{33} = 1/2 = 0.5$

10.2 節点が移動しない場合

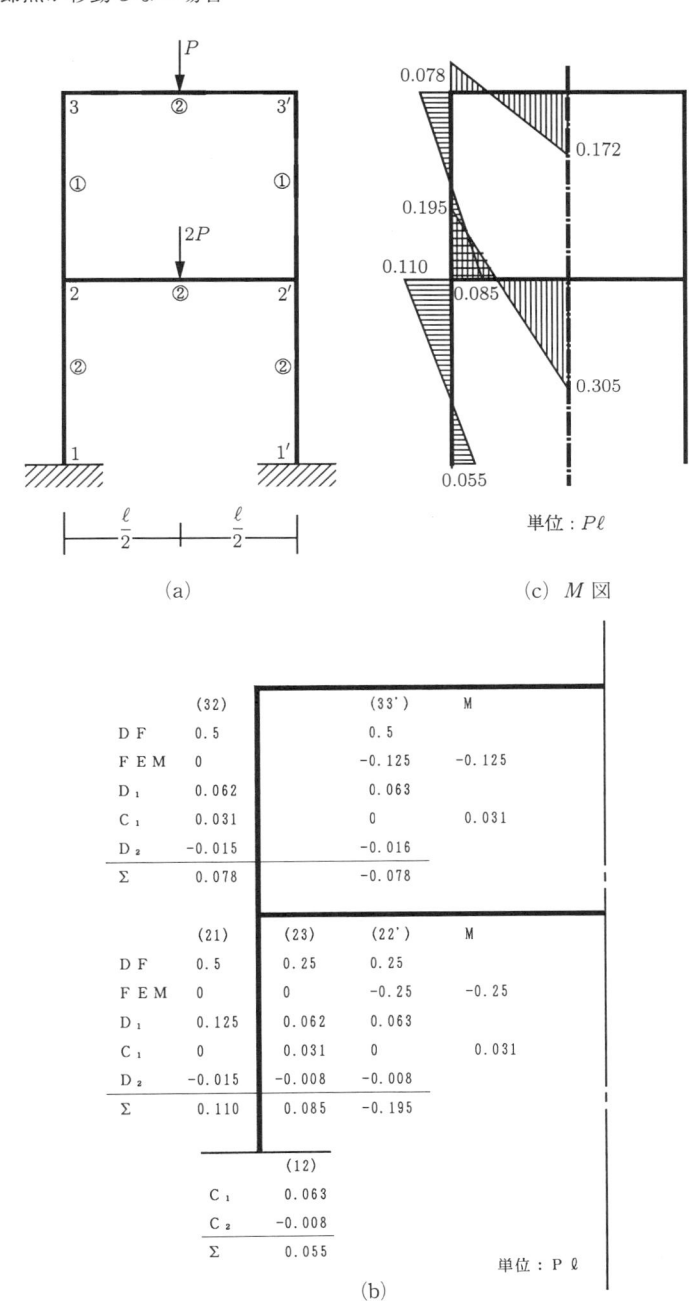

図 10.16

(a) フレーム図

(c) M 図　単位：$P\ell$

(b)

	(32)	(33')	M
DF	0.5	0.5	
FEM	0	-0.125	-0.125
D_1	0.062	0.063	
C_1	0.031	0	0.031
D_2	-0.015	-0.016	
Σ	0.078	-0.078	

	(21)	(23)	(22')	M
DF	0.5	0.25	0.25	
FEM	0	0	-0.25	-0.25
D_1	0.125	0.062	0.063	
C_1	0	0.031	0	0.031
D_2	-0.015	-0.008	-0.008	
Σ	0.110	0.085	-0.195	

	(12)
C_1	0.063
C_2	-0.008
Σ	0.055

単位：$P\ell$

2．固定端モーメント (FEM) の計算

$$C_{22'} = -\frac{2P\ell}{8} = -0.25P\ell \qquad C_{33'} = -\frac{P\ell}{8} = -0.125P\ell$$

図上計算法 (図 10.16(b)) により求める (D_2 まで計算する)。曲げモーメント図を描くと，図 10.16(c) のようになる。

[**例題 10.5**]　図 10.17(a) に示すラーメンの M 図を求めよ。

(**解答**)　45 材において節点 5 がピン支持なので有効剛比 $k_e = 3/4 \cdot k$ を用いる。

1．分配率 (DF) の計算

$$D_{21} = \frac{1}{4} = 0.25, \quad D_{24} = \frac{3}{4} = 0.75$$

$$D_{42} = \frac{3}{9} = 0.33, \quad D_{43} = \frac{3}{9} = 0.34, \quad D_{45} = \frac{3}{9} = 0.33$$

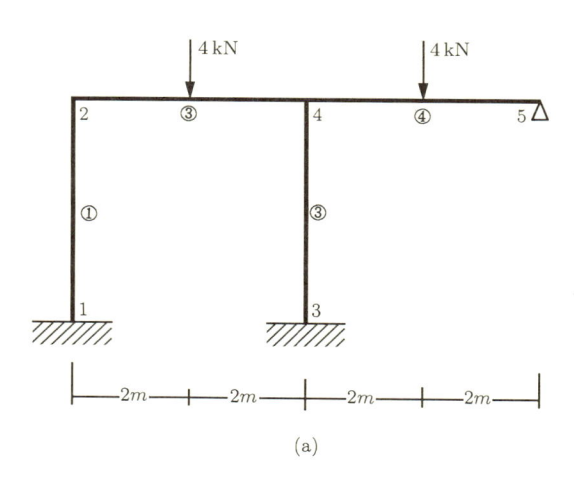

図 10.17

10.2 節点が移動しない場合

(c) M 図

図 10.17

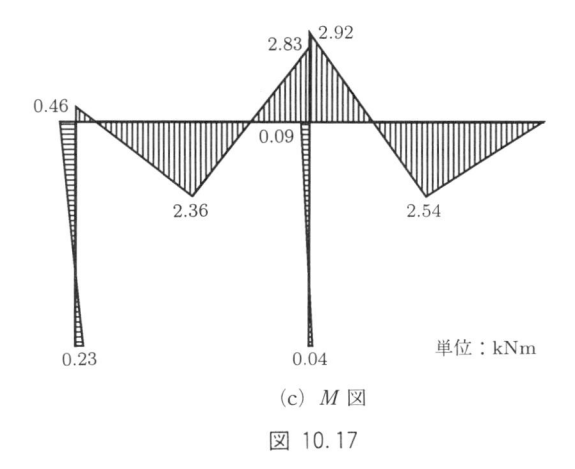

2．固定端モーメント (FEM) の計算

$$-C_{24} = C_{42} = \frac{P\ell}{8} = \frac{4\cdot 4}{8} = 2\,\text{kNm}$$

$$-H_{45} = \frac{3}{16}P\ell = \frac{3\cdot 4\cdot 4}{16} = 3\,\text{kNm}$$

図上計算法 (図 10.17(b)) により求める (D_2 まで計算する)。曲げモーメント図を描くと，図 10.17(c) のようになる。

[**演習問題 10.2**]　図 10.18 〜 10.22 のようなラーメンの M 図を固定法を用いて求めよ。ただし，図中の○印の数字は剛比を示す。また計算は D_2 まで行うこと。

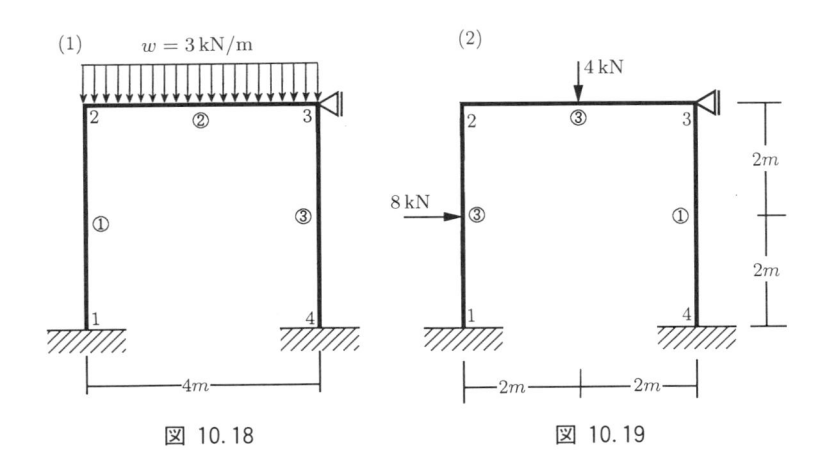

図 10.18

図 10.19

(3)

図 10.20

(4)

図 10.21

(5)

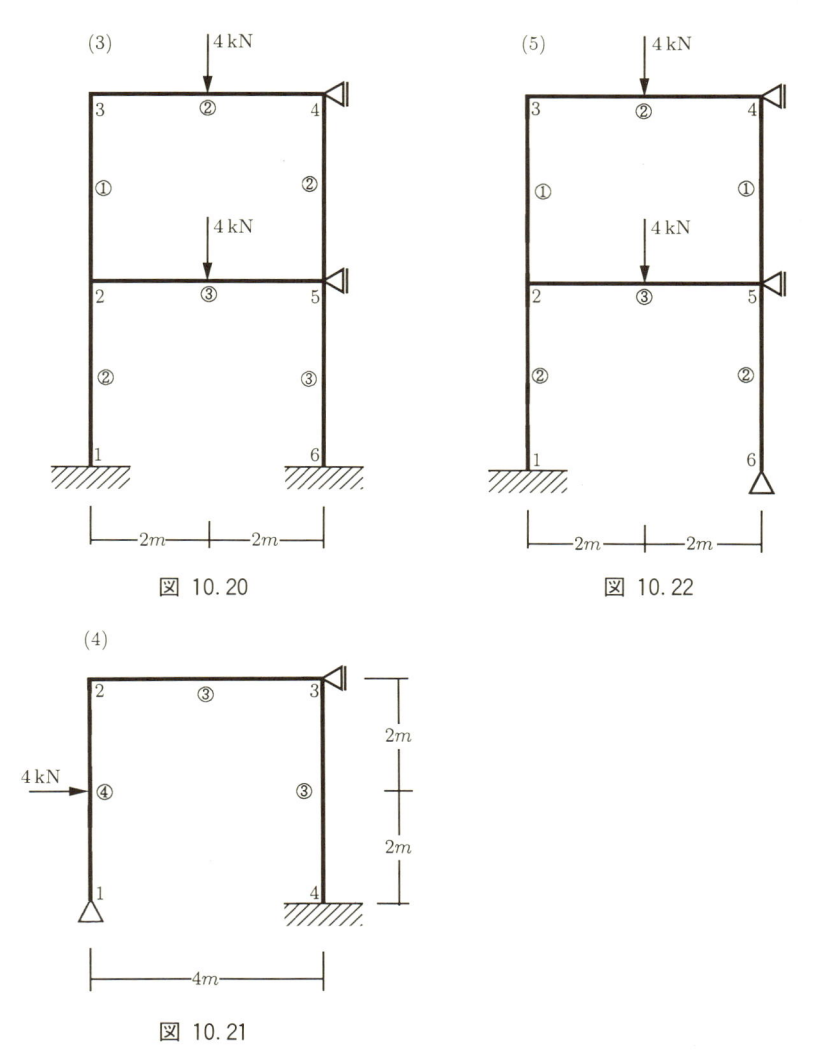

図 10.22

10.3 節点が移動する場合

　固定法を用いて節点が移動する多層ラーメンを解くには次の手順にしたがう。ここでは2層ラーメンを選んで説明する。

1. 図 10.23 に示すように，与えられた多層ラーメン (a) を部材角（水平変位）が生じないラーメン (b) と各層がそれぞれ単位部材角を生じたラーメン (c)，

10.3 節点が移動する場合

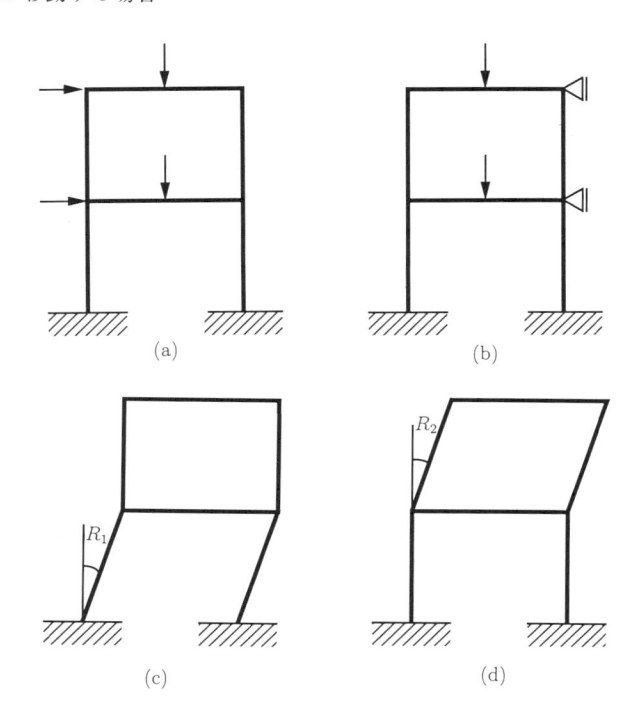

図 10.23

(d) の合成されたものと考える。

2. 部材角が生じないと仮定したラーメン (b) を解いて，各層の層モーメント m_{oi} を求める。

3. 次に各層に単位部材角が生じたラーメン (c)，(d) を解いて，各層の層モーメント m_{1i}, m_{2i} を求める。

4. 与えられた多層ラーメン (a) の各層の部材角をそれぞれ単位部材角の X_1, X_2 倍であるとすれば，各層における層方程式は次式となる。

$$m_{11}X_1 + m_{21}X_2 = -(m_1 + m_{01})$$
$$m_{12}X_1 + m_{22}X_2 = -(m_2 + m_{02}) \tag{10.10}$$

ここに，m_1, m_2 はそれぞれ 1 層および 2 層の層モーメントである。

5. (10.10) 式の連立方程式を解いて X_1, X_2 を求める。

6. 各部材の材端モーメントはラーメン (b) の値とラーメン (c)，(d) の値をそれぞれ X_1, X_2 倍した値を合計すれば求められる。

また，節点角を拘束した状態で単位部材角 R を与えた場合の材端モーメント（固定端モーメント）は次のようになる。

a) 両端固定の場合 (図 10.24)

たわみ角法の基本式を適用して，材端モーメント M_{01}, M_{10} を求める。

$$M_{01} = 2EK_0 \cdot k(-3R) = k(-6EK_0R) = k\psi$$
$$M_{10} = 2EK_0 \cdot k(-3R) = k(-6EK_0R) = k\psi \tag{10.11}$$

部材角 R が正の値の場合，材端モーメント M_{01}, M_{10} は負の値になる。

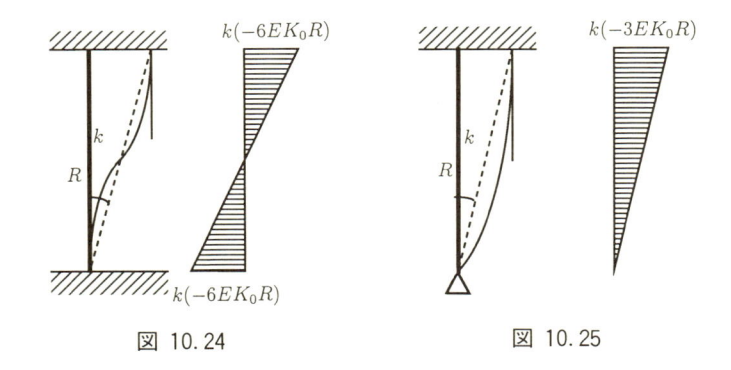

図 10.24

図 10.25

b) 一端固定，他端ピンの場合 (図 10.25)

$$M_{01} = 0$$
$$M_{10} = EK_0 \cdot k(-3R) = k(-3EK_0R) = \frac{k}{2}\psi \tag{10.12}$$

[**例題 10.6**] 図 10.26(a) に示すラーメンの M 図を求めよ。ただし，図中の〇数字は剛比を示す。

(**解答**) 部材 $22'$ は逆対称変形を生じるので有効剛比 $k_e = 1.5k = 1.5$ を用いる。

1. 分配率 (DF) の計算
$$D_{21} = D_{22'} = \frac{1.5}{3} = 0.5$$

2. 固定端モーメント (FEM) の計算
単位部材角として $\psi_I = -6EK_0R_I = -1$ を考えれば，
$$C_{12} = C_{21} = k\psi_I = 1.5 \cdot (-1) = -1.5$$

10.3 節点が移動する場合

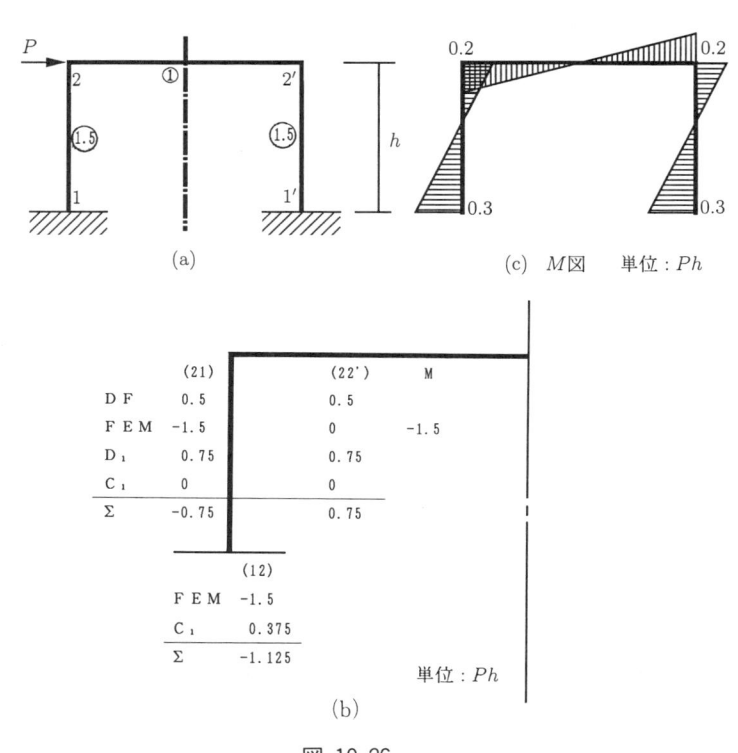

図 10.26

3. 図上計算法 (図 10.26(b)) により材端モーメントを求める (D_2 まで計算する)。

4. 層方程式
   求めるべき部材角を $X_I \cdot R_I$ と考えれば，層方程式は次式で表される。

   $$2(-0.75 - 1.125)X_I = -Ph$$

   したがって，

   $$X_I = \frac{Ph}{3.75}$$

5. 求めるべき材端モーメントは，単位部材角を与えたときの値を X_I 倍したものである。

   $$M_{12} = -1.125 X_I = -0.3Ph$$
   $$M_{21} = -0.75 X_I = -0.2Ph$$

6. 曲げモーメント図を描くと，図 10.26(c) のようになる。

[**例題 10.7**] 図 10.27(a) に示すラーメンの M 図を求めよ。ただし，図中の〇数字は剛比を示す。

(a)

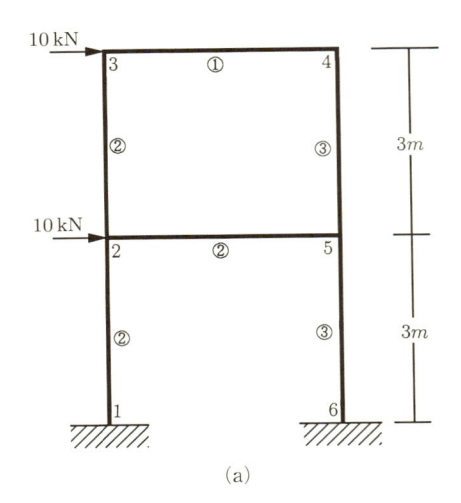

ΨI = -1 の場合

	(32)	(34)	M	(43)	(45)	M
DF	0.66	0.34		0.25	0.75	0.
FEM	0.	0.	0.	0.	0.	
D₁	0.	0.		0.	0.	
C₁	0.33	0.	0.33	0.	0.56	0.56
D₂	-0.22	-0.11		-0.14	-0.42	
Σ	0.11	-0.11		-0.14	0.14	

	(21)	(23)	(25)	M	(52)	(56)	(54)	M
DF	0.33	0.33	0.34		0.25	0.38	0.37	
FEM	-2.	0.	0.	-2.	0.	-3.	0.	-3
D₁	0.66	0.66	0.68		0.75	1.14	1.11	
C₁	0.	0.	0.38	0.38	0.34	0.	0.	0.34
D₂	-0.12	-0.12	-0.14		-0.09	-0.13	-0.12	
Σ	-1.46	0.54	0.92		1.00	-1.99	0.99	

	(12)		(65)
FEM	-2.		-3
C₁	0.33		0.57
C₂	-0.06		-0.07
Σ	-1.73		-2.50

単位:kNm

(b)

10.3 節点が移動する場合

M図の値:
- 8.70, 8.88
- 18.39
- 10.65, 12.80
- 6.83, 5.59
- 17.48
- 15.23, 21.31

単位：kNm

(d) M図

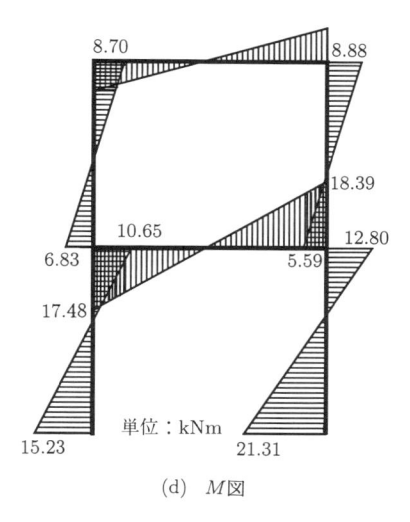

$\Psi_{II} = -1$ の場合

	(32)	(34)	M	(43)	(45)	M
DF	0.66	0.34		0.25	0.75	
FEM	-2	0	-2	0	-3	-3
D_1	1.32	0.68		0.75	2.25	
C_1	0.33	0.38	0.71	0.34	0.56	0.90
D_2	-0.47	-0.24		-0.23	-0.67	
Σ	-0.82	0.82		0.86	-0.86	

	(21)	(23)	(25)	M	(52)	(56)	(54)	M
DF	0.33	0.33	0.34		0.25	0.38	0.37	
FEM	0	-2	0	-2	0	0	-3	-3
D_1	0.66	0.66	0.68		0.75	1.14	1.11	
C_1	0	0.66	0.38	1.04	0.34	0	1.13	1.47
D_2	-0.34	-0.34	-0.36		-0.38	-0.56	-0.53	
Σ	0.32	-1.02	0.70		0.71	0.58	-1.29	

	(12)	(65)
FEM	0	0
C_1	0.33	0.57
C_2	-0.17	-0.28
Σ	0.16	0.29

単位：kNm

(c)

図 10.27

(解答)

1. 分配率 (DF) の計算

$$D_{21} = \frac{2}{6} = 0.33, \quad D_{25} = \frac{2}{6} = 0.34, \quad D_{23} = \frac{2}{6} = 0.33$$
$$D_{32} = \frac{2}{3} = 0.66, \quad D_{34} = \frac{1}{3} = 0.34$$
$$D_{43} = \frac{1}{4} = 0.25, \quad D_{45} = \frac{3}{4} = 0.75$$
$$D_{54} = \frac{3}{8} = 0.37, \quad D_{52} = \frac{2}{8} = 0.25, \quad D_{56} = \frac{3}{8} = 0.38$$

2. 固定端モーメント (FEM) の計算
   単位部材角として $\psi_I = -6EK_0R_I = -1$ を考えれば,

$$C_{12} = C_{21} = k\psi_I = 2 \cdot (-1) = -2$$
$$C_{65} = C_{56} = k\psi_I = 3 \cdot (-1) = -3$$

単位部材角として $\psi_{II} = -6EK_0R_{II} = -1$ を考えれば,

$$C_{23} = C_{32} = k\psi_{II} = 2 \cdot (-1) = -2$$
$$C_{54} = C_{45} = k\psi_{II} = 3 \cdot (-1) = -3$$

3. 図上計算法 (図 10.27(b),(c)) により材端モーメントを求める (D_2 まで計算)。

4. 層方程式は次式で表される。

$$m_{11} = -1.46 - 1.73 - 1.99 - 2.50 = -7.68$$
$$m_{12} = 0.11 + 0.54 + 0.14 + 0.99 = 1.78$$
$$m_{21} = 0.32 + 0.16 + 0.58 + 0.29 = 1.35$$
$$m_{22} = -0.82 - 1.02 - 0.86 - 1.29 = -3.99$$

$$-7.68X_I + 1.35X_{II} = -60$$
$$1.78X_I - 3.99X_{II} = -30$$

したがって,これを解いて,

$$X_I = 9.91, \qquad X_{II} = 11.94$$

5. 材端モーメントは次のようになる。

$$M_{12} = -1.73 \cdot 9.91 + 0.16 \cdot 11.94 = -15.23$$
$$M_{21} = -1.46 \cdot 9.91 + 0.32 \cdot 11.94 = -10.65$$
$$M_{65} = -2.50 \cdot 9.91 + 0.29 \cdot 11.97 = -21.31$$
$$M_{56} = -1.99 \cdot 9.91 + 0.58 \cdot 11.94 = -12.80$$
$$M_{25} = 0.92 \cdot 9.91 + 0.70 \cdot 11.94 = 17.48$$
$$M_{52} = 1.00 \cdot 9.91 + 0.71 \cdot 11.94 = 18.39$$

10.3 節点が移動する場合

$$M_{23} = 0.54 \cdot 9.91 - 1.02 \cdot 11.94 = -6.83$$
$$M_{32} = 0.11 \cdot 9.91 - 0.82 \cdot 11.94 = 8.70$$
$$M_{54} = 0.99 \cdot 9.91 - 1.29 \cdot 11.94 = -5.59$$
$$M_{45} = 0.14 \cdot 9.91 - 0.86 \cdot 11.94 = -8.88$$

6. 曲げモーメント図を描くと，図 10.27(d) のようになる．

[**演習問題 10.3**]　図 10.28 〜 10.32 に示すラーメンの M 図を固定法により求めよ．ただし，図中の○数字は部材の剛比を示す．

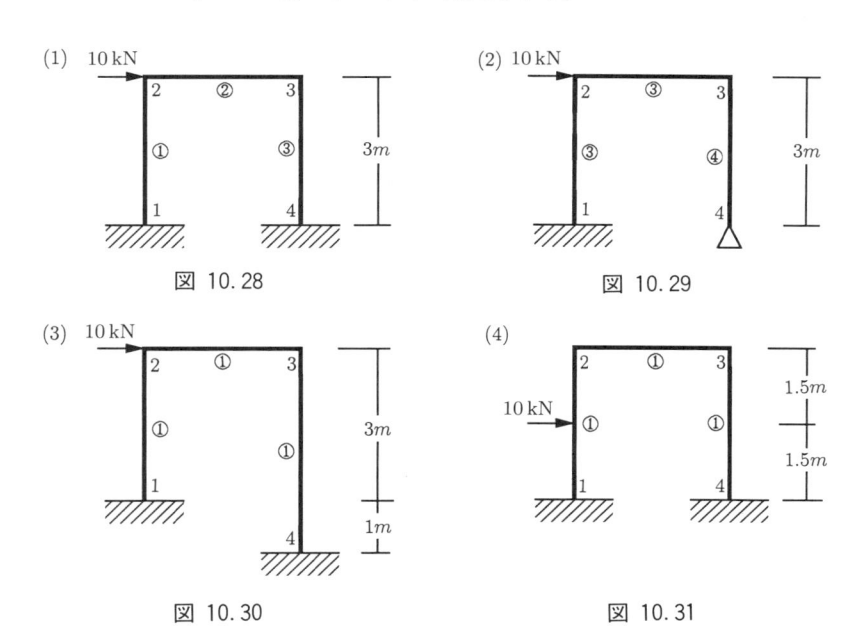

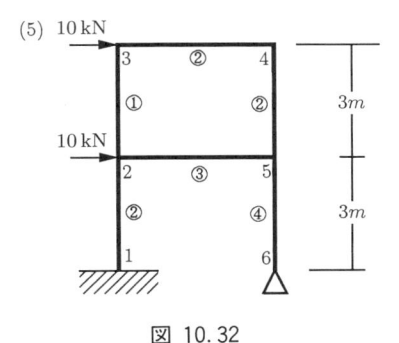

(1) 図 10.28

(2) 図 10.29

(3) 図 10.30

(4) 図 10.31

(5) 図 10.32

10.4 異形ラーメンの解法

節点に移動のない場合の応力 (M_0) は，節点移動の無い一般長方形ラーメンと同じ方法で取り扱えばよい。

節点に移動がある場合の応力は，節点に移動がない場合の応力 (M_0) と節点の移動だけによる応力 (M_1) を合成して求める。節点の移動だけによる応力は，水平方向のつり合いが外力と斜めの柱のせん断力とから求められないので，仮想仕事の原理を用いる。

1. 節点の移動だけによる応力の計算は，次の要領で行う。

    (a) 各節点をピンとして可能な変形を与え，各材の部材角間の関係を直角変位図などを利用して求める。

    (b) 各部材の節点角を 0 にする固定端モーメントを，部材角間の関係を用いて計算する。このとき，独立部材角を ψ_I として， $\psi_I = -6EKR-1$ と仮定する。

    (c) 不つり合いモーメントを解除して，節点の移動だけによる曲げモーメントを求める。

2. 節点に移動がある場合の計算は，表を用いて次の要領で行う。

    (a) 曲げモーメント M_0, M_1 を計算して各部材毎に M_0, M_1 欄に記入する。

    (b) 実際の独立部材角が上で仮定した $\psi_I (-6EKR)$ の x 倍だとすれば，当然このラーメンの応力 (M_1) もまた x 倍であるはずである。仮想仕事の原理を利用して次の式より x が求められる。

    $$P \cdot \delta + \Sigma(M_{0i} \cdot R_i) + \Sigma(M_{1i} \cdot R_i) \cdot x = 0 \qquad (10.13)$$

    (c) 求める曲げモーメントは $M = M_0 + x \cdot M_{1i}$ である。

[**例題 10.8**] 図 10.33(a) の異形ラーメンの曲げモーメント図を求めよ。図中の○印は剛比である。

(**解答**) 外力が節点に作用しているので，節点の移動だけによる応力 (M_1) の計算でよい。

1. 部材角の計算 (図 10.33(b) 参照)

$$R_{AB} = 1 - \overline{A'B'}/\overline{AB} = 1$$
$$R_{BC} = 1 - \overline{B'C'}/\overline{BC} = 1 - 6/4 = -1/2$$
$$R_{CD} = 1 - \overline{C'D'}/\overline{CD} = 1$$

10.4 異形ラーメンの解法

(a)

(b)

	(BA)	(BC)	M	(CB)	(CD)	M
D F	0.5	0.5		0.33	0.67	
F E M	-1.0	0.5	-0.5	0.5	-2.0	-1.5
D 1	0.25	0.25		0.5	1.0	
C 1	0	0.25	0.25	0.125	0	0.125
D 2	-0.125	-0.125		-0.042	-0.083	
Σ	0.875	0.875		1.083	-1.083	

	(AB)			(DC)	
F E M	-1.0		F E M	-2.0	
C 1	0.125		C 1	0.50	
C 2	-0.063		C 2	-0.042	
Σ	-0.938		Σ	-1.542	

単位：kNm

(c)

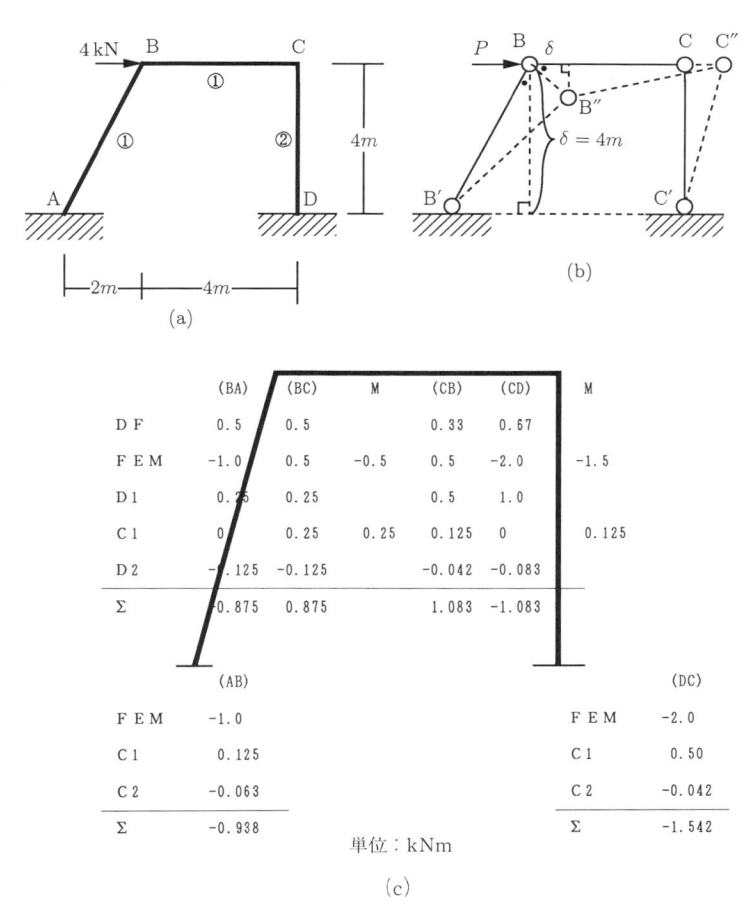

図 10.33

2. 固定端モーメント (FEM) の計算

両端固定であるから，$\psi_I = -6EKR_{AB} = -1$ と仮定すると，剛比も合わせ考えて固定端モーメントは次のようになる。

$M_{AB} = M_{BA} = k_{AB}\psi_{AB} = -1$
$M_{BC} = M_{CB} = k_{BC}(-1/2)\psi_{AB} = +0.5$
$M_{CD} = M_{DC} = k_{CD}\psi_{AB} = -2$

3. 曲げモーメントの図上計算 (図 10.33(c))

4. 外力の仕事 $P \cdot \delta$ の計算

直角変位図は，微小変形を拡大して示しているので，水平力 $4t$ による変形 δ は相似の関係から 4m となる (図 10.33(b))。
下に示すように表 10.1 を用いて計算する。

表 10.1

部材名	k	R	FEM	M_1	M_1R	$P\cdot\delta$	$M = xM_1$
A B	1	1	-1.0	-0.938	-0.938		-2.770
B A	1	1	-1.0	-0.875	-0.875	4 * 4	-2.584
B C	1	-1/2	+0.5	+0.875	-0.438	kNm	+2.584
C B	1	-1/2	+0.5	+1.083	-0.542	=	+3.198
C D	2	1	-2.0	-1.083	-1.083	16 kNm	-3.198
D C	2	1	-2.0	-1.542	-1.542		-4.554
				Σ	-5.418		

5. 仮想仕事式 $P\cdot\delta + x\cdot\Sigma M_1R = 0$ より

$$16 - 5.418x = 0 \qquad x = 2.953$$

6. 求める曲げモーメントは $x\cdot M_1$ となる。曲げモーメント図を図 10.33(d) に示す。

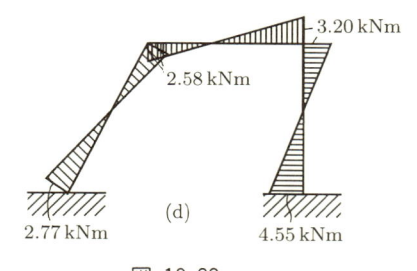

図 10.33

[**例題 10.9**]　図 10.34(a) に示す異形ラーメンの曲げモーメント図を求めよ。

(**解答**)

1. 節点に移動がない場合の曲げモーメントを図 10.34(b) に示す。
2. 部材角の計算 (10.34(c))

$$R_{AB} = 1 - \overline{A'B'}/\overline{AB} = 1$$
$$R_{BC} = 1 - \overline{B'C'}/\overline{BC} = -1/2$$
$$R_{CD} = 1 - \overline{C'D'}/\overline{CD} = 2/3$$

3. 固定端モーメント (FEM) の計算
$-6EKR_{AB} = \psi_{AB} = -1$ と仮定する。

10.4 異形ラーメンの解法

(a)

	(BA)	(BC)	M	(CB)	(CD)		M
D F	0.5	0.5		0.4	0.6		
F E M	0.	-5.0	-5.0	5.0	0.		5.0
D_1	2.5	2.5		-2.0	-3.0		
C_1	0	-1.0	-1.0	1.25	0		1.25
D_2	0.5	0.5		-0.5	-0.75		
Σ	3.00	-3.00		3.75	-3.75		

	(AB)
C_1	1.25
C_2	0.25
Σ	1.50

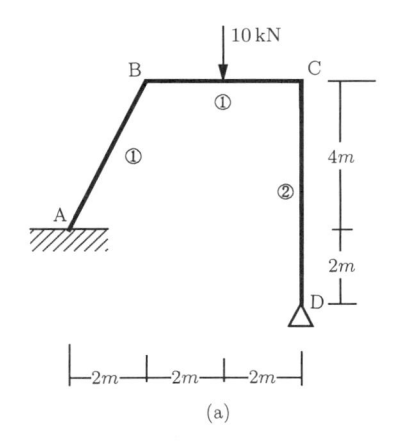

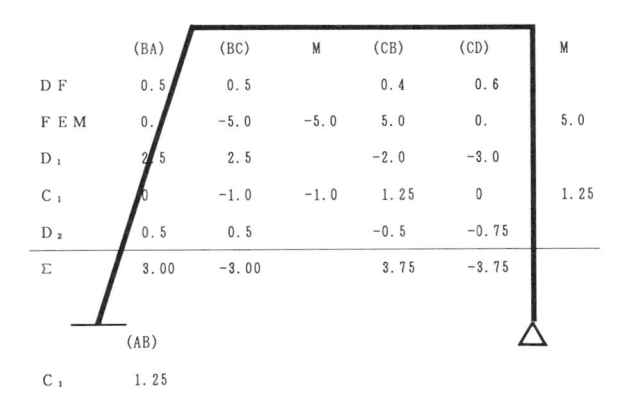

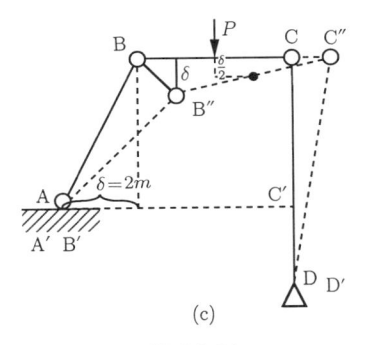

(b)　　　単位：kNm

(c)

図 10.34

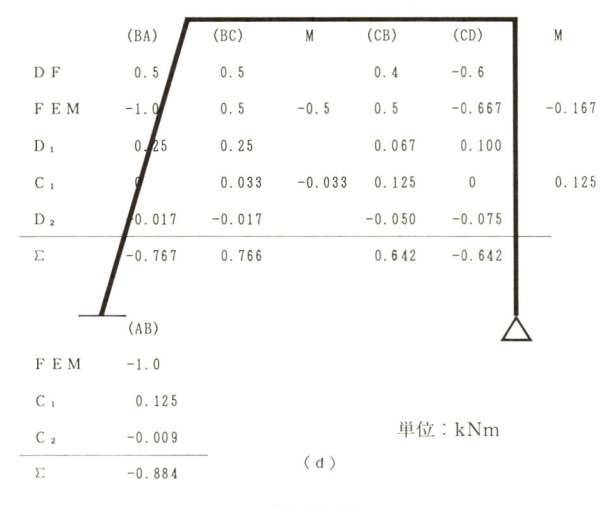

```
                (BA)    (BC)    M      (CB)   (CD)    M
        D F     0.5     0.5            0.4    -0.6
        F E M  -1.0     0.5    -0.5    0.5    -0.667  -0.167
        D₁      0.25    0.25           0.067  0.100
        C₁      0       0.033  -0.033  0.125  0        0.125
        D₂      0.017  -0.017          -0.050 -0.075
        Σ      -0.767   0.766          0.642  -0.642

                (AB)
        F E M  -1.0
        C₁      0.125
        C₂     -0.009                          単位:kNm
        Σ      -0.884                  (d)
```

図 10.34

$M_{AB} = M_{BA} = k_{AB}\psi_{AB} = -1$
$M_{BC} = M_{CB} = k_{BC}(-1/2)\psi_{AB} = +0.5$
$M_{CD} = (1/2)k_{CD}(2/3)\psi_{AB} = -0.667$
$M_{DC} = 0$

4. 節点の移動だけによる計算は図 10.34(d) のようになる。

5. 表 10.2 のようにして計算する。

6. 内力の仕事は、 $\Sigma M_0 R + \Sigma x M_1 R = 1.62 - 2.78 \cdot x$

7. 外力の仕事は、B 点の鉛直変位が $2m$, C 点の鉛直変位が $0m$ であるから、はり BC

表 10.2

部材	M_0	k	R	F E M	M_1	$M_1 R$	$M_0 R$	$P\delta$	$M_1 x$	M
A B	+1.50	1	1	-1.00	-0.884	-0.884	+1.50		-3.69	-2.19
B A	+3.00	1	1	-1.00	-0.767	-0.767	+3.00	2*10	-3.20	-0.20
B C	-3.00	1	-1/2	+0.50	+0.766	-0.383	+1.50	*1/2	+3.20	+0.20
C B	+3.75	1	-1/2	+0.50	+0.642	-0.321	-1.88	=10kNm	+2.69	+6.43
C D	-3.75	2	2/3	-0.667	-0.642	-0.428	-2.50		-2.69	-6.43
						-2.783	+1.62			

10.4 異形ラーメンの解法

の中央の鉛直変位はその半分となり，$P\delta = 2 \cdot 10/2 = 10tm$ となる。

8. これより，$1.62 - 2.78x + 10 = 0$，$x = 4.165$ となる。

9. $M_1 x$ および $M = M_0 + M_1 x$ は表で計算して求められる。曲げモーメント図を図 10.34(e) に示す。

(e)

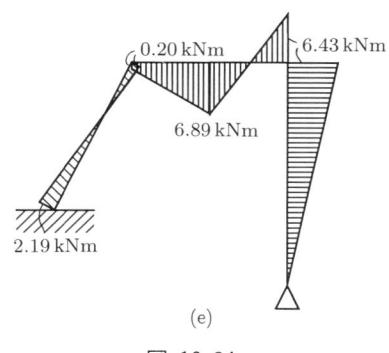

図 10.34

[演習問題 10.4] 図 3.35 ～ 3.40 に示す異形ラーメンの曲げモーメント図を求めよ。

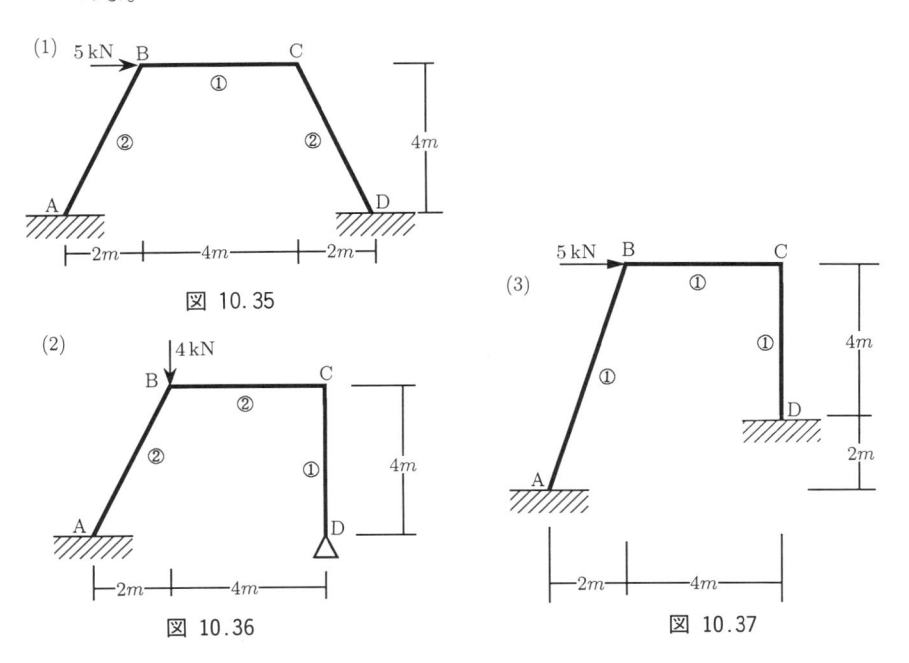

(1) 図 10.35

(2) 図 10.36

(3) 図 10.37

図 10.38

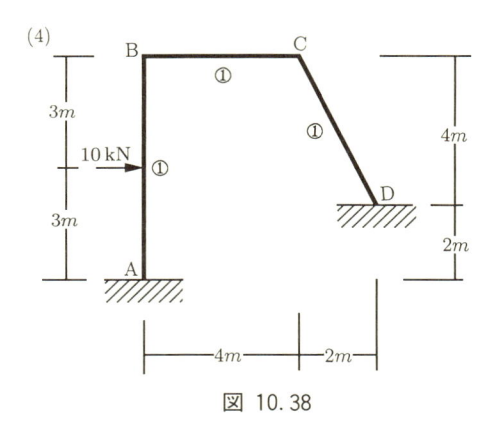

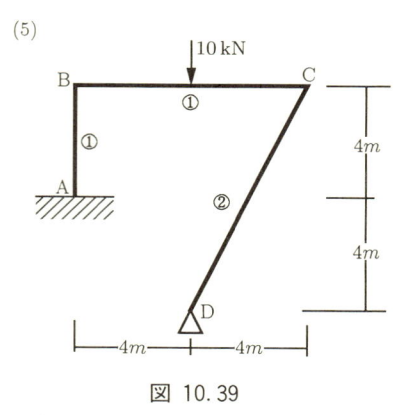

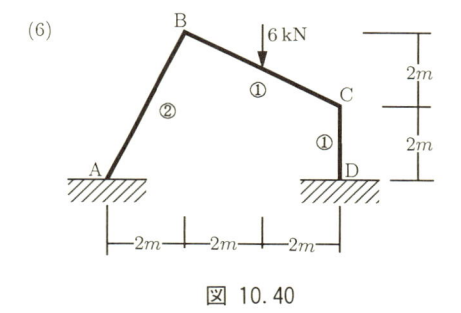

図 10.39

図 10.40

付表1　積分公式

m_j \ m_i	▭ a ℓ	◣ a ℓ	⬢ a b ℓ
▭ c ℓ	$\ell\, ac$	$\dfrac{1}{2}\,\ell\, ac$	$\dfrac{1}{2}\,\ell\,(a+b)c$
◣ c ℓ	$\dfrac{1}{2}\,\ell\, ac$	$\dfrac{1}{3}\,\ell\, ac$	$\dfrac{1}{6}\,\ell\,(2a+b)c$
◢ c ℓ	$\dfrac{1}{2}\,\ell\, ac$	$\dfrac{1}{6}\,\ell\, ac$	$\dfrac{1}{6}\,\ell\,(a+2b)c$
⬢ c d ℓ	$\dfrac{1}{2}\,\ell\, a(c+d)$	$\dfrac{1}{6}\,\ell\, a(2c+d)$	$\dfrac{1}{6}\,\ell\,\{a(2c+d)+b(2d+c)\}$
⌒ c ℓ	$\dfrac{2}{3}\,\ell\, ac$	$\dfrac{1}{3}\,\ell\, ac$	$\dfrac{1}{3}\,\ell\,(a+b)c$

付表2　固定端モーメント

荷重状態	C_{AB}	C_{BA}	H_{AB}	H_{BA}
A─┬─B, P at center, ℓ/2+ℓ/2	$-\dfrac{P\ell}{8}$	$\dfrac{P\ell}{8}$	$-\dfrac{3}{16}P\ell$	$\dfrac{3}{16}P\ell$
A─┬─┬─B, 2P at ℓ/3, ℓ/3, ℓ/3	$-\dfrac{2}{9}P\ell$	$\dfrac{2}{9}P\ell$	$-\dfrac{P\ell}{3}$	$\dfrac{P\ell}{3}$
A─┬─B, P at a, b	$-\dfrac{Pab^2}{\ell^2}$	$\dfrac{Pa^2b}{\ell^2}$	$-\dfrac{Pab(\ell+b)}{2\ell^2}$	$\dfrac{Pab(\ell+a)}{2\ell^2}$
A─ω全長等分布─B	$-\dfrac{\omega\ell^2}{12}$	$\dfrac{\omega\ell^2}{12}$	$-\dfrac{\omega\ell^2}{8}$	$\dfrac{\omega\ell^2}{8}$
A─ω左半分布─B, ℓ/2+ℓ/2	$-\dfrac{11\omega\ell^2}{192}$	$\dfrac{5\omega\ell^2}{192}$	$-\dfrac{9\omega\ell^2}{128}$	$\dfrac{7\omega\ell^2}{128}$
A─ω三角形（A側最大）─B	$-\dfrac{\omega\ell^2}{20}$	$\dfrac{\omega\ell^2}{30}$	$-\dfrac{\omega\ell^2}{15}$	$\dfrac{7\omega\ell^2}{120}$
A─ω三角形（中央最大）─B, ℓ/2+ℓ/2	$-\dfrac{\omega\ell^2}{15}$	$\dfrac{3\omega\ell^2}{80}$	$-\dfrac{41\omega\ell^2}{1920}$	$\dfrac{17\omega\ell^2}{480}$
A─ω三角形（A側半分）─B, ℓ/2+ℓ/2	$-\dfrac{17\omega\ell^2}{960}$	$\dfrac{7\omega\ell^2}{960}$	$-\dfrac{47\omega\ell^2}{1920}$	$\dfrac{27\omega\ell^2}{1920}$

演習問題解答

1章　演習問題解答

[解答 1.1]

(1) 合力の水平成分
$$-1 + \frac{3}{2}\sqrt{3} = 1.60\,\text{kN}$$

合力の鉛直成分
$$\sqrt{3} + \frac{3}{2} = 3.23\,\text{kN}$$

合力の大きさ
$$\sqrt{1.60^2 + 3.23^2} = 3.60\,\text{kN}$$

合力の方向
$$\tan\alpha = \frac{3.23}{1.60} = 2.01, \qquad \alpha = 63.5°$$

(2) 合力 $= 1 - 3 = -2\,\text{kN}$（下向き）

力 $3\,\text{kN}$ の位置から $2.5\,\text{m}$ 右側

(3) 合力の水平成分，$4.07\,\text{kN}$，鉛直成分，$6.73\,\text{kN}$

合力の大きさ，$7.87\,\text{kN}$，合力の方向，$58.83°$

[解答 1.2]

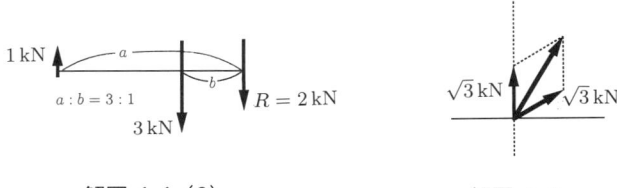

解図 1.1 (2) 　　　解図 1.2

[解答 1.3]

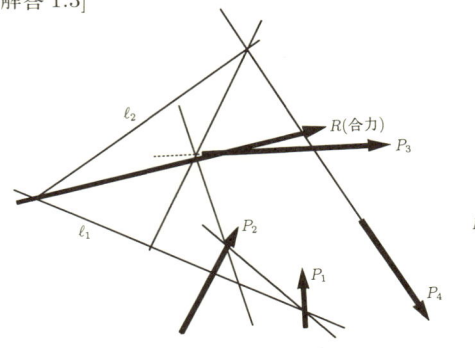

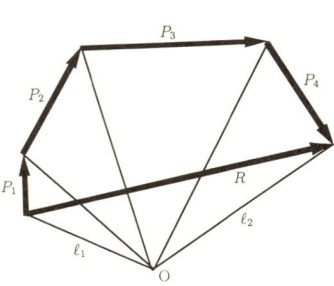

解図 1.3 (1)

(2) 合力 $R = 2\,\mathrm{kN}$（下向き）

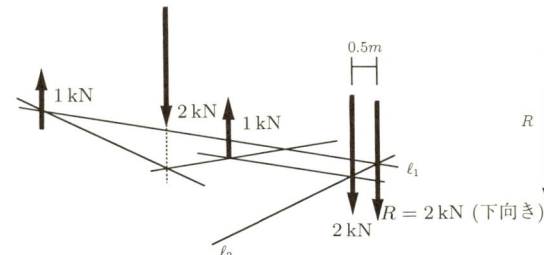

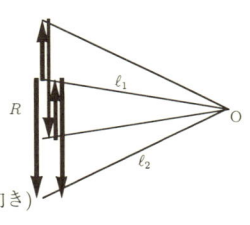

解図 1.3 (2)

(3) 合力 $R = 4\,\mathrm{kN}$（下向き）

u 方向に分解された力は，$\overline{AE}$ で表され $5\,\mathrm{kN}$（下向き），v 方向の力は $\overline{ED}$ で $1\,\mathrm{kN}$（上向き）

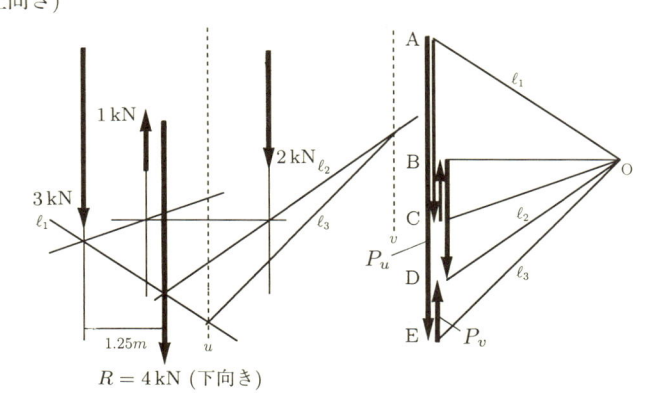

解図 1.3 (3)

2章 演習問題解答

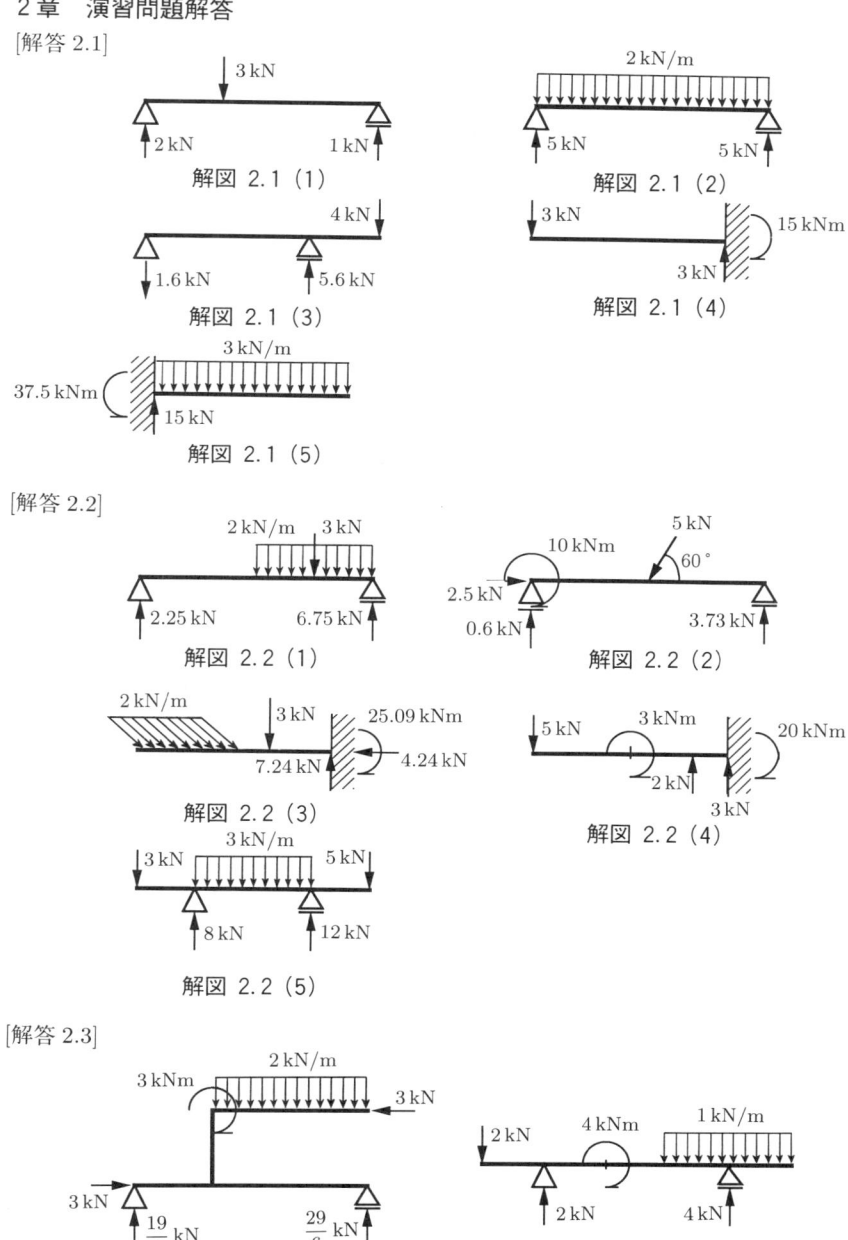

[解答 2.1]

解図 2.1 (1)

解図 2.1 (2)

解図 2.1 (3)

解図 2.1 (4)

解図 2.1 (5)

[解答 2.2]

解図 2.2 (1)

解図 2.2 (2)

解図 2.2 (3)

解図 2.2 (4)

解図 2.2 (5)

[解答 2.3]

解図 2.3 (1)

解図 2.3 (2)

204

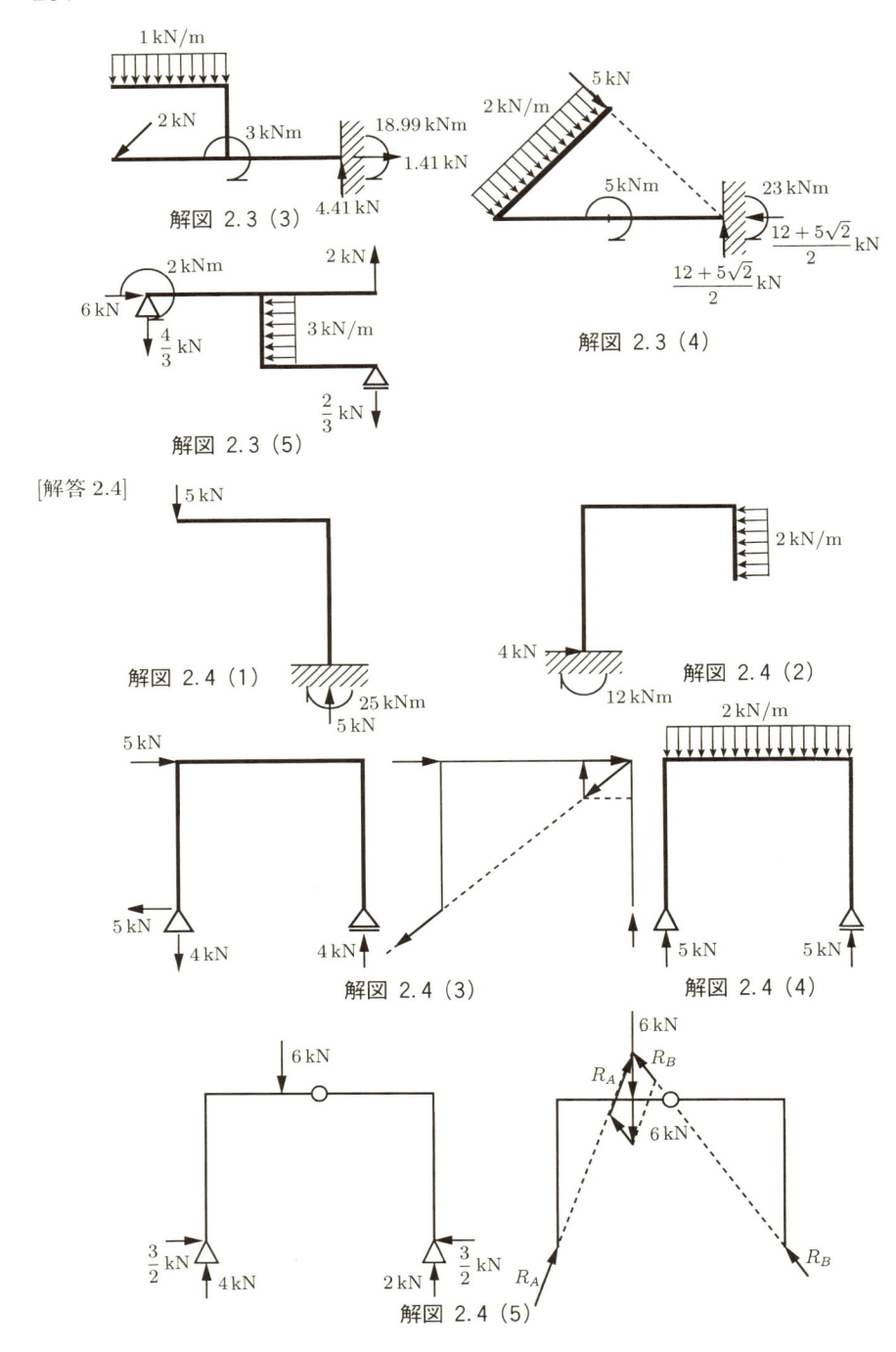

解図 2.3 (3)

解図 2.3 (4)

解図 2.3 (5)

[解答 2.4]

解図 2.4 (1)

解図 2.4 (2)

解図 2.4 (3)

解図 2.4 (4)

解図 2.4 (5)

解図 2.4 (6)

[解答 2.5]

解図 2.5 (1)

解図 2.5 (2)

解図 2.5 (3)

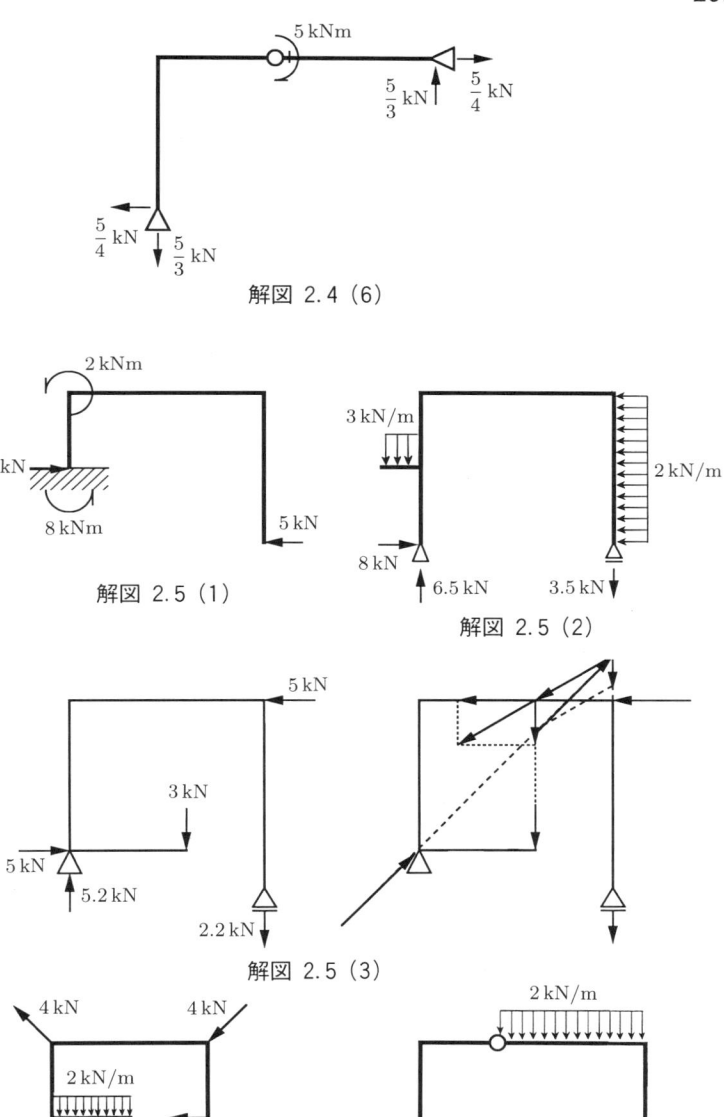

解図 2.5 (4)

解図 2.5 (5)

[解答 2.6]

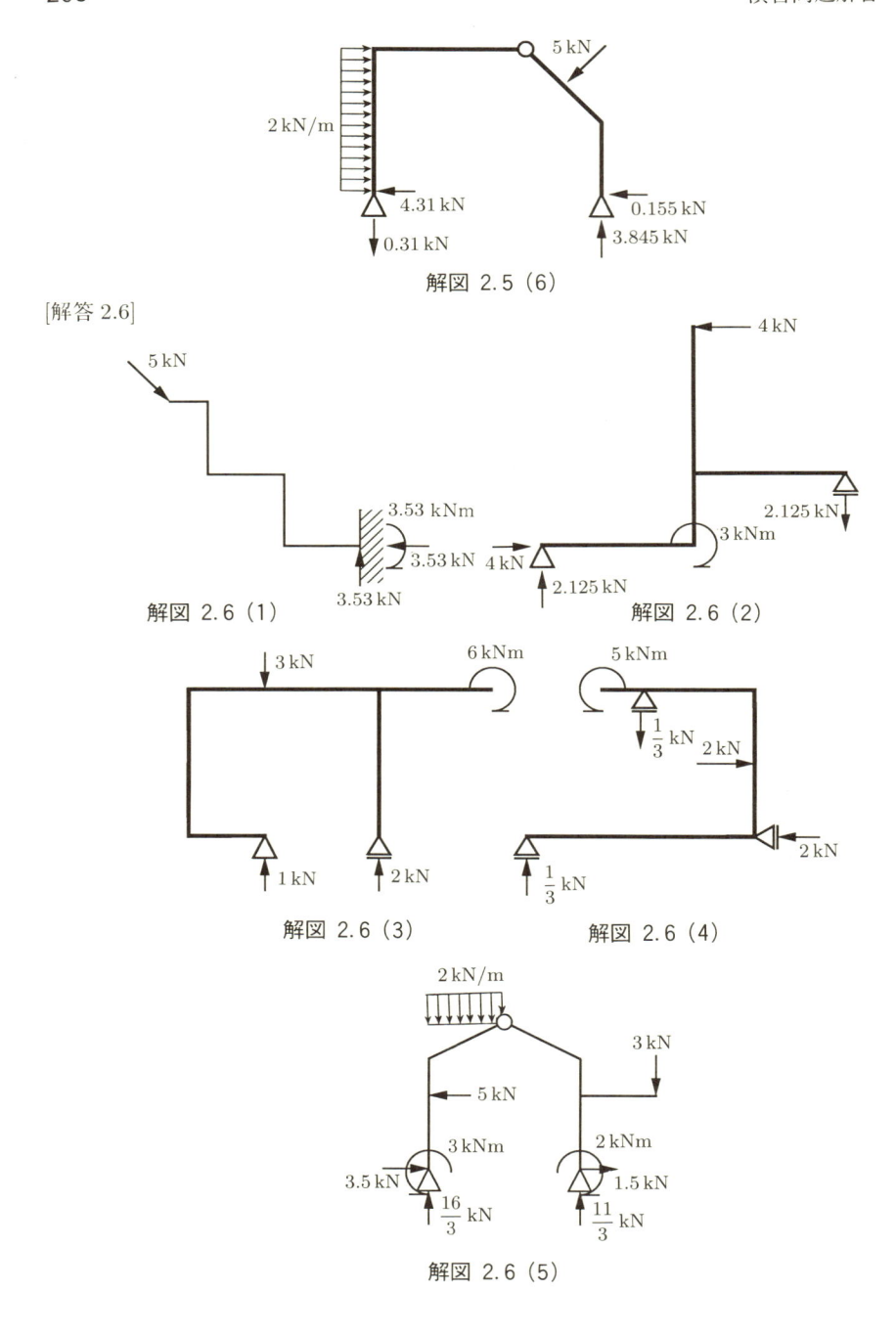

解図 2.5 (6)

解図 2.6 (1)

解図 2.6 (2)

解図 2.6 (3)

解図 2.6 (4)

解図 2.6 (5)

3章　演習問題解答

[解答 3.1]

解図 3.1 (1)
N図
Q図: 5 kN, +, 5 kN
M図: 25 kNm

解図 3.1 (2)
N図
Q図
M図: 2 kNm, 2 kNm

解図 3.1 (3)
N図
Q図: 5 kN, +
M図: 12.5 kNm

解図 3.1 (4)
N図: 2.5 kN, +
Q図: $\sqrt{3}$ kN, +, −, $\frac{3\sqrt{3}}{2}$ kN
M図: $3\sqrt{3}$ kNm

解図 3.1 (5)
N図
Q図: 5 kN, −
M図: 6.25 kNm

解図 3.1 (6)
N図: −, 2.5 kN
Q図: +, 5 kN
M図: 10 kNm

[解答 3.2]

解図 3.2 (1)
N図
Q図: 1 kN, −, 3 kN
M図: 2 kNm, 11 kNm

解図 3.2 (2)
N図
Q図: 6 kN, +, 6 kN
M図: 21 kNm, 9 kNm

解図 3.2 (3)
N図
Q図: 4 kN, +, −, 6 kN
M図: 2 m, 4 kNm, 3.75 kNm, 8.75 kNm

解図 3.2 (4)
N図
Q図: 2 kN, +, −, 2 kN, 1 kN
M図: 2 kNm, 4 kNm

解図 3.2 (5)
N図: 5 kN, −, 5 kN
Q図: 5 kN, +, 5 kN, 5 kN, −, $\frac{5}{3}$ kN
M図: 15 kNm, 5 kNm, 15 kNm

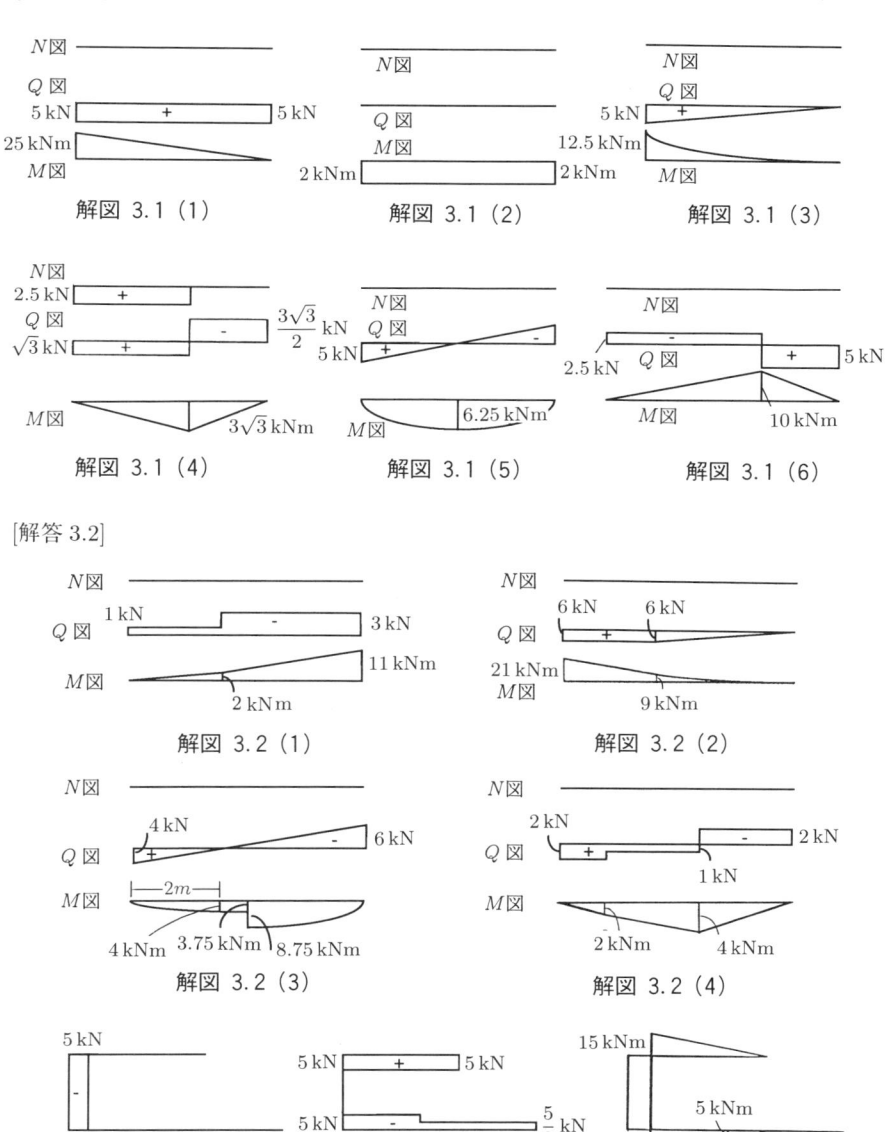

[解答 3.3]

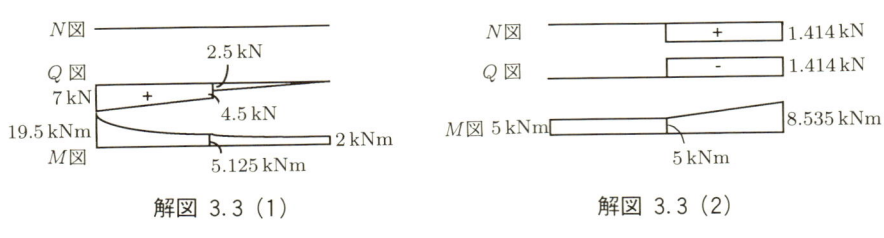

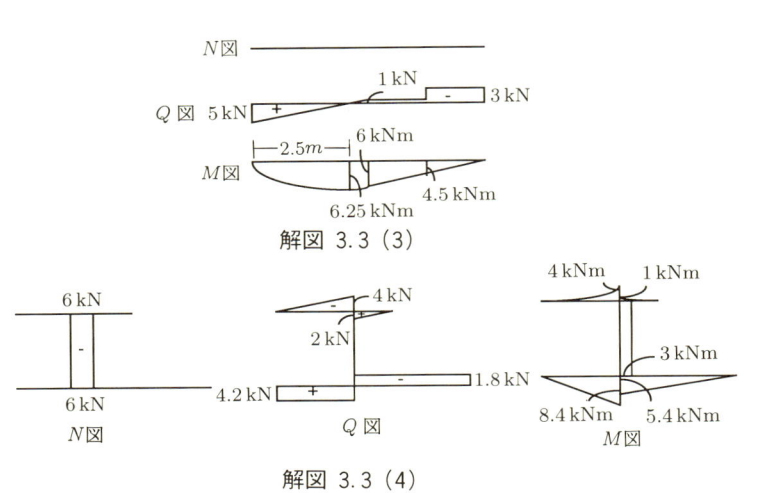

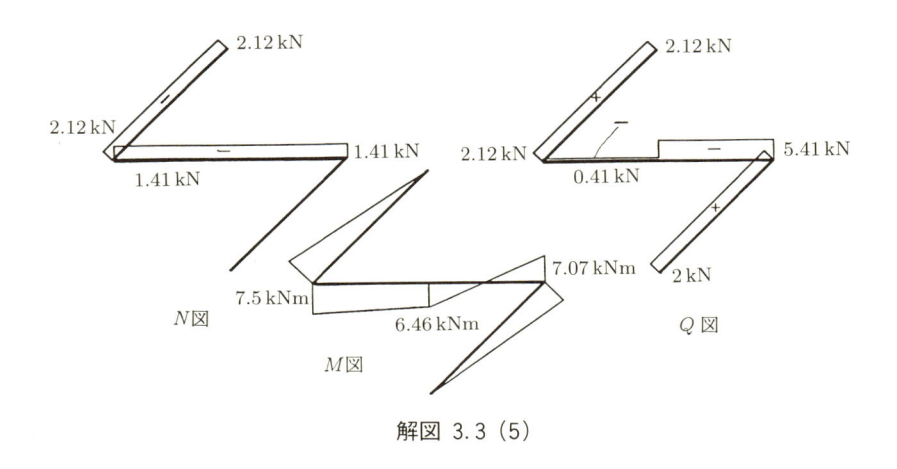

解図 3.3 (1)

解図 3.3 (2)

解図 3.3 (3)

解図 3.3 (4)

解図 3.3 (5)

[解答 3.4]

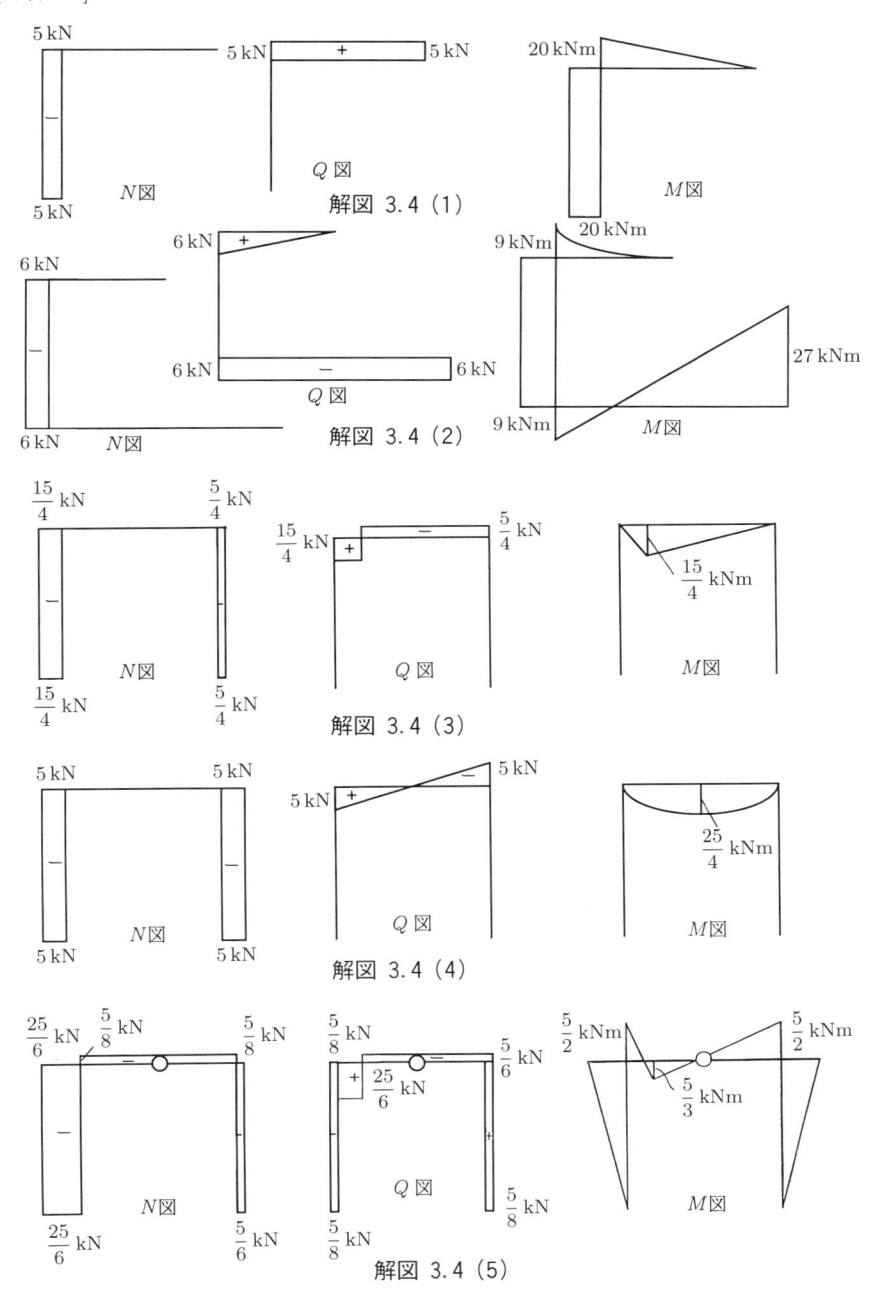

解図 3.4 (1): N図 5 kN, 5 kN; Q図 5 kN, +, 5 kN; M図 20 kNm, 20 kNm

解図 3.4 (2): N図 6 kN, 6 kN; Q図 6 kN +, 6 kN − 6 kN; M図 9 kNm, 9 kNm, 27 kNm

解図 3.4 (3): N図 $\frac{15}{4}$ kN, $\frac{5}{4}$ kN, $\frac{15}{4}$ kN, $\frac{5}{4}$ kN; Q図 $\frac{15}{4}$ kN +, $\frac{5}{4}$ kN −; M図 $\frac{15}{4}$ kNm

解図 3.4 (4): N図 5 kN, 5 kN, 5 kN, 5 kN; Q図 5 kN +, 5 kN −, 5 kN; M図 $\frac{25}{4}$ kNm

解図 3.4 (5): N図 $\frac{25}{6}$ kN, $\frac{5}{8}$ kN, $\frac{5}{8}$ kN, $\frac{25}{6}$ kN, $\frac{5}{6}$ kN; Q図 $\frac{5}{8}$ kN, $\frac{5}{8}$ kN, + $\frac{25}{6}$ kN, $\frac{5}{6}$ kN, $\frac{5}{8}$ kN; M図 $\frac{5}{2}$ kNm, $\frac{5}{2}$ kNm, $\frac{5}{3}$ kNm

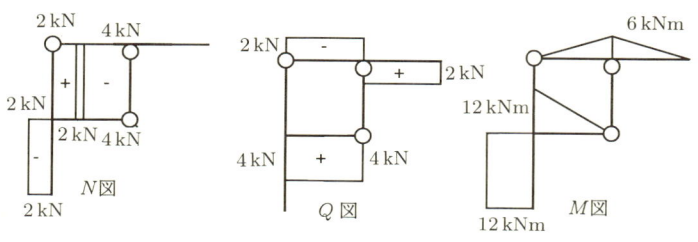

解図 3.4 (6)

[解答 3.5]

解図 3.5 (1)

解図 3.5 (2)

解図 3.5 (3)

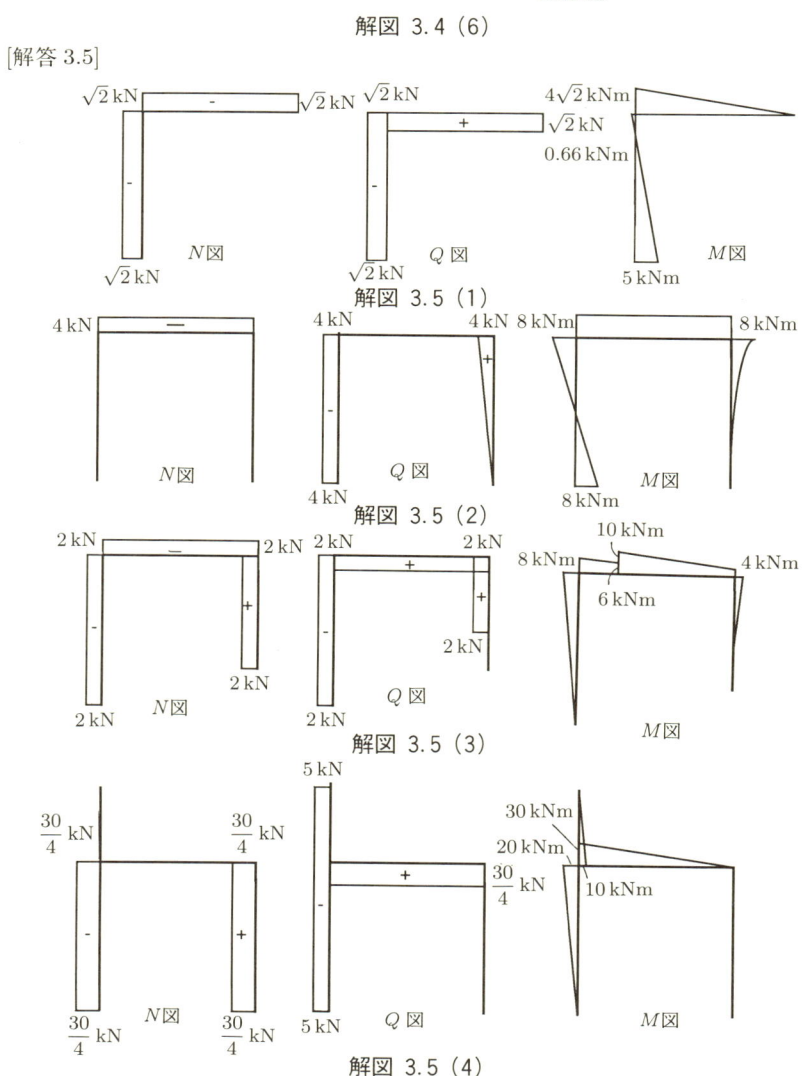

解図 3.5 (4)

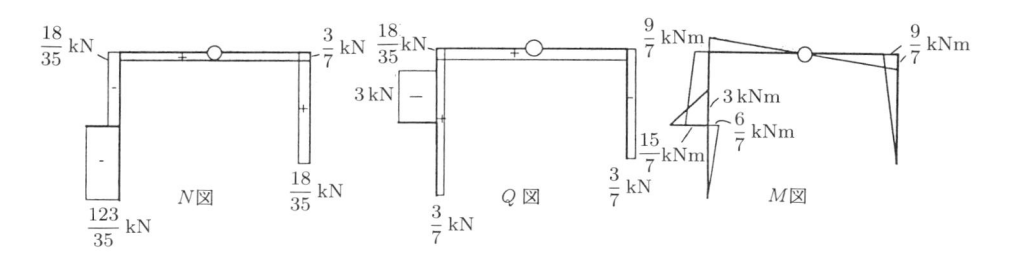

解図 3.5 (5)

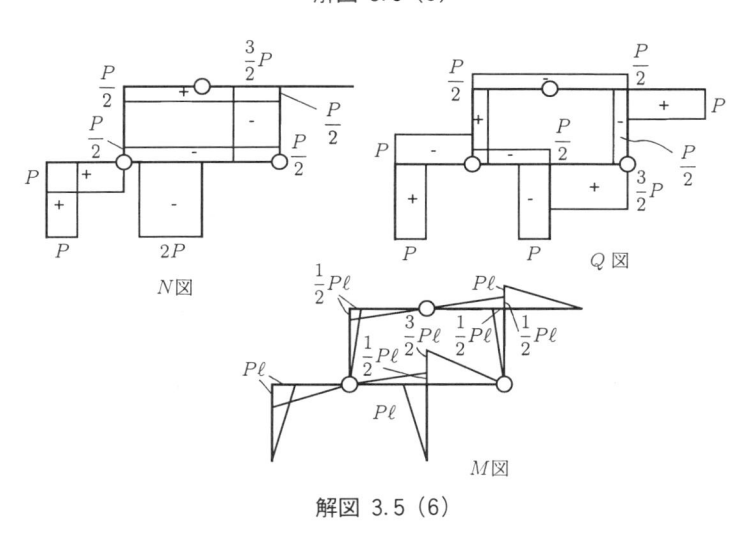

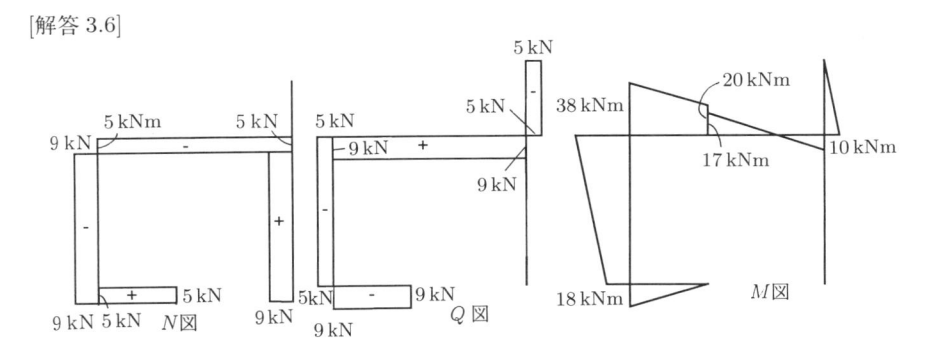

解図 3.5 (6)

[解答 3.6]

解図 3.6 (1)

解図 3.6 (2)

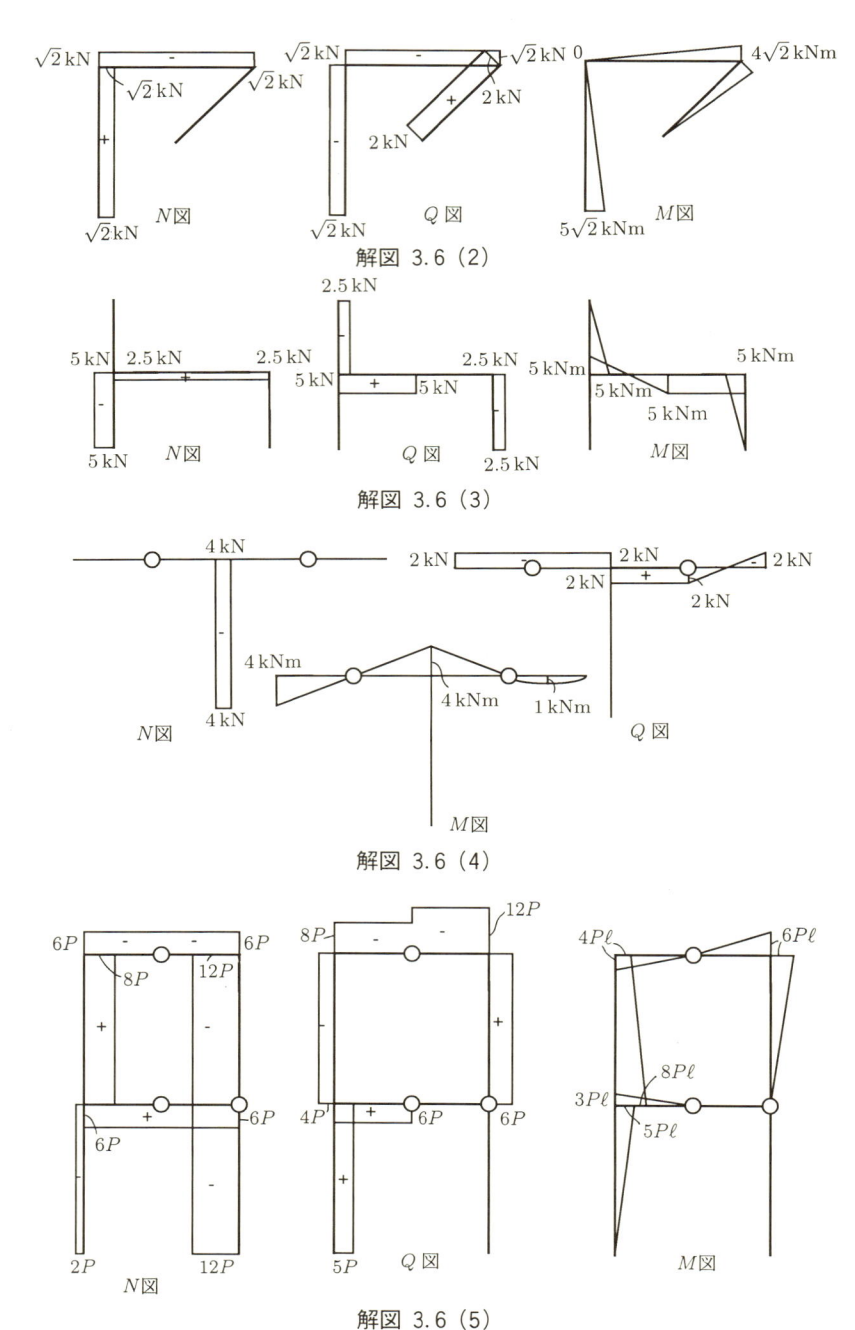

解図 3.6 (3)

解図 3.6 (4)

解図 3.6 (5)

[解答 3.7]

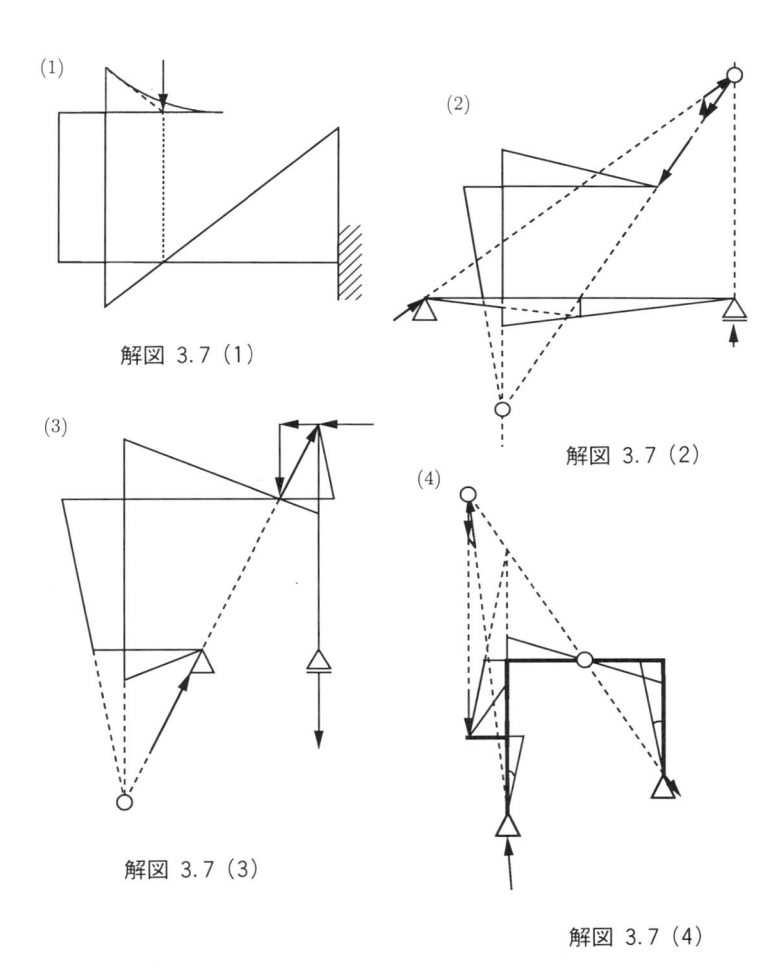

(1)

解図 3.7 (1)

(2)

解図 3.7 (2)

(3)

解図 3.7 (3)

(4)

解図 3.7 (4)

213

[解答 3.8]

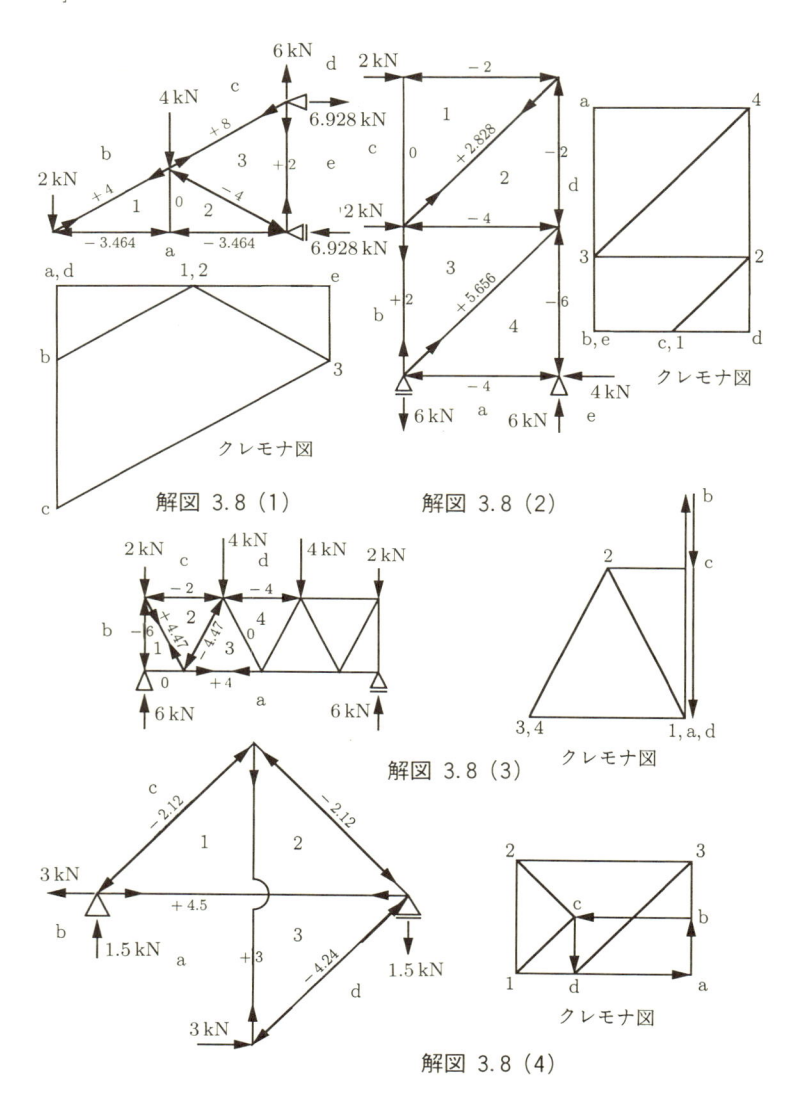

解図 3.8 (1)

解図 3.8 (2)

解図 3.8 (3)

解図 3.8 (4)

[解答 3.9]

解図 3.9 (1)

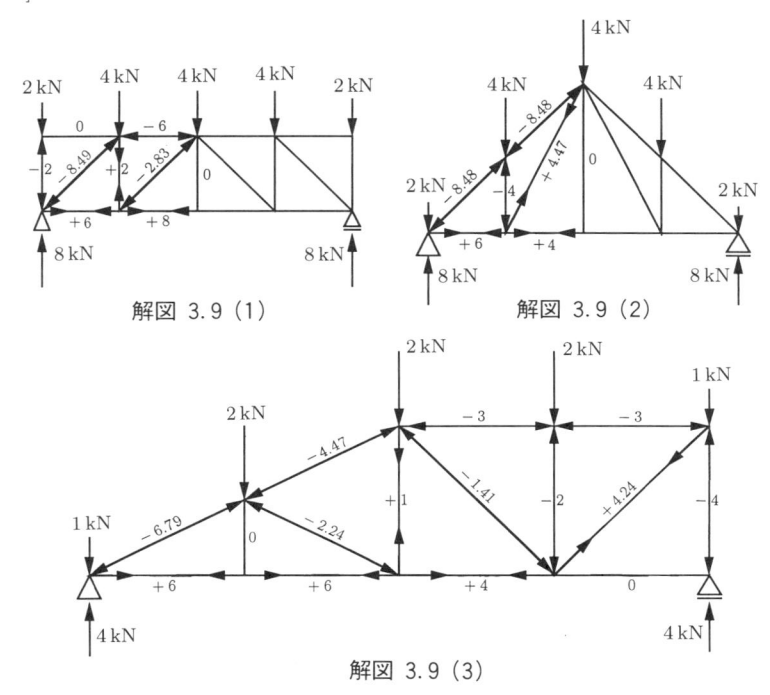

解図 3.9 (2)

解図 3.9 (3)

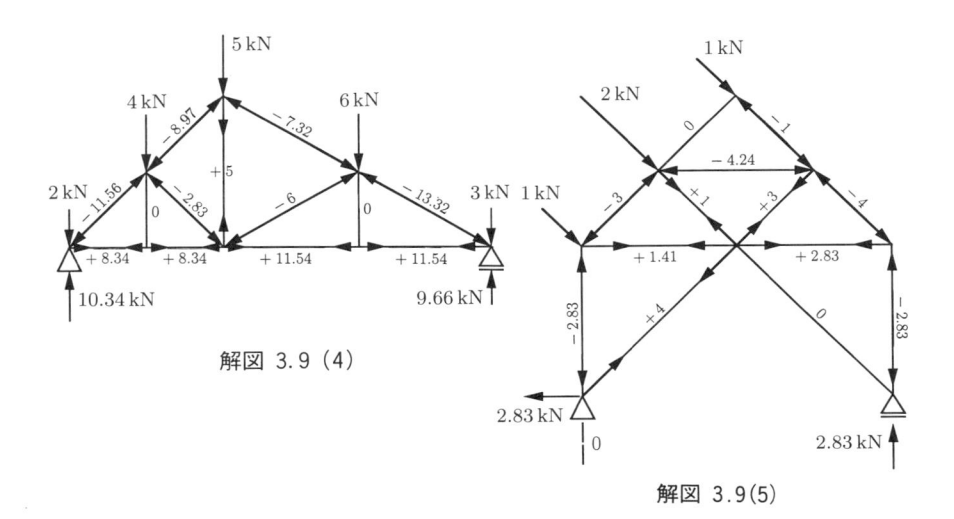

解図 3.9 (4)

解図 3.9(5)

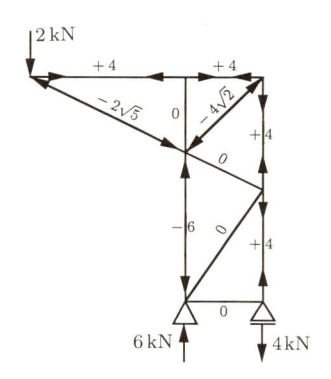

解図 3.9 (6)

[解答 3.10]

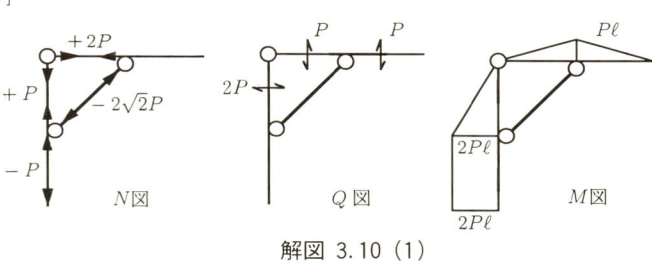

解図 3.10 (1)

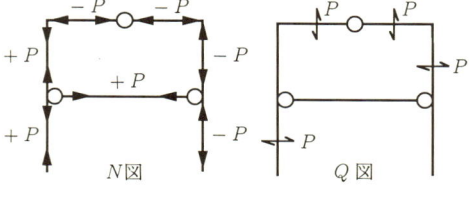

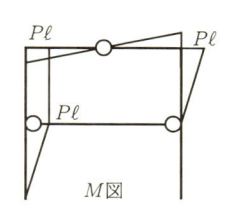

解図 3.10 (2)

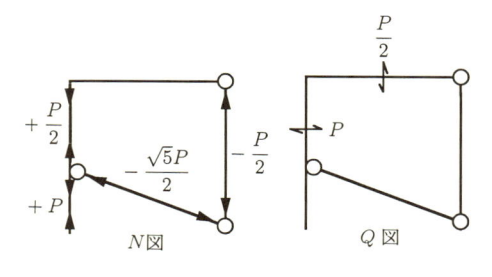

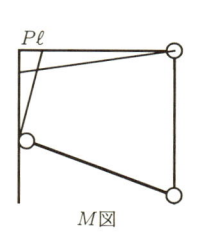

解図 3.10 (3)

解図 3.10 (4)

解図 3.10 (5)

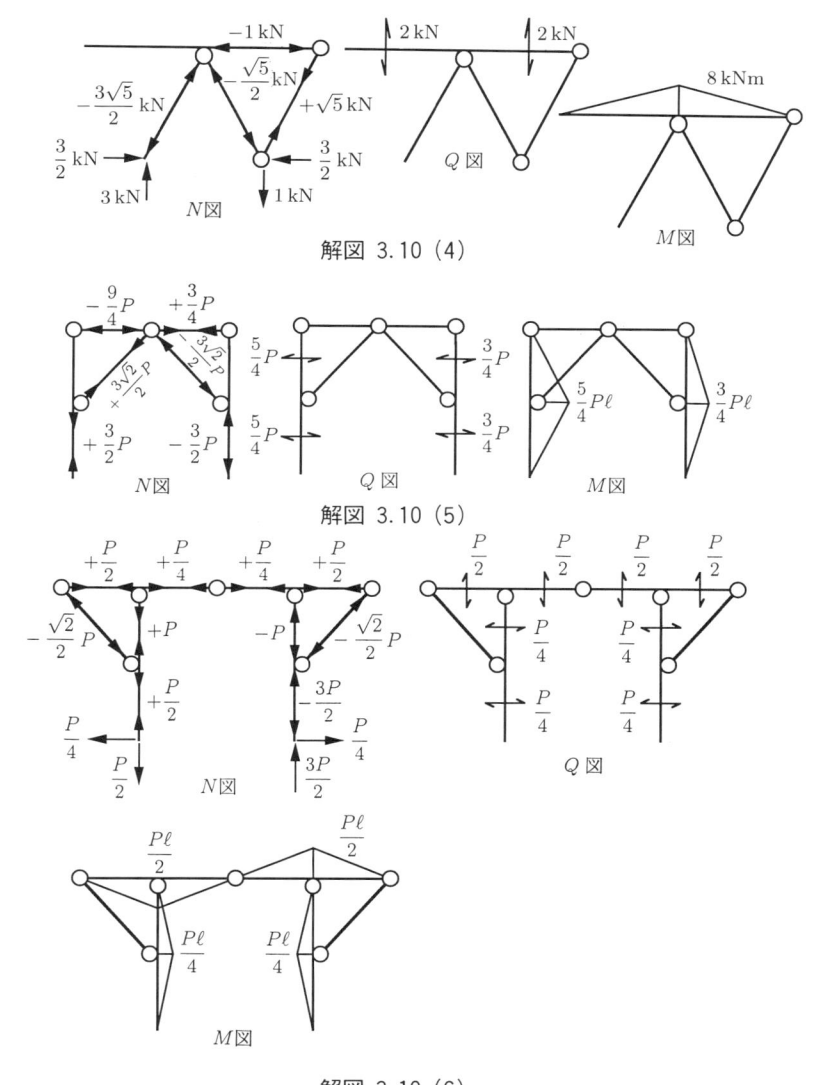

解図 3.10 (6)

4 章　演習問題解答

[解答 4.1]
(1) 左から 1.5cm, 下から 2cm
(2) 左から 2.19cm, 下から 1.60cm

[解答 4.2]
 (1) 図心，下から $8cm$, $I_x = 1.87 \times 10^3 cm^4$, $Z_x = 233 cm^3$, $i_x = 5.78 cm$
 (2) 図心，下から $25cm$, $I_x = 1.70 \times 10^5 cm^4$, Z_x上 $= 1.13 \times 10^4 cm^3$, Z_x下 $= 6.80 \times 10^3 cm^3$, $i_x = 11.9 cm$

[解答 4.3]
 (1) 図心，左から $2cm$, 下から $3cm$, $I_x = 136.0 cm^4$, $I_y = 64.0 cm^4$, $I_{xy} = -48 cm^4$, $I_1 = 160.0 cm^4$, $I_2 = 40.0 cm^4$, $\theta = 26.5°$（反時計まわり）
 (2) 図心，左から $2.5a$, 下から $3a$, $I_x = 43.33 a^4$, $I_y = 10.83 a^4$, $I_{xy} = -15 a^4$, $I_1 = 49.19 a^4$, $I_2 = 4.97 a^4$, $\theta = 21.35°$（反時計まわり）

[解答 4.4] ひずみ度 $6.67 \times 10^{-2}\%$, $P = 27.3 \,\text{kN}$

[解答 4.5] $\tau = 17.64 \,\text{kN/cm}^2$, $\sigma_t = 16.12 \,\text{kN/cm}^2$

[解答 4.6] $\Delta \ell = 0.625 cm$, $\Delta d = -4.38 \times 10^{-3} cm$

[解答 4.7] $E = 4000 \,\text{kN/cm}^2$, $\nu = 0.4$

[解答 4.8] $P_A = 37.5 \,\text{kN}$, $P_B = 62.5 \,\text{kN}$, $\Delta \ell = -0.125 \,\text{cm}$

[解答 4.9] $P_C = 66.1 \,\text{kN}$, $P_S = 33.9 \,\text{kN}$

[解答 4.10]
 (a) $\sigma_t = 533 \,\text{N/cm}^2$, $\sigma_c = -533 \,\text{N/cm}^2$
 (b) $I_x = 142 \,\text{cm}^4$, $\sigma_t = 5.24 \,\text{kN/cm}^2$, $\sigma_c = -8.87 \,\text{kN/cm}^2$

[解答 4.11] $M_x = 2598 \,\text{kNcm}$, $M_y = 1500 \,\text{kNcm}$
 (a) $\sigma_1 = -1.05$, $\sigma_2 = 0.07$, $\sigma_3 = -0.07$, $\sigma_4 = 1.05$ (kN/cm^2)
 (b) $\sigma_1 = -23.29$, $\sigma_2 = 18.37$, $\sigma_3 = -0.63$, $\sigma_4 = 41.03$ (kN/cm^2)
  ($I_x = 2293 \,\text{cm}^4$, $I_y = 360 \,\text{cm}^4$)

[解答 4.12]

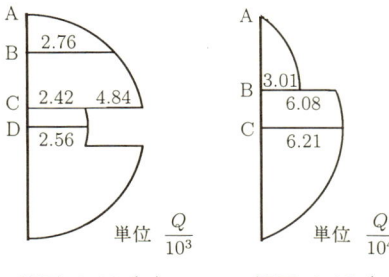

解図 4.12 (a)   解図 4.12 (b)

[解答 4.13]
(a) 長方形断面,
点 1, $\sigma_1 = 469$, $\sigma_2 = 0$, $\theta = 0$,
($\sigma_x = 469\,\text{N/cm}^2$, $\tau = 0$)
点 2, $\sigma_1 = 236\,\text{N/cm}^2$, $\sigma_2 = -2.0\,\text{N/cm}^2$, $\theta = 5.65°$ (時計まわり),
($\sigma_x = 234$, $\tau = 23.4$)
点 3, $\sigma_{1,2} = \pm 31.3\,\text{N/cm}^2$, $\theta = 45°$ (時計まわり),
($\sigma_x = 0$, $\tau = 31.3$)

(b) I 型断面,
点 1, $\sigma_1 = 633.3\,\text{N/cm}^2$, $\sigma_2 = -0.2\,\text{N/cm}^2$, $\theta = 1.02°$ (時計まわり),
($\sigma_x = 633$, $\tau = 11.3$)
点 2, $\sigma_1 = 335\,\text{N/cm}^2$, $\sigma_2 = -64\,\text{N/cm}^2$, $\theta = 23.6°$ (時計まわり),
($\sigma_x = 271$, $\tau = 147$)
点 3, $\sigma_{1,2} = \pm 154\,\text{N/cm}^2$, $\theta = 45°$ (時計まわり),
($\sigma_x = 0$, $\tau = 154$)

[解答 4.14] 荷重の大きさにかかわらず, $e_x = 2\,cm$ のところで全て圧縮となる。

[解答 4.15] $\sigma_A = 333.3\,\text{N/cm}^2$, $\sigma_B = -166.7\,\text{N/cm}^2$, $\sigma_C = -666.7\,\text{N/cm}^2$,
($I_x = 4.5 \times 10^4\,\text{cm}^4$)

[解答 4.16] $\sigma_A = -16.9$, $\sigma_B = 12.2$, $\sigma_C = -25.5$, $\sigma_D = 3.59$ (N/cm^2)
($I_x = 6.88 \times 10^3\,\text{cm}^4$, $I_y = 3.5 \times 10^4\,\text{cm}^4$)

[解答 4.17]

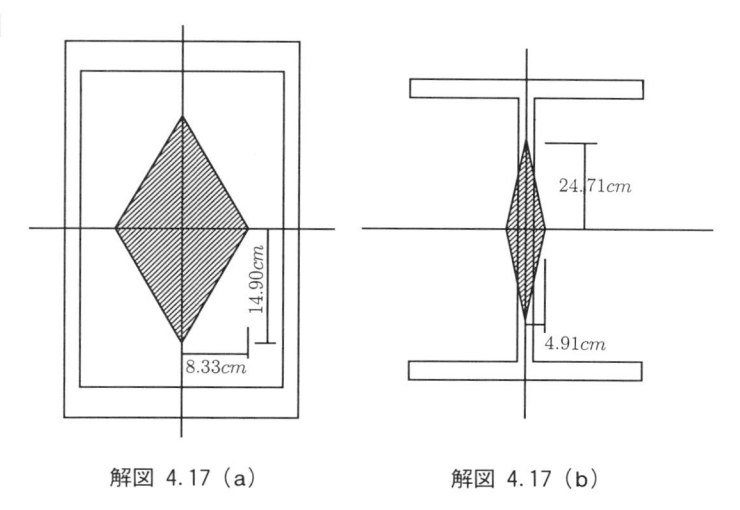

解図 4.17 (a)　　　　　解図 4.17 (b)

[解答 4.18] $\sigma_1 = 744.6$, $\sigma_2 = -2024.6$, $\sigma_3 = 356.9$, $\sigma_4 = -196.9$ (N/cm^2)

[解答 4.19]

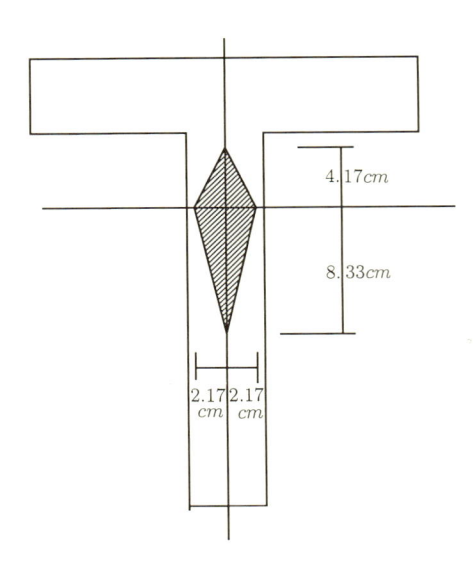

解図 4.19

5章　演習問題解答

[解答 5.1]

(1)
$$y = \frac{M\ell^2}{6EI}\left\{\left(\frac{x}{\ell}\right)^3 - \left(\frac{x}{\ell}\right)\right\}, \qquad \frac{dy}{dx} = \frac{M\ell}{6EI}\left\{3\left(\frac{x}{\ell}\right)^2 - 1\right\}$$

(2)
$$y = -\frac{M\ell^2}{2EI}\left\{\left(\frac{x}{\ell}\right)^2 - 2\left(\frac{x}{\ell}\right) + 1\right\}, \qquad \frac{dy}{dx} = -\frac{M\ell}{EI}\left\{\left(\frac{x}{\ell}\right) - 1\right\}$$

(3)
$$y = \frac{w\ell^4}{360EI}\left\{3\left(\frac{x}{\ell}\right)^5 - 10\left(\frac{x}{\ell}\right)^3 + 7\left(\frac{x}{\ell}\right)\right\}$$
$$\frac{dy}{dx} = \frac{w\ell^3}{360EI}\left\{15\left(\frac{x}{\ell}\right)^4 - 30\left(\frac{x}{\ell}\right)^2 + 7\right\}$$

(4)
$$y = \frac{w\ell^4}{120EI}\left\{-\left(\frac{x}{\ell}\right)^5 + 5\left(\frac{x}{\ell}\right)^4 - 15\left(\frac{x}{\ell}\right) + 11\right\}$$
$$\frac{dy}{dx} = \frac{w\ell^3}{24EI}\left\{-\left(\frac{x}{\ell}\right)^4 + 4\left(\frac{x}{\ell}\right)^3 - 3\right\}$$

(5) AC 間 $(0 \leq x \leq \ell/2)$

$$y = \frac{w\ell^4}{48EI}\left\{2\left(\frac{x}{\ell}\right)^4 - 3\left(\frac{x}{\ell}\right)^3 + \frac{9}{8}\left(\frac{x}{\ell}\right)\right\}$$

$$\frac{dy}{dx} = \frac{w\ell^3}{48EI}\left\{8\left(\frac{x}{\ell}\right)^3 - 9\left(\frac{x}{\ell}\right)^2 + \frac{9}{8}\right\}$$

CB 間 $(\ell/2 \leq x \leq \ell)$

$$y = \frac{w\ell^4}{48EI}\left\{\left(\frac{x}{\ell}\right)^3 - 3\left(\frac{x}{\ell}\right)^2 + \frac{17}{8}\left(\frac{x}{\ell}\right) - \frac{1}{8}\right\}$$

$$\frac{dy}{dx} = \frac{w\ell^3}{48EI}\left\{3\left(\frac{x}{\ell}\right)^2 - 6\left(\frac{x}{\ell}\right) + \frac{17}{8}\right\}$$

(6) AC 間 $(0 \leq x \leq \ell/2)$

$$y = \frac{w\ell^4}{48EI}\left\{2\left(\frac{x}{\ell}\right)^4 - 7\left(\frac{x}{\ell}\right) + \frac{41}{8}\right\}$$

$$\frac{dy}{dx} = \frac{w\ell^3}{48EI}\left\{8\left(\frac{x}{\ell}\right)^3 - 7\right\}$$

BC 間 $(\ell/2 \leq x \leq \ell)$

$$y = \frac{w\ell^4}{48EI}\left\{4\left(\frac{x}{\ell}\right)^3 - 3\left(\frac{x}{\ell}\right)^2 - 6\left(\frac{x}{\ell}\right) + 5\right\}$$

$$\frac{dy}{dx} = \frac{w\ell^3}{8EI}\left\{2\left(\frac{x}{\ell}\right)^2 - \left(\frac{x}{\ell}\right) - 1\right\}$$

[解答 5.2]

(1) $\quad y_C = \dfrac{4P\ell^3}{243EI}, \qquad \theta_A = \dfrac{5P\ell^2}{81EI}, \qquad \theta_B = -\dfrac{4P\ell^2}{81EI}, \qquad \theta_C = \dfrac{2P\ell^2}{81EI}$

(2) $\quad y_C = \dfrac{P\ell^3}{486EI}, \qquad \theta_A = \theta_B = \dfrac{P\ell^2}{81EI}, \qquad \theta_C = -\dfrac{P\ell^2}{162EI}$

(3) $\quad y_C = \dfrac{w\ell^4}{240EI}, \qquad \theta_A = \dfrac{41w\ell^3}{2880EI}, \qquad \theta_B = -\dfrac{17w\ell^3}{1440EI}, \qquad \theta_C = -\dfrac{w\ell^3}{720EI}$

[解答 5.3]

(1) $\quad y_A = \dfrac{14P\ell^3}{81EI}, \qquad \theta_A = -\dfrac{2P\ell^2}{9EI}$

(2)
$$y_A = \frac{11P\ell^3}{48EI}, \qquad \theta_A = -\frac{3P\ell^2}{8EI}$$

(3)
$$y_A = \frac{121w\ell^4}{1920EI}, \qquad \theta_A = -\frac{17w\ell^3}{192EI}$$

[解答 5.4]
$$\theta_A = \theta_B = \frac{M\ell}{6EI}$$

[解答 5.5]
$$y_C = y_D = \frac{5P\ell^3}{162EI}$$

[解答 5.6]
$$y_C = \frac{5w\ell^4}{384EI}, \qquad \theta_A = \frac{w\ell^3}{24EI}$$

[解答 5.7]
$$y_A = \frac{w\ell^4}{8EI}, \qquad \theta_A = -\frac{w\ell^3}{6EI}$$

[解答 5.8]
$$R_A = \frac{w\ell}{10}$$

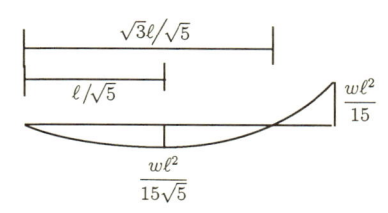

解図 5.8 *M*図

[解答 5.9]
$$M_A = M_B = \frac{2P\ell}{9}$$

解図 5.9 *M*図

6章　演習問題解答

[解答 6.1]

(1)
$$R_{AB} = R_{CD} = 1, \quad R_{BC} = -1$$

(2) $$R_{AB} = 1, \quad R_{BC} = -\frac{1}{2}, \quad R_{CD} = \frac{3}{2}$$

(3) $$R_{AB} = 1, \quad R_{BC} = 0, \quad R_{CD} = 1 - \frac{\overline{C'D'}}{\overline{CD}} = 1 - (-1) = 2$$

(4) $$R_{AB} = 1, \quad R_{BC} = -2, \quad R_{CD} = 2$$

(5) $$R_{AB} = 1, \quad R_{BC} = -\frac{1}{2}, \quad R_{CD} = \frac{5}{2}$$

(6) C点は水平方向に動くから，C点の直角変位点 C′ は C 点を通る鉛直線上にある。
$$R_{AB} = 1, \quad R_{BC} = 1 - \frac{\overline{B'C'}}{\overline{BC}} = 1 - 2 = -1$$

(7) $$R_{AB} = 1, \quad R_{BC} = R_{CD} = -\frac{1}{3}, \quad R_{DE} = R_{EF} = \frac{1}{3}$$

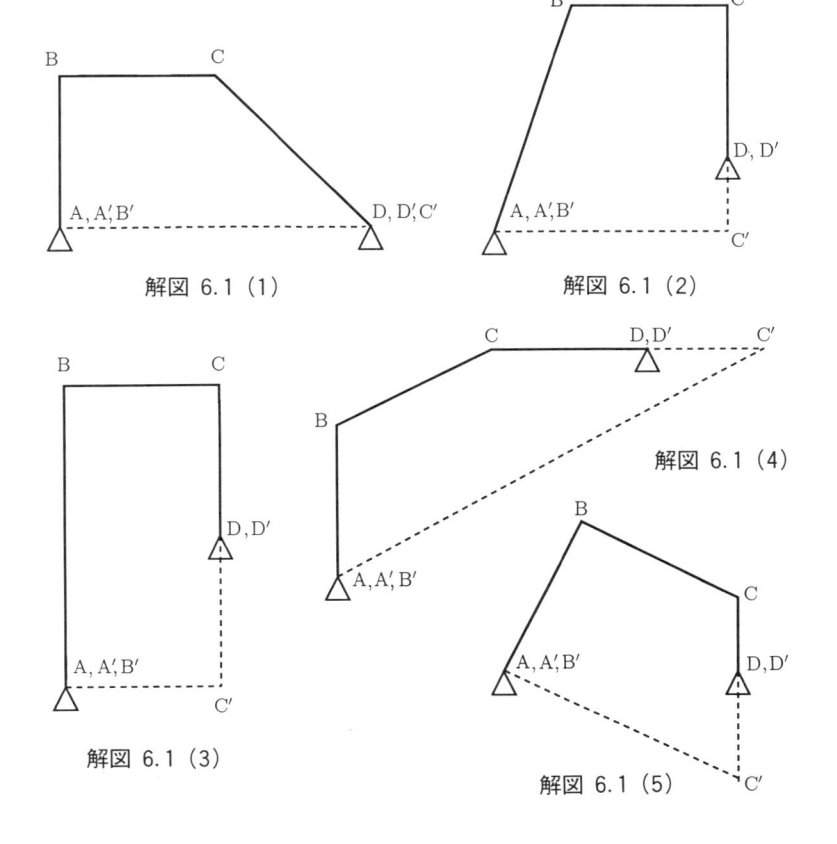

解図 6.1 (1)

解図 6.1 (2)

解図 6.1 (3)

解図 6.1 (4)

解図 6.1 (5)

解図 6.1 (6)

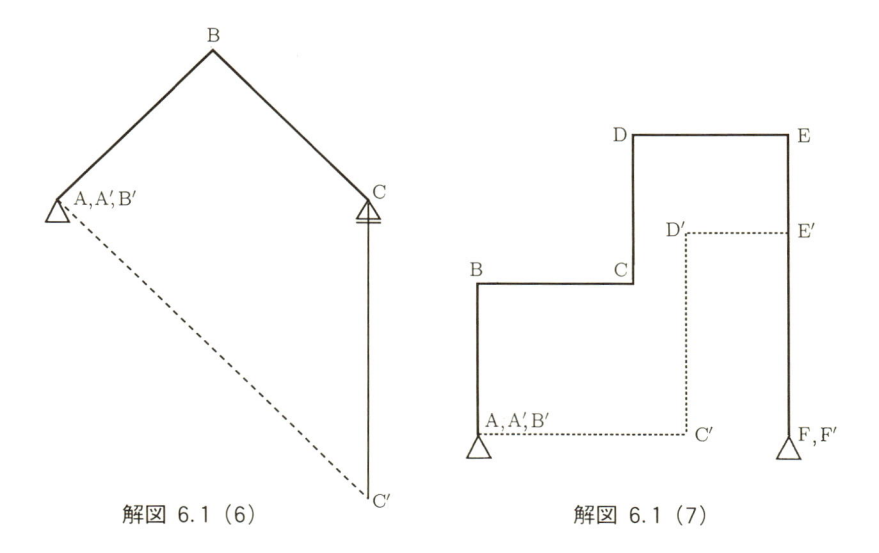

解図 6.1 (7)

[解答 6.2]
(1) まず，B′, E′ 点が決まる。C′ 点は C 点を通る水平線上にあることを利用する。D′ 点も同様。
(2) まず，B′, D′ 点が決まる。C′ 点は C 点を通る水平線上にある。

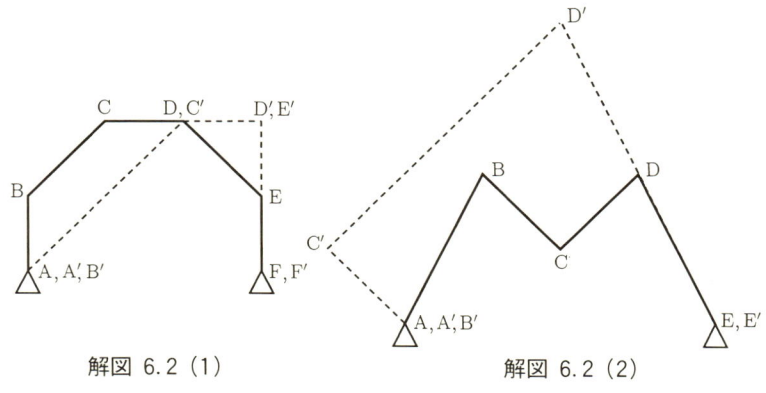

解図 6.2 (1)

解図 6.2 (2)

[解答 6.3]
(1) つなぎ材の引張軸方向力を N とすると，$\Sigma M_C = 0$ より，

$$P \cdot \delta + N \cdot \frac{\delta}{2} \cdot \frac{1}{\sqrt{2}} - N \cdot \delta \cdot \frac{1}{\sqrt{2}} = 0$$

$$\therefore \quad N = 2\sqrt{2}P$$

(2)
$$P\cdot\delta+N\cdot\frac{\delta}{2}-N\cdot\frac{\delta}{2}\cdot 3=0$$
$$\therefore N=P$$

(3) C点がδ(下向き)だけ変化すると，B,D点は右にδ，2δ変位する．

$$P\cdot\delta+N\cdot\delta-N\cdot 2\delta=0$$
$$\therefore\quad N=P$$

[解答 6.4]

(1) $\delta_C=\dfrac{3P\ell^3}{8EI}$, $\qquad \theta_C=\dfrac{P\ell^2}{2EI}$

(2) $\delta_B=\dfrac{P\ell^3}{48EI}$, $\qquad \theta_C=-\dfrac{P\ell^2}{16EI}$

(3) $\delta_B=2(\sqrt{2}+1)\dfrac{P\ell}{EA}$

7章　演習問題解答

[解答 7.1]

(1) $\delta_B=\dfrac{125}{EI}$ $\qquad$ (4) $\delta_C=\dfrac{27}{2EI}$

(2) $\theta_A=\dfrac{12}{EI}$ $\qquad$ (5) $\delta_B=\dfrac{81}{2EI}$

(3) $\delta_C=\dfrac{459}{8EI}$

[解答 7.2]

(1) $\delta_C=\dfrac{189}{4EI}$ $\quad$ (2) $\delta_C=-\dfrac{125}{6EI}$ $\quad$ (3) $\delta_D=\dfrac{56}{3EI}$

[解答 7.3]

(1) $\delta_C=\dfrac{280}{3EI}$ $\quad$ (2) $\delta_E=\dfrac{27}{EI}$ $\quad$ (3) $\delta_B=\dfrac{18\sqrt{2}}{EI}P$

[解答 7.4]

(1) $\delta_{CH}=\dfrac{16}{EI}$ $\quad$ (2) $\delta_{DH}=\dfrac{920}{3EI}$ $\quad$ (3) $\delta_{CH}=\dfrac{54}{EI}$ $\quad$ (4) $\delta_{EV}=-\dfrac{125}{16EI}$

[解答 7.5]

(1) $\delta_{CH} = \dfrac{32}{EI}$ (2) $\delta_{DH} = -\dfrac{1280}{3EI}$ (3) $\delta_{EH} = -\dfrac{40}{EI}$ (4) $\delta_{EV} = \dfrac{32}{EI}$

[解答 7.6]

(1) $\delta_{CH} = \dfrac{160(\sqrt{2}+1)}{3EI}$ (2) $\delta_{AH} = \dfrac{M\ell^2}{EI}$ (3) $\delta_{DH} = \dfrac{8(5\sqrt{2}+16)}{27EI}$

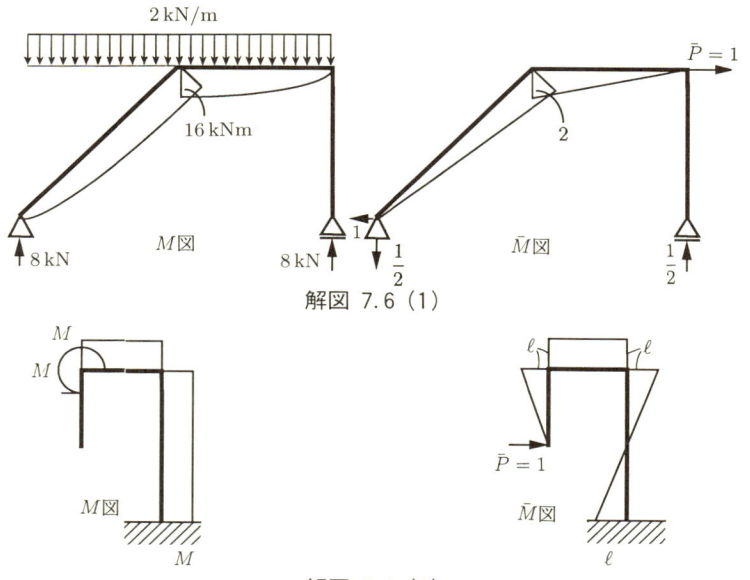

解図 7.6 (1)

解図 7.6 (2)

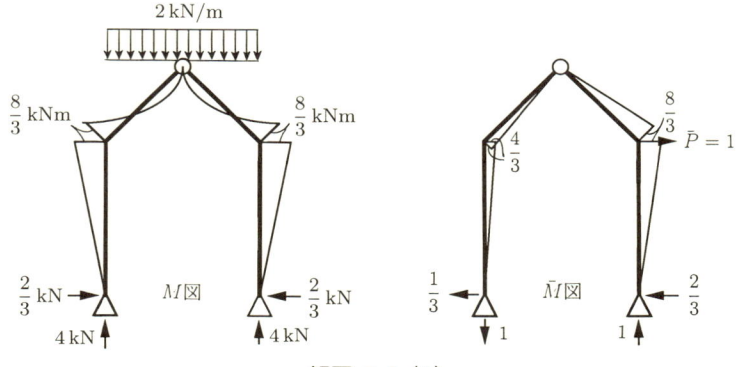

解図 7.6 (3)

[解答 7.7]

(1) $\delta_C = \dfrac{72 + 64\sqrt{3}}{3EA}$ (2) $\delta_C = \dfrac{16 + 8\sqrt{2}}{EA}$ (3) $\delta_B = \dfrac{8 + 4\sqrt{2}}{EA}$

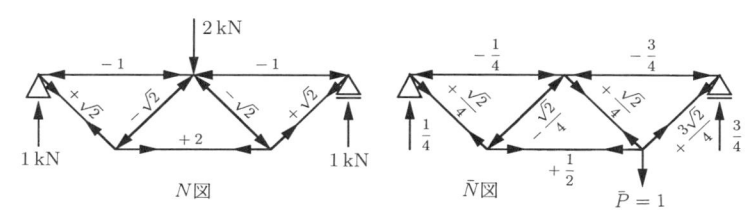

解図 7.7 (3)

[解答 7.8]

(1) $\delta_C = \dfrac{34\sqrt{3}}{3EA}$ (2) $\delta_C = \dfrac{68 + 32\sqrt{2} + 20\sqrt{5}}{9EA}$

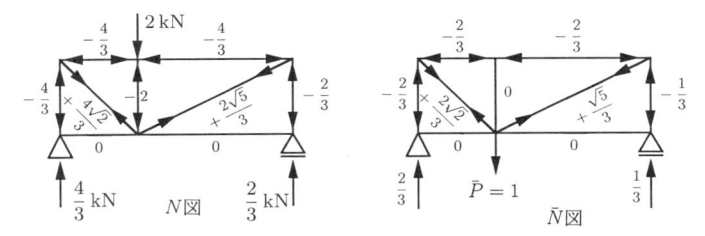

解図 7.8 (2)

[解答 7.9]

(1) $\delta_{DH} = \dfrac{(13 + 6\sqrt{2})P\ell}{2EA}$ (2) $\delta_{FH} = \dfrac{(15 + 34\sqrt{2})P\ell}{EA}$

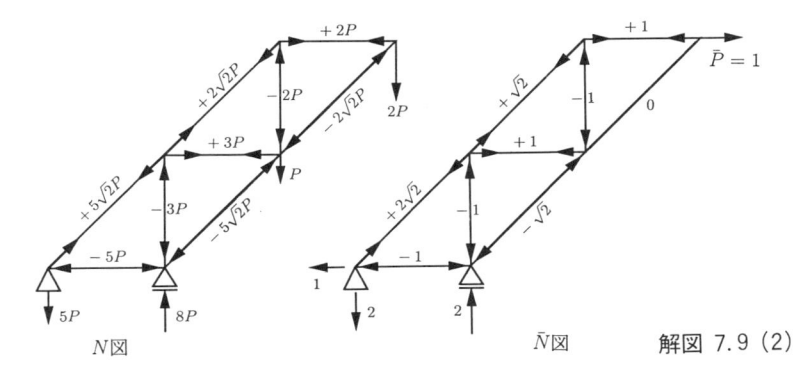

解図 7.9 (2)

8章　演習問題解答

[解答 8.1]

(1) 中央のピン支点を不静定力として，　　$-\dfrac{5w\ell^4}{24EI} + \dfrac{\ell^3}{6EI}X_1 = 0$

(2) 両端の固定端モーメントを不静定力として，　　$-\dfrac{2P\ell^2}{9EI} + \dfrac{\ell}{EI}X_1 = 0$

(3) 右のピン支点をローラーとして，　　$\dfrac{7P\ell^3}{9EI} + \dfrac{92\ell^3}{81EI}X_1 = 0$

(4) 左の固定端をピン支点に変えて，　　$\dfrac{27}{EI} + \dfrac{4}{EI}X_1 = 0$

(5) 左のピン支点を自由端に変え，右向きの不静定力を X_1, 上向きの不静定力を X_2 として，

$$\dfrac{144}{EI} + \dfrac{208}{3EI}X_1 - \dfrac{36}{EI}X_2 = 0$$
$$-\dfrac{162}{EI} - \dfrac{36}{EI}X_1 + \dfrac{36}{EI}X_2 = 0$$

(6) 左の固定端をピン支点に変え，時計まわりの不静定力を X_1, ピン支点をローラーに変え，右向きの不静定力を X_2 として，

$$-\dfrac{20}{EI} + \dfrac{8}{3EI}X_1 - \dfrac{8}{EI}X_2 = 0$$
$$\dfrac{120}{EI} - \dfrac{8}{EI}X_1 + \dfrac{64}{EI}X_2 = 0$$

(7) 三ヒンジラーメンの対称荷重として柱脚に X_1, 中央ピンに X_2 を作用させて，

$$\dfrac{w\ell^3}{24EI} + \dfrac{2\ell}{3EI}X_1 - \dfrac{\ell}{3EI}X_2 = 0$$
$$-\dfrac{w\ell^3}{8EI} - \dfrac{\ell}{3EI}X_1 + \dfrac{5\ell}{3EI}X_2 = 0$$

(8) 三ヒンジラーメンの逆対称荷重として，

$$\dfrac{(3+2\sqrt{2})}{12EI}P\ell^2 + \dfrac{(3+\sqrt{2})\ell}{3EI}X_1 = 0$$

229

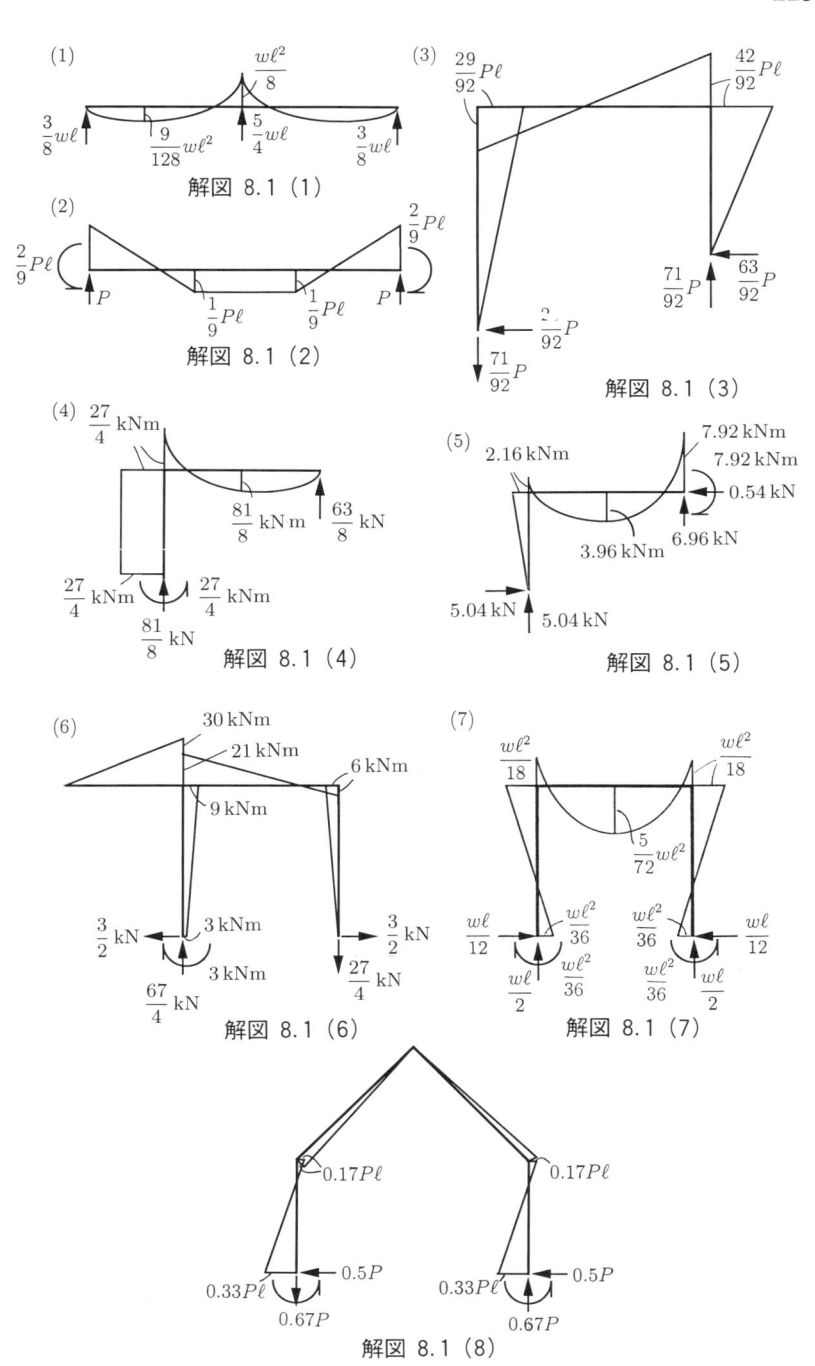

(1)

$\dfrac{w\ell^2}{8}$ $\dfrac{3}{8}w\ell$ $\dfrac{9}{128}w\ell^2$ $\dfrac{5}{4}w\ell$ $\dfrac{3}{8}w\ell$

解図 8.1 (1)

(2)

$\dfrac{2}{9}P\ell$ P $\dfrac{1}{9}P\ell$ $\dfrac{1}{9}P\ell$ P $\dfrac{2}{9}P\ell$

解図 8.1 (2)

(3)

$\dfrac{29}{92}P\ell$ $\dfrac{42}{92}P\ell$ $\dfrac{71}{92}P$ $\dfrac{63}{92}P$ $\dfrac{?}{92}P$ $\dfrac{71}{92}P$

解図 8.1 (3)

(4)

$\dfrac{27}{4}$ kNm $\dfrac{81}{8}$ kN·m $\dfrac{63}{8}$ kN $\dfrac{27}{4}$ kNm $\dfrac{27}{4}$ kNm $\dfrac{81}{8}$ kN

解図 8.1 (4)

(5)

2.16 kNm 7.92 kNm 7.92 kNm 0.54 kN 3.96 kNm 6.96 kN 5.04 kN 5.04 kN

解図 8.1 (5)

(6)

30 kNm 21 kNm 6 kNm 9 kNm $\dfrac{3}{2}$ kN 3 kNm 3 kNm $\dfrac{3}{2}$ kN $\dfrac{67}{4}$ kN $\dfrac{27}{4}$ kN

解図 8.1 (6)

(7)

$\dfrac{w\ell^2}{18}$ $\dfrac{w\ell^2}{18}$ $\dfrac{5}{72}w\ell^2$ $\dfrac{w\ell}{12}$ $\dfrac{w\ell^2}{36}$ $\dfrac{w\ell^2}{36}$ $\dfrac{w\ell}{12}$ $\dfrac{w\ell}{2}$ $\dfrac{w\ell^2}{36}$ $\dfrac{w\ell^2}{36}$ $\dfrac{w\ell}{2}$

解図 8.1 (7)

$0.17P\ell$ $0.17P\ell$ $0.33P\ell$ $0.5P$ $0.33P\ell$ $0.5P$ $0.67P$ $0.67P$

解図 8.1 (8)

[解答 8.2]

(1) 右のローラーを取り，上向きの不静定力 X_1 とすると，

$$\frac{(-9-6\sqrt{2})P\ell}{EA} + \frac{(8+4\sqrt{2})\ell}{EA}X_1 = 0$$

(2) 右上向きの斜材をとり，引張の不静定力 X_1 とすると，

$$\frac{(-1+\sqrt{2}/4)P\ell}{EA} + \frac{(2+2\sqrt{2})\ell}{EA}X_1 = 0$$

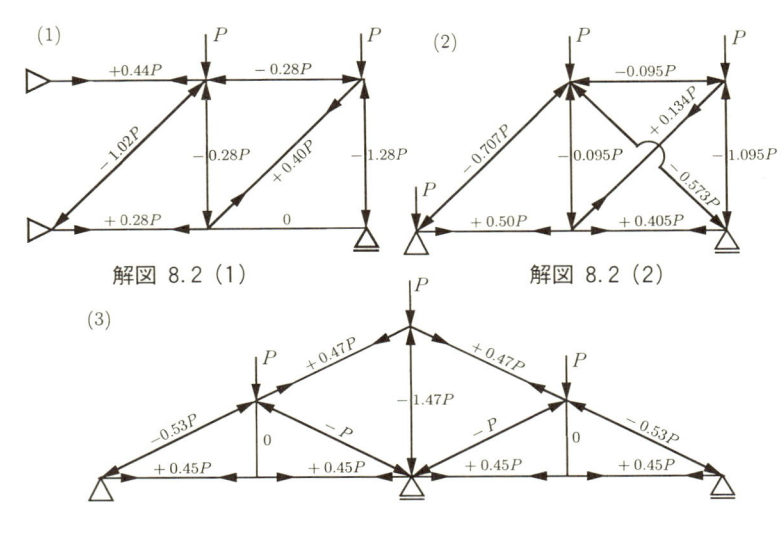

解図 8.2 (1)

解図 8.2 (2)

解図 8.2 (3)

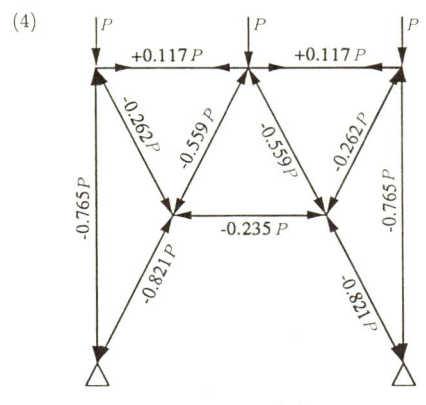

解図 8.2 (4)

(3) 中央のローラーを取り除き，下向きの不静定力 X_1 とすると，

$$\left(\frac{9\sqrt{3}}{2}+11\right)\frac{P\ell}{EA}+\left(\frac{3\sqrt{3}}{2}+5\right)\frac{\ell}{EA}X_1=0$$

(4) 中央の横架材を取り，引張りの不静定力 X_1 とすると，N_0 図，N_1 図は対称となる。

$$\left(8-\frac{5\sqrt{5}}{4}\right)\frac{P\ell}{EA}+(11+5\sqrt{5})\frac{\ell}{EA}X_1=0$$

[解答 8.3]
(1) 中のローラーを取り除き，下向きの不静定力 X_1，右側下向きの斜材を取り除き，引張りの不静定力 X_2 とする。

$$\frac{5.388P\ell}{EA}+\frac{4.388\ell}{EA}X_1+\frac{3.008\ell}{EA}X_2 = 0$$
$$\frac{3.903P\ell}{EA}+\frac{3.008\ell}{EA}X_1+\frac{8.072\ell}{EA}X_2 = 0$$

(2) 2層，1層の右上向きの斜材を取り除き，引張りの不静定力 X_1, X_2 とする。

$$\left(-2-\frac{2}{\sqrt{2}}\right)\frac{P\ell}{EA}+\left(2+2\sqrt{2}\right)\frac{\ell}{EA}X_1+\frac{1}{2}\frac{\ell}{EA}X_2 = 0$$
$$\left(-4-\frac{5}{\sqrt{2}}\right)\frac{P\ell}{EA}+\frac{1}{2}\frac{\ell}{EA}X_1+\left(2+2\sqrt{2}\right)\frac{\ell}{EA}X_2 = 0$$

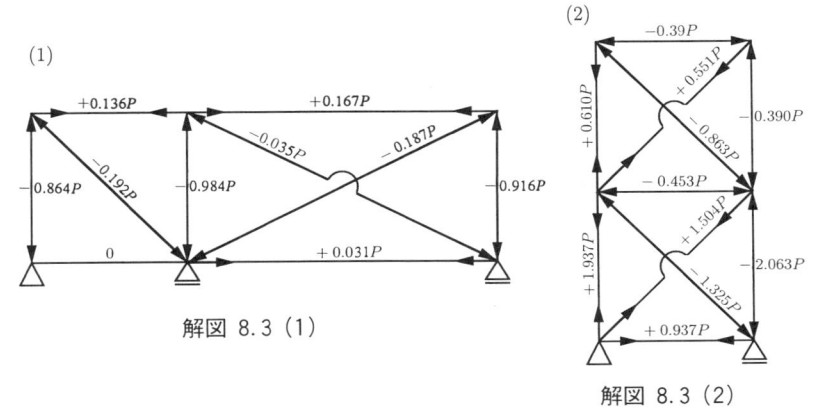

解図 8.3 (1)

解図 8.3 (2)

[解答 8.4]
(1) 外力 P によるスパン ℓ のはりの変形，X_1 によるスパン ℓ のはりの変形，X_1 によるスパン 2ℓ のはりの変形の総和が 0 より，

$$-\frac{P\ell^3}{48EI}+\frac{\ell^3}{48EI}X_1+\frac{\ell^3}{6EI}X_1=0$$

(2) 外力 P による単純ばりの変形，X_1 による単純ばりの変形，X_1 による片持ばりの変形の総和が 0 より，

$$-\frac{P\ell^3}{6EI} + \frac{\ell^3}{6EI}X_1 + \frac{\ell^3}{3EI}X_1 = 0$$

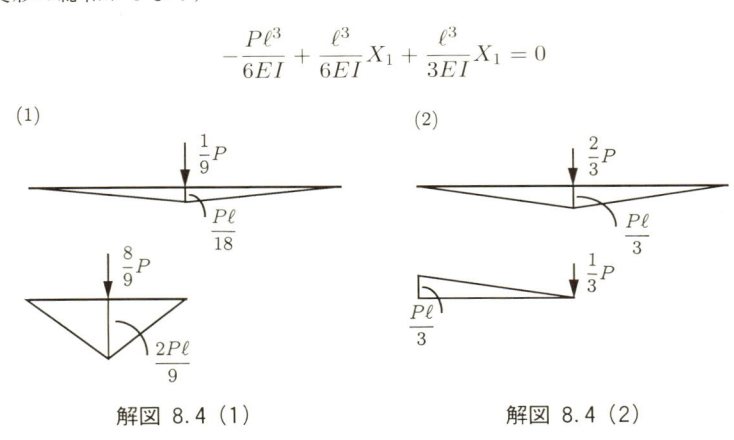

解図 8.4 (1)

解図 8.4 (2)

[解答 8.5]

(1) 柱頭の変形を考える．左の柱の外力 P による変形，左の柱の X_1 による変形，右の柱の X_1 による変形の総和が 0 より，

$$-\frac{5P\ell^3}{48EI} + \frac{\ell^3}{3EI}X_1 + \frac{\ell^3}{3EI}X_1 = 0$$

(2) 柱とラーメンの交点における変形を考える．外力 P による柱の変形，X_1 による柱の変形，X_1 によるラーメンの変形の総和が 0 より，

$$-\frac{5\sqrt{2}P\ell^3}{12EI} + \frac{\ell^3}{6EI}X_1 + \frac{\ell^3}{3EI}X_1 = 0$$

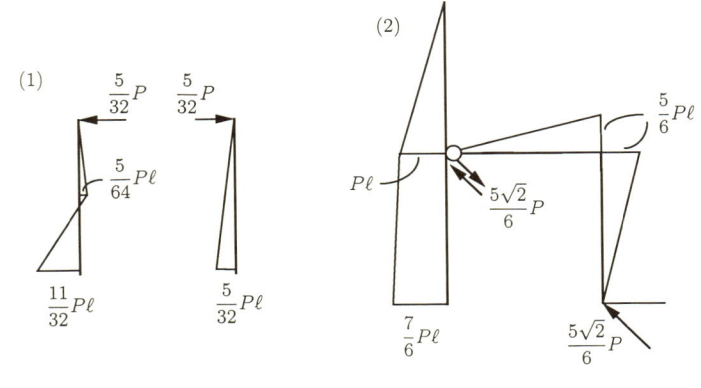

解図 8.5 (1)

解図 8.5(2)

[解答 8.6]
(1) 外力 P によるラーメンのつなぎ材間の変形，X_1 によるラーメンのつなぎ材間の変形，X_1 によるつなぎ材の変形より，

$$-\frac{\sqrt{2}P\ell^3}{324EI} + \frac{\ell^3}{81EI}X_1 + \frac{\sqrt{2}\ell}{3EA}X_1 = 0$$

(2) 外力によるラーメンのつなぎ材間の変形，X_1 によるラーメンのつなぎ材間の変形，X_1 によるつなぎ材の変形より，

$$-\frac{400}{EI} + \frac{30}{EI}X_1 + \frac{8}{EA}X_1 = 0$$

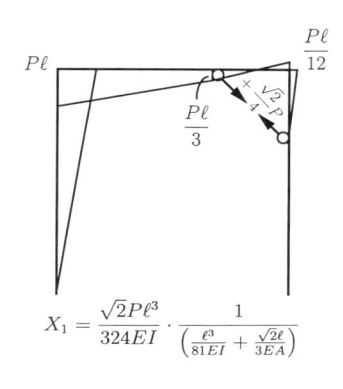

解図 8.6 (1)

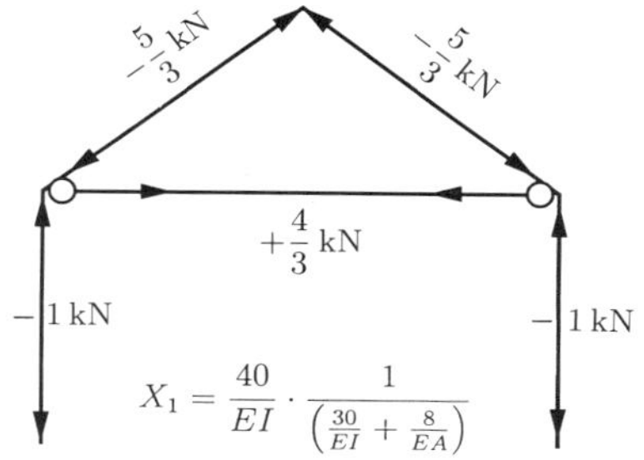

$$X_1 = \frac{\sqrt{2}P\ell^3}{324EI} \cdot \frac{1}{\left(\frac{\ell^3}{81EI} + \frac{\sqrt{2}\ell}{3EA}\right)}$$

解図 8.6 (2)

$$X_1 = \frac{40}{EI} \cdot \frac{1}{\left(\frac{30}{EI} + \frac{8}{EA}\right)}$$

9 章　演習問題解答

[解答 9.1]

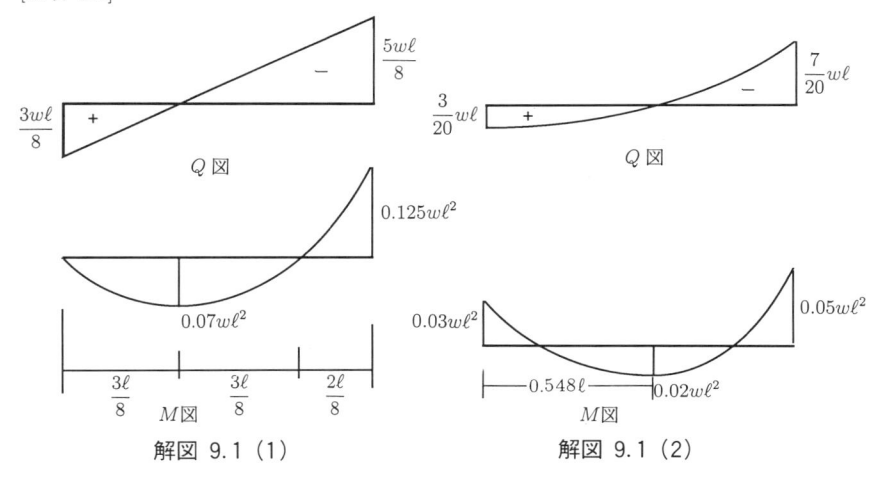

解図 9.1 (1)

解図 9.1 (2)

解図 9.1 (3)

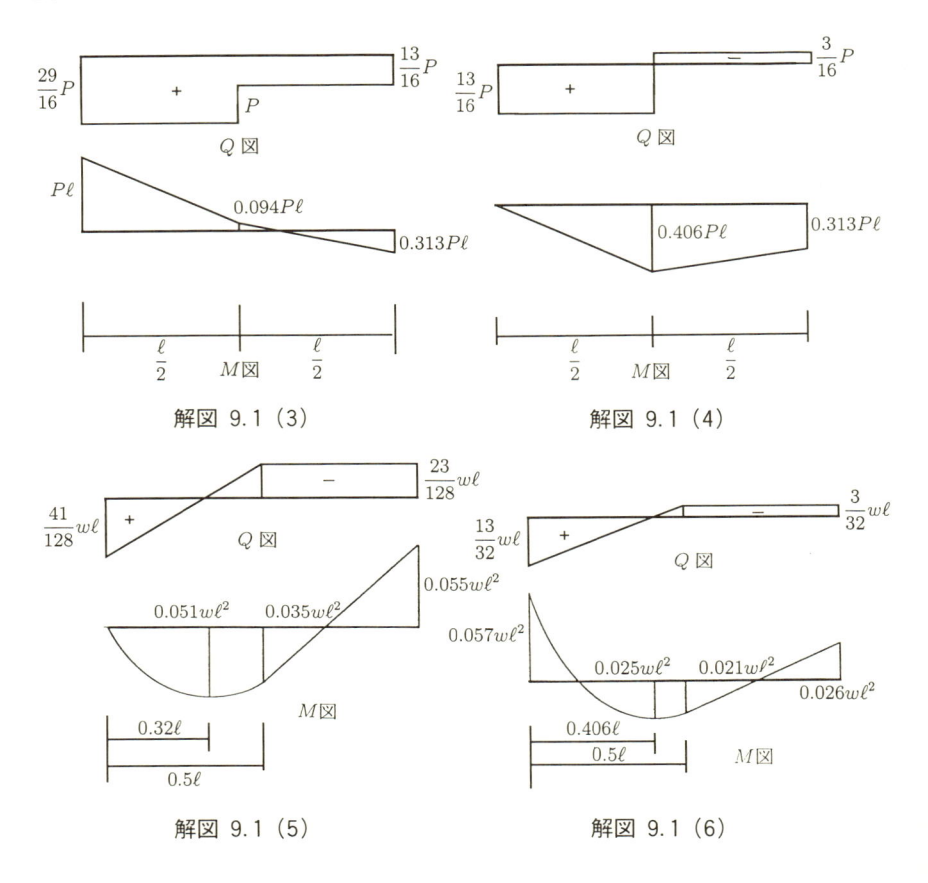

解図 9.1 (4)

解図 9.1 (5)

解図 9.1 (6)

[解答 9.2]

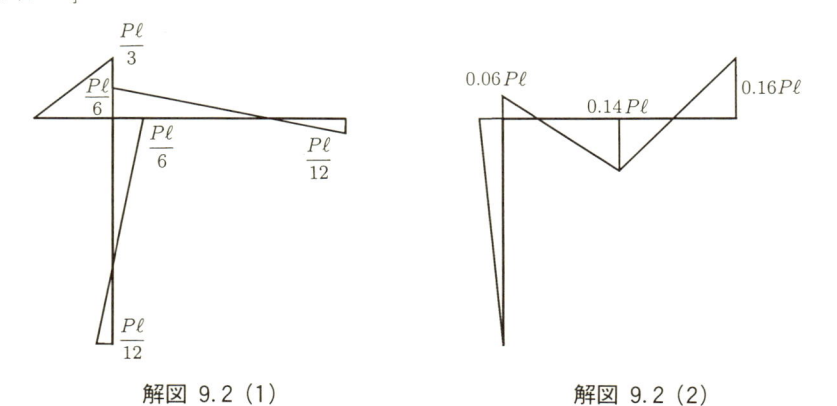

解図 9.2 (1)

解図 9.2 (2)

235

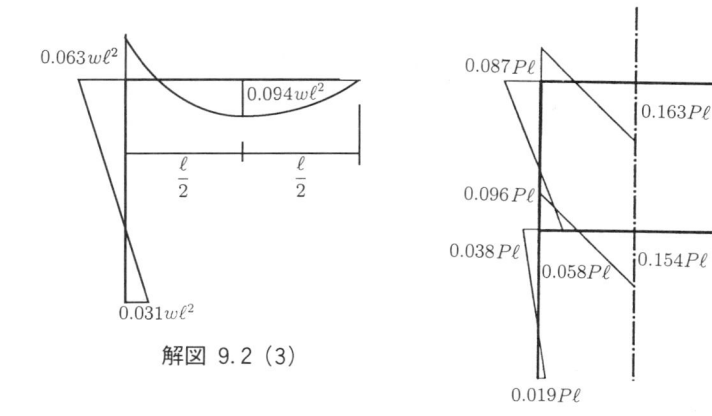

$0.063wℓ^2$ $0.094wℓ^2$

$\dfrac{ℓ}{2}$ $\dfrac{ℓ}{2}$

$0.031wℓ^2$

解図 9.2 (3)

$0.087Pℓ$ $0.163Pℓ$

$0.096Pℓ$

$0.038Pℓ$ $0.058Pℓ$ $0.154Pℓ$

$0.019Pℓ$

解図 9.2 (4)

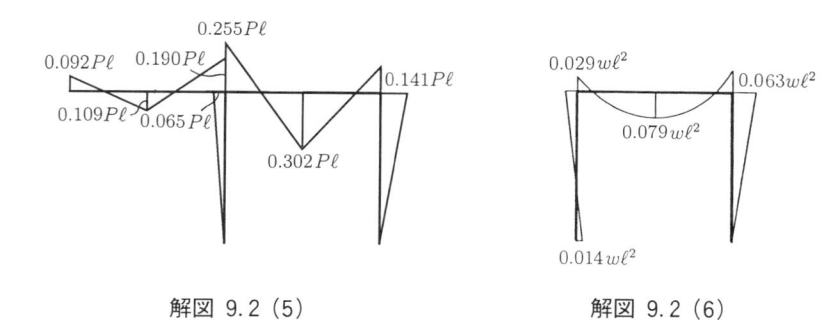

$0.255Pℓ$

$0.092Pℓ$ $0.190Pℓ$ $0.141Pℓ$

$0.109Pℓ$ $0.065Pℓ$

$0.302Pℓ$

解図 9.2 (5)

$0.029wℓ^2$ $0.063wℓ^2$

$0.079wℓ^2$

$0.014wℓ^2$

解図 9.2 (6)

[解答 9.3]

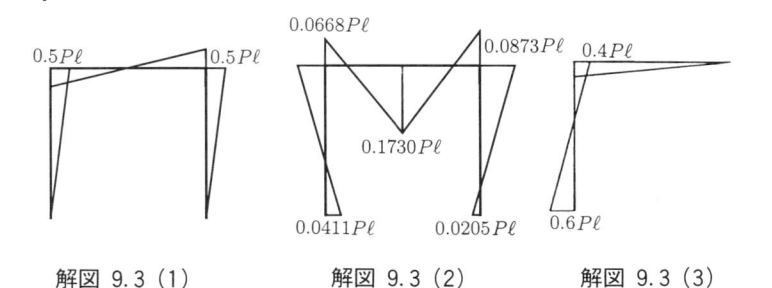

$0.5Pℓ$ $0.5Pℓ$

解図 9.3 (1)

$0.0668Pℓ$ $0.0873Pℓ$

$0.1730Pℓ$

$0.0411Pℓ$ $0.0205Pℓ$

解図 9.3 (2)

$0.4Pℓ$

$0.6Pℓ$

解図 9.3 (3)

236

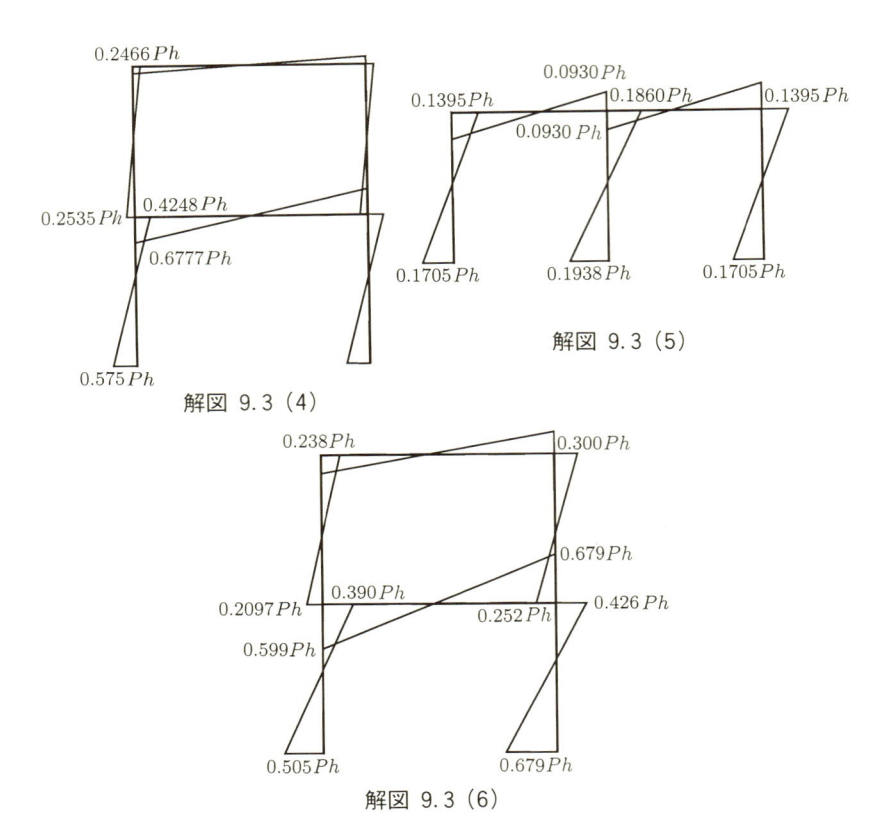

0.2466Ph
0.2535Ph 0.4248Ph
0.6777Ph
0.575Ph

解図 9.3（4）

0.1395Ph 0.0930Ph 0.1860Ph 0.1395Ph
0.0930Ph
0.1705Ph 0.1938Ph 0.1705Ph

解図 9.3（5）

0.238Ph 0.300Ph
0.679Ph
0.2097Ph 0.390Ph
0.252Ph 0.426Ph
0.599Ph
0.505Ph 0.679Ph

解図 9.3（6）

[解答 9.4]

(1) 仮想仕事式

$$(M_{AB} + M_{BA}) + \frac{2}{3}(M_{CD} + M_{DC}) + P \cdot 2\ell = 0$$

(2) 仮想仕事式

$$M_{BA} - \frac{1}{2}(M_{BC} + M_{CB}) + \frac{1}{2}M_{CD} - P\ell = 0$$

(3) 仮想仕事式

$$M_{AB} - \frac{1}{2}(M_{BC} + M_{CB}) + \frac{3}{2}(M_{CD} + M_{DC}) + 50 \cdot 2 = 0$$

(4) 仮想仕事式

$$(M_{AB} + M_{BA}) - \frac{2}{3}(M_{BC} + M_{CB}) - (M_{CD} + M_{DC}) + 100 \cdot 3 = 0$$

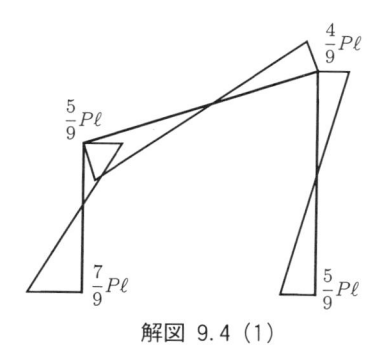

解図 9.4 (1)

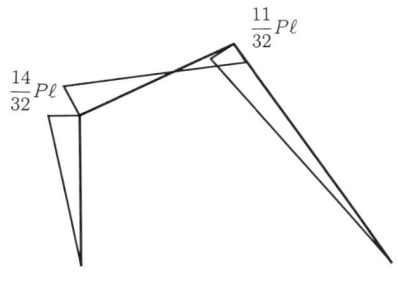

$\frac{5}{9}P\ell$, $\frac{4}{9}P\ell$, $\frac{7}{9}P\ell$, $\frac{5}{9}P\ell$

解図 9.4 (2)

$\frac{14}{32}P\ell$, $\frac{11}{32}P\ell$

(5) 仮想仕事式

$$(M_{AB} + M_{BA}) - \frac{1}{2}(M_{BD} + M_{DB}) + \frac{5}{2}(M_{DE} + M_{ED}) + 5 \cdot 1 = 0$$

(6) 仮想仕事式

$$(M_{AB} + M_{BA}) - \frac{1}{2}(M_{BD} + M_{DB}) + \frac{3}{2}(M_{DE} + M_{ED}) + 3 \cdot 2 \cdot \frac{1}{2} = 0$$

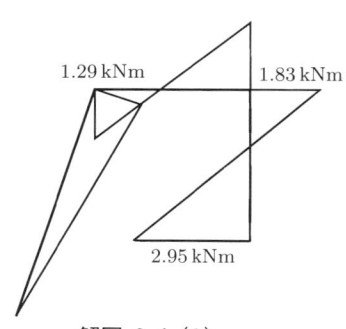

解図 9.4 (3)

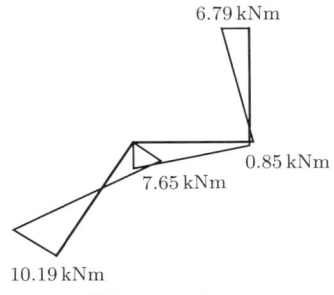

1.29 kNm, 1.83 kNm, 2.95 kNm

解図 9.4 (4)

6.79 kNm, 0.85 kNm, 7.65 kNm, 10.19 kNm

解図 9.4 (5)

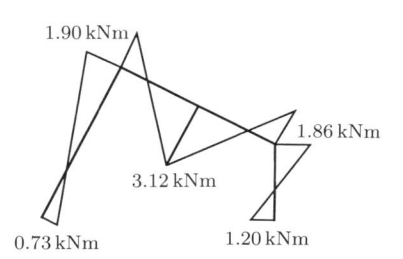

1.90 kNm, 1.86 kNm, 3.12 kNm, 0.73 kNm, 1.20 kNm

解図 9.4 (6)

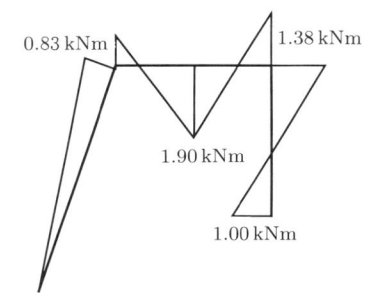

0.83 kNm, 1.38 kNm, 1.90 kNm, 1.00 kNm

解図 9.4 (7)　　　　解図 9.4 (8)

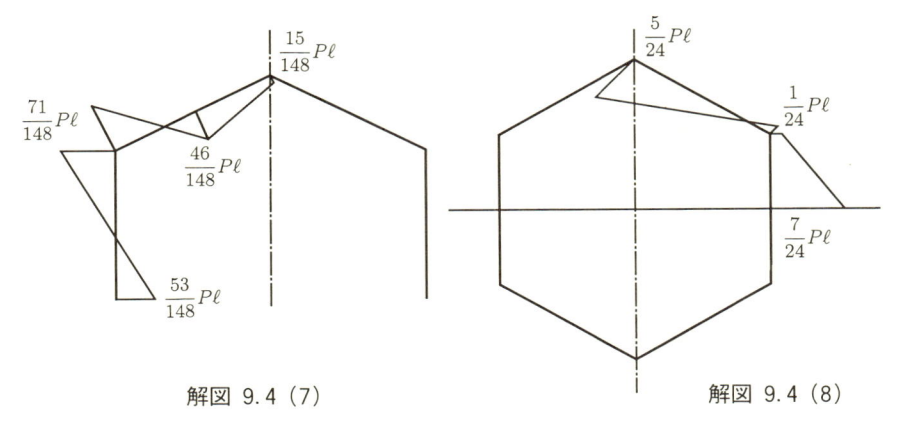

(7) 仮想仕事方程式

$$(M_{AB} + M_{BA}) - 2(M_{BC} + M_{CB}) - P \cdot 2\ell = 0$$

(8) 仮想仕事方程式

$$(M_{AB} + M_{BA}) - \frac{P}{2} \cdot \frac{\ell}{2} = 0$$

10章　演習問題解答

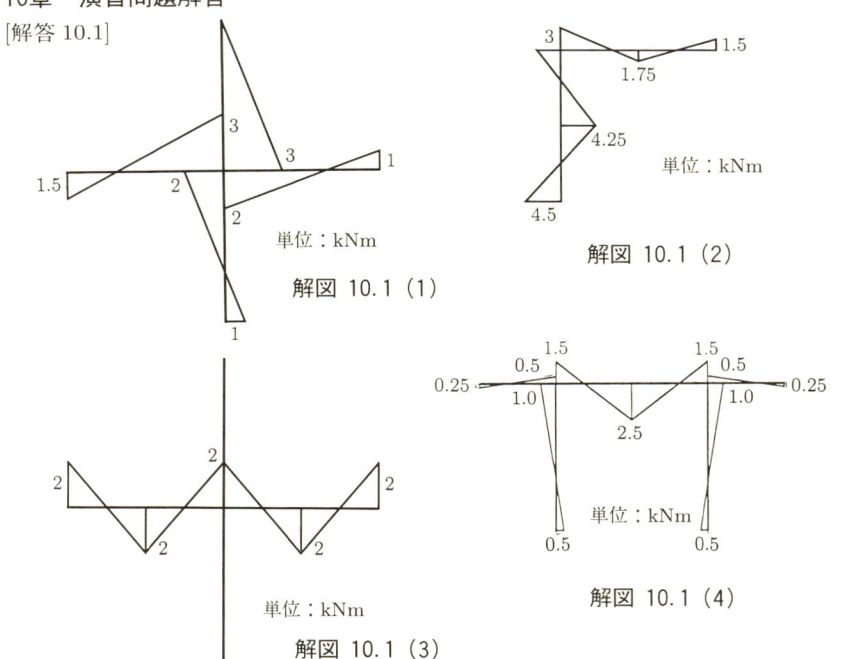

[解答 10.1]

解図 10.1 (1)

解図 10.1 (2)

解図 10.1 (3)

解図 10.1 (4)

解図 10.1 (5) 単位：kNm

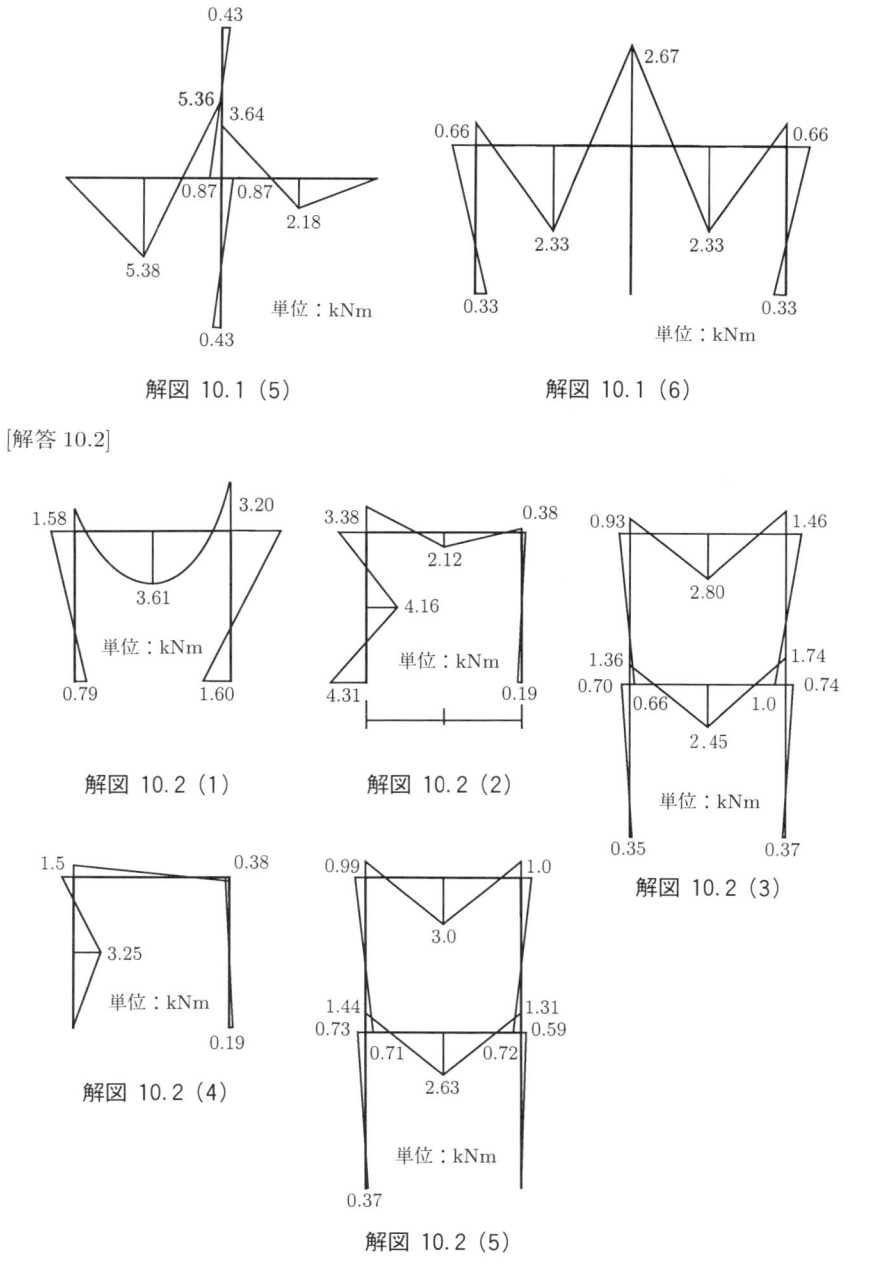

解図 10.1 (6) 単位：kNm

[解答 10.2]

解図 10.2 (1) 単位：kNm

解図 10.2 (2) 単位：kNm

解図 10.2 (3) 単位：kNm

解図 10.2 (4) 単位：kNm

解図 10.2 (5) 単位：kNm

[解答 10.3]

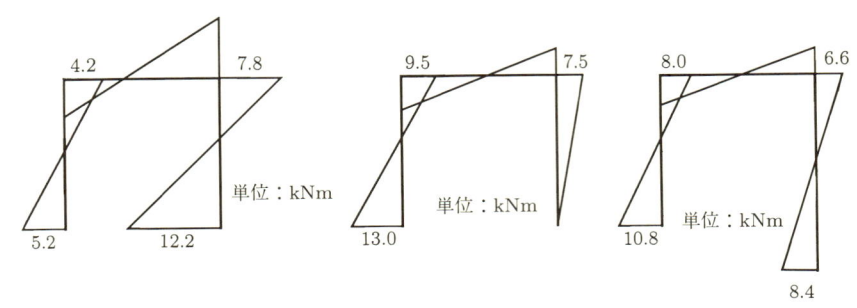

解図 10.3 (1)

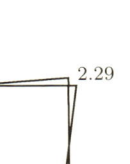

解図 10.3 (2)

解図 10.3 (3)

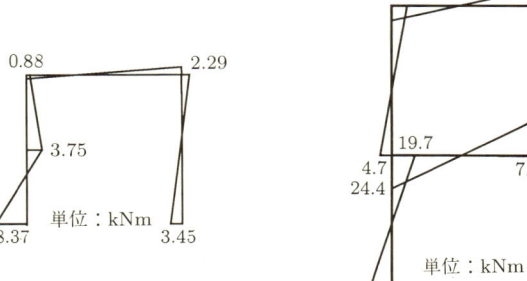

解図 10.3 (4)

解図 10.3 (5)

[解答 10.4]　仮想仕事式

(1) $20 - 9.15x = 0$

(2) $8 - 4.87x = 0$

(3) $30 - 6.30x = 0$

(4) $20 - 0.35 - 3.197x = 0$

(5) $11.3 - 4.231x + 20 = 0$

(6) $6 - 2.35 - 1.342x = 0$

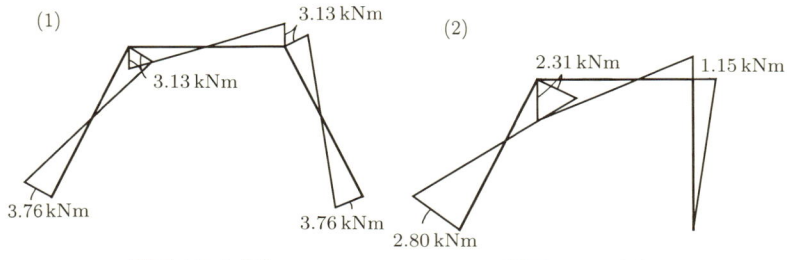

解図 10.4 (1)

解図 10.4 (2)

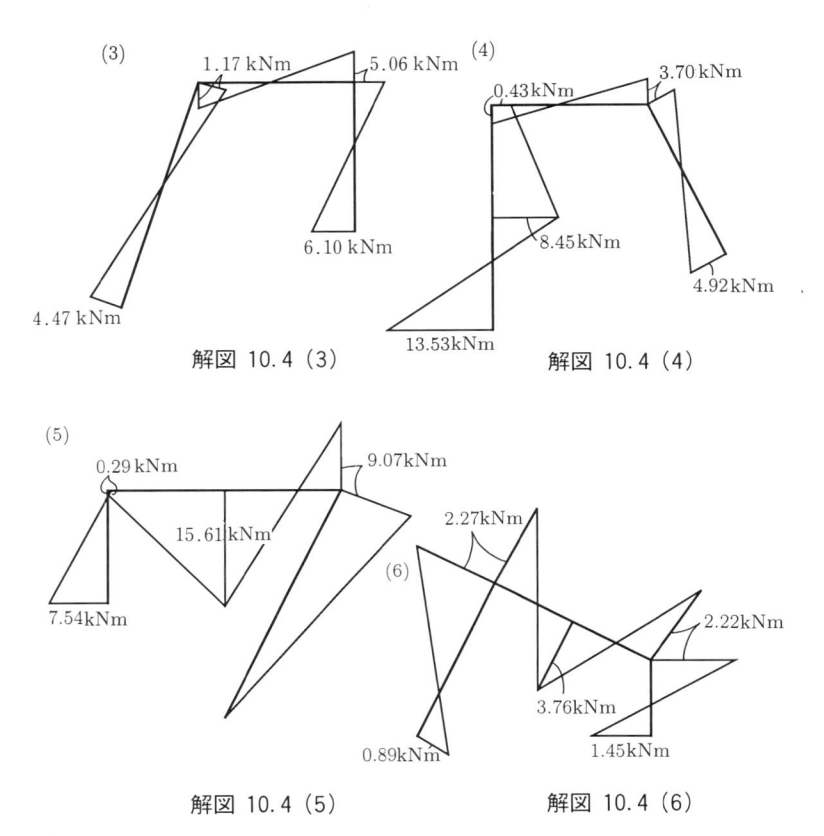

(3) 1.17 kNm 5.06 kNm
6.10 kNm
4.47 kNm

解図 10.4 (3)

(4) 0.43 kNm 3.70 kNm
8.45 kNm
4.92 kNm
13.53 kNm

解図 10.4 (4)

(5) 0.29 kNm 9.07 kNm
15.61 kNm
7.54 kNm

解図 10.4 (5)

(6) 2.27 kNm
2.22 kNm
3.76 kNm
0.89 kNm 1.45 kNm

解図 10.4 (6)

索　引

あ　行

圧縮応力度　63
圧縮軸方向力　21

異形ラーメン　102, 167, 191
一次の不静定ばり　125

エネルギー保存則　96
M 図　21
N 図　21
鉛直反力　9
鉛直方向成分　1

応　力　21
応力図　24
応力度　63

か　行

外的に不静定　135
回転角　98
外　分　1
解放モーメント　180
外　力　9, 21
外力仕事　96
外力モーメント　154
核半径　85
重ね合わせの原理　125

荷重項　128, 151
荷重の重心　150
カスティリアノの第1定理　98
カスティリアノの第2定理　98
仮想荷重　93, 98
仮想仕事式　167
仮想仕事の原理　106
仮想ひずみ　106
仮想ピン点　38
仮想変位　106
片持ばり　11, 25
　　——型ラーメン　13, 15, 30
カルマン法　44

幾何学的境界条件　90
逆対称(応力,変形)　132
Q 図　21
境界条件　90
共役ばり　93
強　軸　59
極射線　4
曲　率　67
曲率半径　67

偶　力　21
クレモナの図式解法　41

243

結合点　102

交叉ばり　145
合成骨組　49,148
剛節点　147
剛　体　106
剛体変位　106
剛　度　151
剛　比　151
合　力　1
固定支点　7
固定端　7,11
固定端モーメント　151,174,200
固定法　171
固定モーメント　174

さ　行

最小仕事の原理　98
最小主断面二次モーメント　60
最大主断面二次モーメント　60
最大せん断応力度　73
材端回転角　148
材端軸方向力　147
材端せん断力　147
材端たわみ角　93
材端モーメント　147
材端力　147
座屈現象　63
作用線　1
三ヒンジラーメン　13,16,32

軸剛性　107
軸方向力　21
軸方向力図（N図）　21
仕事に関する原理　96
実荷重　112
支　点　7
弱　軸　59
主応力度　76

主応力線　77
主応力面　76
自由端　11
集中荷重　10
主　軸　59
主軸のまわりの曲げモーメント　69
主せん断応力度　76
主断面二次モーメント　60
上端せん断力　161
示力図　3

垂直応力度　63
垂直ひずみ度　63
水平反力　9
水平方向成分　1
数式解法　10
図式解法　8,16,38
図　心　54

性状係数　128
静定基本形　125
静定ラーメン　13,28
正のせん断力　21
正の曲げモーメント　22
積分計算法　108,199
切断法　41,44
節点角　147
節点法　41
節点方程式　147
せん断応力度　63,71
せん断弾性係数　64
せん断力　21
せん断力図（Q図）　21
層方程式　147

た　行

対称（応力，変形）　132,106,158,180
対称荷重　158
対称軸　54

索　引

多層ラーメン　184
縦ひずみ度　63
たわみ　89
たわみ曲線　90
たわみ角　89, 148
　──曲線　91
　──計算式　113
たわみ角法　147
　──の基本式　148
単位荷重　107
単位部材角　184
単位モーメント　113
単純ばり　8, 24
　──型ラーメン　13, 14, 28
弾性荷重　93
弾性係数　64
弾性限度　64
断面一次モーメント　53
断面極二次モーメント　61
断面係数　56
断面相乗モーメント　58
断面二次半径　56
断面二次モーメント　54
断面の核　85
断面の性質　53

力の多角形　3
力のつり合い　3, 7
中央集中荷重　151
中間荷重　148
中立軸　67
中立面　67
長方形断面　53
直角変位図　102
直角変位点　102

適合条件　126

到達モーメント　172

独立部材角　102
トラス構造　41, 135

な　行

内的に不静定　135
内　分　1
内力仕事　97

は　行

バウの記号法　41
反　力　7
反力数　7

ひずみエネルギー　97
引張応力度　63
引張軸方向力　21
標準剛度　151
ピン接合　41
ピン支点　7

フックの法則　67
部材応力　41
部材角　102, 148
不静定トラス　135
不静定ばり　99, 125
　高次の──　128
不静定ラーメン　125
　高次の──　128
不静定力　125
縁応力度　68
負のせん断力　21
負の曲げモーメント　22
分配モーメント　172
分配率　172
分布荷重　10

ベクトル　69
変位計算式　112
変位法　147

変形法　147
偏心荷重　82
偏心距離　82

ポアソン数　64
ポアソン比　64
方　杖　49

ま　行

曲げ応力度　67
曲げ剛性　90, 107
曲げモーメント　21
曲げモーメント図（M図）　22

未知応力　41
未知節点角　167
未知独立部材角　167
未知反力　10

モーメント反力　8
モールの応力円　76
モールの定理　93

や　行

ヤング係数　64

有効剛比　176

横ひずみ度　63

ら　行

力学的境界条件　93
リッター法　44

連力図　3

ローラー支点　7

著者略歴

藤谷義信
ふじ　たに　よし　のぶ

1965 年　広島大学工学部建築学科卒
2004 年　広島大学名誉教授
現　職　広島国際大学工学部教授
　　　　工学博士

西村光正
にし　むら　みつ　まさ

1964 年　広島大学工学部建築学科卒
2005 年　呉工業高等専門学校名誉教授
　　　　工学博士

森村　毅
もり　むら　　つよし

1968 年　近畿大学理工学部建築学科卒
現　職　近畿大学工学部教授　工学博士

高松隆夫
たか　まつ　たか　お

1971 年　広島大学工学部建築学科卒
1976 年　テキサスＡ＆Ｍ大学
現　職　広島工業大学教授 Ph.D

Ⓒ　藤谷・西村・森村・高松　2005

1991 年 10 月 25 日　初　版　発　行
2005 年 4 月 28 日　改 訂 版 発 行
2018 年 3 月 30 日　改訂第 8 刷発行

建築構造力学演習

著　者　藤谷義信
　　　　西村光正
　　　　森村　毅
　　　　高松隆夫
発行者　山本　格

発行所　株式会社　培風館
東京都千代田区九段南4-3-12・郵便番号102-8260
電　話(03) 3262-5256(代表)・振替00140-7-44725

中央印刷・牧 製本

PRINTED IN JAPAN

ISBN 978-4-563-06749-6　C3052